教师资格考试和教师应聘指导用书

化学教学设计

化学（选修⑤） 有机化学基础

吴晓红 主编

北 京
冶 金 工 业 出 版 社
2019

内容提要

本书以笔者多年的教学实践经验为基础，应广大考生参加教师资格考试和教师公开招聘面试的需求编写而成，全书共分为5章，包括认识有机化合物、烃和卤代烃、烃的含氧衍生物、生命中的基础有机化学物质和进入合成有机高分子化合物的时代，涵盖了人教版高中《化学（选修5）》的所有教学内容。每节内容的教学设计包括教材分析、学情分析、教学目标、教学重点和难点、知识结构、教学过程、板书设计、真题链接8个栏目，共26个课时，全面地呈现了人教版高中《化学（选修5）》中相应5章的教学设计。除此之外，每章节内容前均进行知识梳理，力求形成系统框架。

本书可供参加教师资格考试和教师公开招聘的化学专业课面试的人员参考。

图书在版编目(CIP)数据

化学教学设计．化学．选修5：有机化学基础/吴晓红主编．—北京：冶金工业出版社，2019.2

教师资格考试和教师应聘指导用书

ISBN 978-7-5024-8045-5

Ⅰ.①化…　Ⅱ.①吴…　Ⅲ.①中学化学课—教学设计—高中—中学教师—资格考试—自学参考资料
Ⅳ.①G633.82

中国版本图书馆CIP数据核字（2019）第034205号

出 版 人　谭学余
地　　址　北京市东城区嵩祝院北巷39号　邮编　100009　电话　(010)64027926
网　　址　www.cnmip.com.cn　电子信箱　yjcbs@cnmip.com.cn
责任编辑　卢　敏　美术编辑　吕欣童　版式设计　孙跃红
责任校对　石　静　责任印制　李玉山

ISBN 978-7-5024-8045-5
冶金工业出版社出版发行；各地新华书店经销；三河市双峰印刷装订有限公司印刷
2019年2月第1版，2019年2月第1次印刷
787mm×1092mm　1/16；13.5印张；324千字；206页
38.00元

冶金工业出版社　投稿电话　(010)64027932　投稿信箱　tougao@cnmip.com.cn
冶金工业出版社营销中心　电话　(010)64044283　传真　(010)64027893
冶金工业出版社天猫旗舰店　yjgycbs.tmall.com
（本书如有印装质量问题，本社营销中心负责退换）

编　委　会

主　编： 吴晓红

编　者： 吴晓红　赵　堂　康志宁　康泽伟

前　言

自2016年起，我国教师资格考试首次实现全国统考改革后，考试内容增多、难度加大，不再有师范生和非师范生的区别。除了获得教师资格证书外，教师公开招聘考试也已成为主要社会性考试，肩负着为基础教育选拔师资、评价高等师范教育质量的职能，对我国教育事业的发展有着十分重要的作用。改革后的教师资格证考试和教师公开招聘考试包括笔试和面试两部分，面试主要考查教育教学实践能力，形式为指定教科书的某一个问题或章节，通过讲课或说课的方式来考查应聘者的教学能力。

本书致力于化学教师资格证和化学教师公开招聘考试的专业课面试，秉承“高效、准确、及时”的宗旨，在深入研读高中化学教科书和课程标准的基础上，设计了全面、有效、实用的教学设计，帮助广大考生在短时期内及时、高效地掌握面试中的说课、讲课内容，避免考生在备考过程中呈现出盲目性。

本书的编写以笔者多年的教学实践经验为基础，立足于广大考生参加教师资格考试面试和教师公开招聘面试的需求，全面地呈现了人教版普通高中《化学（选修5）》的教学设计。本书具有如下特点：

第一，基于标准，符合教材。本书的编写以《普通高中化学课程标准（2017年版）》为评价依据，以人教版《化学（选修5）》为载体，深入研究课程标准、教材，落实学科核心素养，并结合学生实际，对教材进行适当的取舍、整合，创造性地使用教材，达到标准的基本要求，符合教材的难度。

第二，设计合理，内容丰富。本书包括认识有机化合物、烃和卤代烃、烃的含氧衍生物、生命中的基础有机化学物质和进入合成有机高分子化合物的时代5章内容共26课时，涵盖了人教版高中《化学（选修5）》所有教学内容。每节内容的教学设计包括教材分析、学情分析、教学目标、教学重点和难点、知识结构、教学过程、板书设计、真题链接8个栏目，其中“真题链接”是本书新增的一个栏目，目的在于发挥真题的导向作用。除此之外，每章节内容前均进行知识梳理，力求形成系统框架。

第三，讲解到位，深入浅出。本书教学过程主要包括导入新课、展开新课和归纳总结3个环节，在教学过程设计中追求讲解全面到位、深入浅出，使考生对教学内容有足够的理解，做到心中有数。

第四，方便实用，操作性强。本书的内容在多年实践应用中取得明显的效果，成书经历多次反复修改、综合评价、全面平衡的过程，方便考生短时间内掌握考试内容，减少了教学过程中的盲目性和随意性，具有很强的操作性。

本书是“宁夏普通高校教学名师吴晓红工作室”“宁夏大学化学教育一流专业建设”及“黄大年式教师团队——化学教育教师团队”的阶段性研究成果。

在教材编写过程中，参考了部分院校的有关教材和专著，以及国内外相关资料和文献，在此表示诚挚的谢意。

本书可作为教师招聘面试用书，也可作为国家教师资格考试面试用书，也可供广大一线青年教师备课、教学参考。

书中不足之处，敬请广大师生给予批评指正。

编　者

2018年12月

目　录

第一章　认识有机化合物

本章知识框架

- 认识有机化合物
  - 有机化合物的分类
    - 按碳的骨架划分
      - 链状化合物
      - 环状化合物
        - 脂环化合物
        - 芳香化合物
    - 按官能团划分
      - 烃
        - 烷烃、烯烃
        - 炔烃、芳香烃
      - 烃的衍生物
        - 卤代烃（—X）、醇（—OH）、酚（—OH）
        - 醚（$\geq$C—O—C$\leq$）、醛（—C(=O)—H）、酮（—C(=O)—）
        - 酸（—C(=O)—OH）、酯（—C(=O)—O—R）
  - 有机化合物的结构特点
    - 有机化合物成键特点
      - 碳原子一般与其他原子形成共价键
      - 碳原子可以形成碳碳单键、碳碳双键、碳碳三键
      - 多碳原子化合物可以形成碳链，还可以形成碳环
      - 多数有机物具有同分异构现象
    - 同分异构现象
      - 概念：物质具有相同的分子式、不同结构的现象
      - 书写：主链由长到短，支链由整到散，位置由心到边
      - 种类
        - 碳链异构
        - 位置异构
        - 官能团异构
  - 有机化合物的命名
    - 烷烃
      - 选主链（“长”而“多”），称某烷
      - 编号位（“近”而“小”），定支链
      - 取代基，写前面，标位置，短线连
      - 不同基，简到繁，相同基，合并算
    - 烯烃、炔烃
      - 选含有双键或三键的最长碳链作为主链，称为“某烯”或“某炔”
      - 从离双键或三键近的一端给主链碳原子标号
      - 标明双键或三键的位置
    - 苯的同系物：以苯环作为母体，从较简单的侧链开始对苯环上的碳原子编号，并使支链编号之和最小
  - 研究有机化合物的一般步骤
    - 分离提纯：利用有机化合物与杂质物理性质的差异将它们分离。例如，用重结晶分离固体有机化合物；用蒸馏操作或萃取法分离液态有机化合物
    - 确定分子式：利用燃烧产物物质的量之间的关系或组成元素的质量分数测定相对分子质量确定分子式：依据气体的相对密度、标准状况下的气体密度、化学反应中有关物质的量的关系
    - 确定结构式
      - 依据质谱图确定相对分子质量
      - 依据红外光谱图确定官能团或化学键
      - 根据核磁共振氢谱图确定有机化合物中 H 的种类及数目比

第一节 有机化合物的分类

【教材分析】

本节内容选自人教版高中《化学（选修5)》有机化学基础第一章“认识有机化合物”第一节“有机化合物的分类”。根据新课标“能够认识官能团的种类（碳碳双键、碳碳三键、羟基、氨基、碳卤键、醛基、酮羰基、羧基、酯基和酰胺基)，从官能团的视角认识有机化合物的分类”的要求。本节课安排了“依据碳的骨架分类”和“依据官能团分类”等内容。

分类是学习知识的重要方式，通过分类方法的学习，认识分类思想在有机化合物研究中的重要意义。通过将有机物按碳的骨架分类和官能团分类可以快速地帮助学生了解有机物的概况以及今后要学习的内容。

在学习了甲烷、乙烯、苯、乙醇、乙酸等典型有机化合物结构与性质的基础上，本章一开始便引出官能团的概念，介绍有机化合物的分类方法，呈现给学生一个系统学习有机物的学科思维，使学生对必修2掌握的一些零散的有机化合物系统化和明朗化。在分类表中增加了卤代烃、酚、醚、醛、酮、酯等各类有机化合物的官能团及其代表物，为以后学习有机物的性质打下基础。

【学情分析】

在知识方面，学生在必修2时学习了部分典型的有机物的性质，对于不同官能团的物质性质有了一定的了解。并且能够将学过的几种有机物进行简单分类，能够知道甲烷、乙烯和苯属于烃类；同时也学习了乙烯、乙醇、乙酸和乙酸乙酯的官能团。在能力方面，学生在学习必修1物质的分类时已掌握了树状图分类方法，为本节课学习有机化合物的分类奠定了基础。本节课的内容相对较简单，大多数学生可以通过自学来解决问题，采用自学、讨论、指导和总结的方法来进行教学。

一、教学目标

核心知识	（1）了解有机物的基本分类方法。 （2）能够识别有机物中含有的官能团
核心能力	（1）通过阅读教科书表1-1进行分析总结，提高学生的自学能力。 （2）通过运用官能团分类以及碳骨架分类的方法培养多角度考虑问题的意识
核心品质	（1）通过对有机物官能团的了解，培养学生认识事物的一般方法。 （2）通过对有机化合物分类的学习，体会分类思想在科学研究中的重要意义

二、教学重点和难点

（1）教学重点：认识常见的官能团，了解有机化合物的分类方法。

（2）教学难点：分类思想在科学研究中的重要意义。

三、知识框架

- 有机化合物
  - 概念：含碳化合物。CO、CO_2、H_2CO_3 及其盐、氢氰酸（HCN）及其盐、硫氰酸（HSCN）及其盐、氰酸（HCNO）及其盐、金属碳化物（如 CaC_2）及部分简单含碳化合物（如 SiC）等除外
  - 按碳的骨架分
    - 链状化合物
      - 烷烃
      - 烯烃
      - 炔烃
    - 环状化合物
      - 脂环化合物：如环烷烃、环烯烃等
      - 芳香化合物
  - 官能团：决定有机化合物特殊性质的原子或原子团

四、教学过程

环节一：导入新课

【引入】通过高一的学习，我们知道有机物就是有机化合物的简称，最初有机物是指与生命有关的物质，如油脂、糖类和蛋白质等。它们是从动、植物体中得到的，1828 年，德国科学家维勒偶然发现由典型的无机化合物氰酸铵通过加热可以直接转变为动物排泄物——尿素的实验事实，使有机物的概念受到冲击，引出了现代有机物的概念——绝大多数含碳的化合物。有机物自身有着特定的化学组成和结构，导致了其在物理性质和化学性质上的特殊性。研究有机物的组成、结构、性质、制备方法与应用的科学叫有机化学。我们先来了解有机物的分类。

【板书】见板书。

环节二：展开新课

1. 有机物

【讲述】我们说绝大多数含碳的化合物是有机物，但是还有一小部分含碳的化合物是无机物，那么有机物又应如何定义呢？有机物就是含碳化合物。CO、CO_2、H_2CO_3 及其盐、氢氰酸（HCN）及其盐、硫氰酸（HSCN）及其盐、氰酸（HCNO）及其盐、金属碳化物（如 CaC_2）及部分简单含碳化合物（如 SiC）等除外。

【板书】见板书。

【提问】我们在高一时就学习了几种常见的有机物，那么，通过回忆我们能不能总结一下有机物的特性呢？

【讲述】有机化合物具有容易燃烧、容易碳化、受热易分解，化学反应慢、复杂，一般难溶于水的特性。

2. 有机物的分类

【讲述】通过课前预习我们知道有机物从结构上有两种分类方法：一是按照构成有机物分子碳骨架来分类；二是按反映有机物特性的特定原子团来分类。

【板书】见板书。

【练习】 根据所学物质分类知识，回答下列问题。有下列 10 种物质：

①$CH_3CH_2CH_3$、②$CH_2=CH_2$、③、④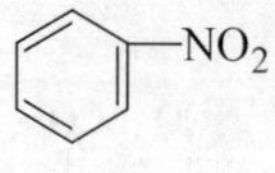、⑤$CH_3CH_2CH_2OH$、⑥CH_3CHO、⑦$CuSO_4 \cdot 5H_2O$、⑧Fe、⑨CH_3COOH、⑩CH_3COONa。

（1）属于无机化合物的是________________。

（2）属于有机化合物的是________________。

（3）属于烃的是________________；属于烃的衍生物的是________________。

（4）属于烷烃的是________________；属于酸的是________________。

【过渡】 在了解了有机物按骨架分类后，下面我们再来学习如何按官能团对有机物进行分类，首先要先了解什么是官能团。

【讲解】 “官能团”顾名思义它是有机化合物的判别依据，是决定这种有机化合物特殊性质的原子或原子团。即在有机化合物分子中，比较活泼，容易发生反应并反映着某类有机物共性的原子或原子团叫做官能团。下面我们认识一下各种官能团。

【板书】 见板书。

【讲述】 在学习了各种官能团之后有些同学会有这样的问题：氢氧根（OH^-）与羟基（—OH）有什么联系或有什么区别？这就需要我们明确“根”“基”“原子团”“官能团”这四个概念的内涵。“根”是指带电的原子或原子团；“基”是指分子失去中性原子或原子团后残留的部分，通常是非电解质中的共价键在高温或光照时发生断裂的产物；“原子团”是指多原子组成的根或基；“官能团”是指决定有机物化学性质的原子或原子团。下面我们通过投影具体了解一下。

【投影】

	根	基	原子团	官能团
定义	带电的原子或原子团	分子失去中性原子或原子团后残留的部分	多原子组成的根或基	决定有机物化学性质的原子或原子团
带电性	带电	中性不带电	带电或中性	中性不带电
存在形式	可以稳定存在	不能稳定存在	若是根，可以稳定存在；若是基，不能稳定存在	不能稳定存在
实例	NH_4^+	$—CH_3$	—OH	—CHO
联系	官能团是基团，但基团不一定是官能团，如甲基（$—CH_3$）是基团，但不是官能团。根和基团间可以相互转化，如 OH^- 失去 1 个电子可以转化为—OH（羟基），而—OH 得到 1 个电子可以转化为 OH^-			

【练习】 1. 我国在反兴奋剂问题上的坚决立场是支持“人文奥运”的重要体现。某种兴奋剂的结构简式如图所示，关于该兴奋剂的说法不正确的是（　　）。

A. 它的化学式为 $C_{20}H_{24}O_3$

B. 从结构上看，它属于酚类

C. 从结构上看，它属于醇类

D. 从元素组成上看，它可以在氧气中燃烧生成 CO_2 和水

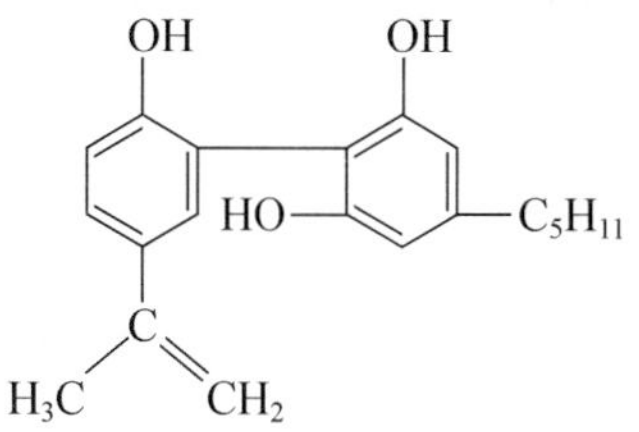

2. 用下图表示的一些物质或概念的从属关系中不正确的是（　　）。

	X	Y	Z
例	氧化物	化合物	纯净物
A	苯的同系物	芳香烃	芳香化合物
B	烯烃	不饱和烃	烃
C	氯乙烷	卤代烃	烃的衍生物
D	羰基	羧基	酯类

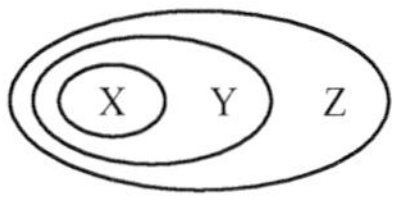

环节三：归纳总结

【总结】本节课学习了有机化合物的两种分类方法，分别是按碳的骨架分类和依据官能团分类。有机化合物根据不同的分类方法，可以属于不同的类别。如环己烯既属于环状化合物中的脂环化合物，又属于烯烃；苯酚既属于环状化合物中的芳香化合物，又属于酚类。请同学们课后完成课本 6 页的第 1、2 题，并预习下一节课的内容。

1. 按碳的骨架对有机物分类

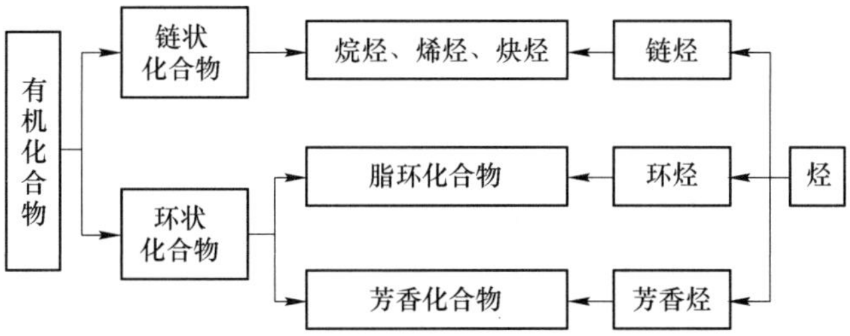

2. 环烃、链烃关系图

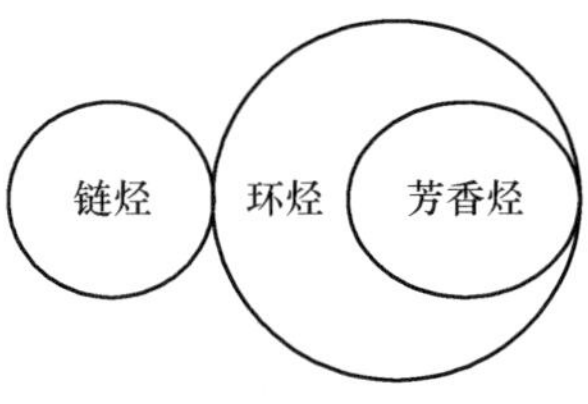

3. 芳香化合物、芳香烃、苯的同系物之间的关系图

4. 官能团的识别与判断方法

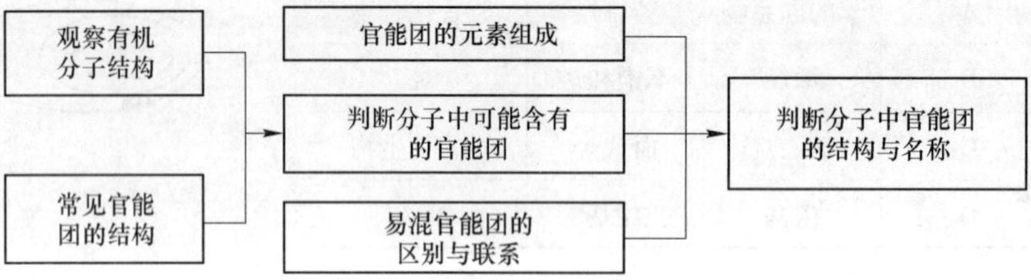

五、板书设计

1.1　有机化合物的分类

一、有机物的定义

有机物：含碳化合物。CO、CO_2、H_2CO_3及其盐、氢氰酸（HCN）及其盐、硫氰酸（HSCN）及其盐、氰酸（HCNO）及其盐、金属碳化物（如CaC_2）及部分简单含碳化合物（如SiC）等除外

二、按碳的骨架分类

- 有机化合物
  - 链状化合物
    - 烷烃：如甲烷（$CH_3—CH_3$）
    - 烯烃：如乙烯（$CH_2═CH_2$）
    - 炔烃：如乙炔（CH≡CH）
  - 环状化合物
    - 脂环化合物：如环烷烃、环烯烃等
    - 芳香化合物
      - 苯及其同系物：如甲苯（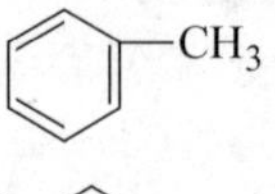）
      - 稠环芳香烃：如萘（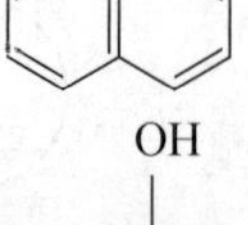）
      - 芳香烃衍生物：如苯酚（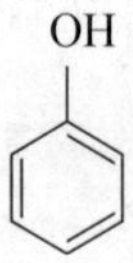）

三、官能团

1. 官能团：决定有机化合物特殊性质的原子或原子团

2. 有机物的主要类别、官能团和典型代表物

类别	官能团	典型代表物的名称和结构简式
烷烃	—	甲烷　CH_4
烯烃	$\gt C=C\lt$　双键	乙烯　$CH_2=CH_2$
炔烃	$-C\equiv C-$　三键	乙炔　$CH\equiv CH$
芳香烃	—	苯 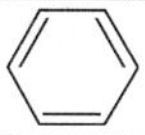
卤代烃	—X（X 表示卤素原子）	溴乙烷　CH_3CH_2Br
醇	—OH　羟基	乙醇　CH_3CH_2OH
酚	—OH　羟基	苯酚 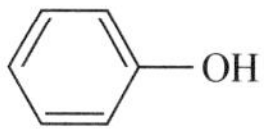
醚	$-\overset{\vert}{\underset{\vert}{C}}-O-\overset{\vert}{\underset{\vert}{C}}-$　醚键	乙醚　$CH_3CH_2OCH_2CH_3$
醛	$-\overset{O}{\overset{\Vert}{C}}-H$　醛基	乙醛　$H_3C-\overset{O}{\overset{\Vert}{C}}-H$
酮	$-\overset{O}{\overset{\Vert}{C}}-$　羰基	丙酮　$H_3C-\overset{O}{\overset{\Vert}{C}}-CH_3$
羧酸	$-\overset{O}{\overset{\Vert}{C}}-OH$　羧基	乙酸　$H_3C-\overset{O}{\overset{\Vert}{C}}-OH$
酯	$-\overset{O}{\overset{\Vert}{C}}-O-R$　酯基	乙酸乙酯　$H_3C-\overset{O}{\overset{\Vert}{C}}-O-C_2H_5$

四、“根”“基”“原子团”“官能团”的区别

根：带电的原子或原子团

基：分子失去中性原子或原子团后残留的部分，通常是非电解质中的共价键在高温或光照时发生断裂的产物

原子团：多原子组成的根或基

官能团：决定有机物化学性质的原子或原子团

六、真题链接

1. （2015 福建—7）下列关于有机化合物的说法正确的是（　　）。

A. 聚氯乙烯分子中含碳碳双键　　B. 以淀粉为原料可制取乙酸乙酯

C. 丁烷有 3 种同分异构体　　D. 油脂的皂化反应属于加成反应

2. （2016 海南—1）下列物质中，其主要成分不属于烃的是（　　）。

A. 汽油　B. 甘油　C. 煤油　D. 柴油

第二节　有机化合物的结构特点

【教材分析】

本节内容选自人教版高中《化学（选修5）》有机化学基础第一章“认识有机化合物”第二节“有机化合物的结构特点”。根据新课标“知道有机化合物分子是有空间结构的，以甲烷、乙烯、乙炔、苯为例认识碳原子的成键特点”的要求，本节课安排了“有机化合物中碳原子的成键特点”、“有机物分子结构的表示方法”、“有机化合物的同分异构现象”和“同分异构体的书写方法和数目判断”等内容。

教科书将本节内容安排在选修5第一章，目的是为了让学生以物质的结构为基础，从本质上理解有机化合物的成键特点，为今后学习各类有机物打下基础。也使学生可以更加全面地了解有机化合物的结构特点，同时也帮助学生复习巩固选修3中物质结构的部分知识。

本节围绕有机物的核心原子——碳原子的成键特点和成键方式展开逐层剖析，引导学生阅读资料卡片，复习有关化学键键长、键角和键能的知识，并指导学生自主书写有机化合物的电子式、结构式。通过展示典型有机化合物的比例模型和球棍模型进一步认识碳原子的成键特点，从实质上使学生明白有机物种类繁多的原因。通过了解有机化合物的成键特点，学习碳链异构、位置异构及官能团异构。从复习烷烃的碳链异构开始，延伸出烯烃的碳链异构和官能团（双键）的位置异构，并以乙醇和二甲醚为例说明官能团异构的含义。由此揭示出同分异构现象是由于组成有机化合物分子的原子具有不同的结合顺序和结合方式产生的，这也是有机化合物数量庞大的原因之一。除此之外的其他同分异构现象，如顺反异构、对映异构将分别在后续章节中介绍。

第一课时以甲烷为例了解碳原子的成键特点，理解有机物种类繁多的原因，掌握简单有机物的电子式、结构式。理解在结构简式中碳碳单键可以旋转和相同的基团可以合并，认识键线式。第二课时学习三种同分异构现象：碳链异构、位置异构、官能团异构，同时学会简单烷烃同分异构体的书写——“减链法”，了解简单烯烃的同分异构体的书写。

【学情分析】

学生在前面的学习中已经知道了甲烷、乙烯和苯的结构，可以说学生已经初步具备了研究有机物结构特点的基础，进而为学习“研究有机化合物的一般步骤和方法”奠定了基础。从结构上理解有机化合物的成键特点可以帮助学生更加容易地书写有机物的同分异构体。确定碳原子的杂化方式是有机化合物学习的重点和难点，对于不同的学生掌握情况也是有差异的，所以老师在进行授课时应注意用多种方式讲解碳原子的杂化方式。此外在本节课的教学中，学生还可能遇到的问题是有机物同分异构体的书写，很多同学会出现少写或多写的现象，产生这一问题的原因是学生不能按照一定的步骤来书写同分异构体。要解决这一问题，就要从有机物的结构特点入手理清书写思路，然后按照三种不同的异构形式把同种分子的异构体都找出来。

第 1 课时　有机化合物中碳原子的成键特点

一、教学目标

核心知识	（1）掌握有机物的成键特点，理解有机物种类繁多的原因。 （2）学会有机物分子结构的不同表示方法，熟知几种典型分子的空间构型。 （3）学会正确书写有机物的结构式、结构简式、键线式
核心能力	（1）能根据比例模型或球棍模型确定有机化合物分子式，逐步掌握“三重表征”的方法。 （2）通过分析共价键参数进一步理解共价键的实质，培养分析问题的能力
核心品质	（1）学习比例模型和球棍模型，培养证据推理与模型认知素养。 （2）了解碳价四面体学说的确定过程，激励学生勇于探索问题的本质特征，体验科学研究的过程

二、教学重点和难点

（1）教学重点：有机化合物的成键特点。

（2）教学难点：培养模型认知核心素养。

三、知识框架

有机化合物的结构特点
- 有机物中碳原子的成键特点
  - 结构：最外层有 4 个电子，不易得、失电子形成阴阳离子
  - 成键特点
    - 成键数目：每个碳原子形成 4 个共价键
    - 成键种类：碳碳单键、碳碳双键、碳碳三键
  - 连接方式：碳链或碳环
- 有机物分子结构的表示方法
  - 分子式：用元素符号表示物质的分子组成
  - 最简式：表示物质组成的各元素原子的最简整数比
  - 电子式：用“×”或“·”表示原子最外层电子的成键情况
  - 结构式：用“—”（单键）、“═”（双键）或“≡”（三键）将所有原子连接起来
  - 结构简式：表示单键的“—”可以省略，将与碳原子相连的其他原子写在旁边，在右下角注明个数
  - 键线式：将碳、氢元素符号省略，只表示分子中键的连接情况，每个拐点或终点均表示有一个碳原子
  - 球棍模型：用小球表示原子，短棍表示价键
  - 比例模型：用不同体积的小球表示不同大小的原子

四、教学过程

环节一：导入新课

【提问】在必修 2 我们学习了化学键，那么现在请同学们考虑第一个问题：化学键如何分

类，从化学键的角度谈物质分类，有机物属于哪一类？第二个问题：由 CH_3CH_3、$CH_2=CH_2$、$CH\equiv CH$ 分析共价键的参数、轨道杂化类型、分子的极性以及分子空间构型是怎样的？下面带着这两个问题开始我们本节课的学习。

【讲述】仅由氧元素和氢元素组成的化合物，至今只发现了两种：H_2O 和 H_2O_2，而仅由碳元素和氢元素组成的化合物却超过了几百万种，形成了极其庞大的含碳元素的化合物“家族”，这与碳原子的成键特点和碳原子间的结合方式有关。这节课我们就来学习有机化合物的结构特点。

【板书】见板书。

环节二：展开新课

1. 有机化合物中碳原子的成键特点

【活动】指导学生搭建甲烷、乙烯、乙炔、苯等有机物的球棍模型并进行交流与讨论。

【讨论】同学们在搭建球棍模型的同时，讨论以下几个问题：碳原子最外层电子数是多少？怎样才能达到 8 电子稳定结构？碳原子的成键方式有哪些？碳原子的价键总数是多少？什么叫单键、双键、三键？什么叫不饱和碳原子？

【板书】见板书。

【讲述】在这里请同学们注意键长、键角和键能这三个概念。键长是成键的 2 个原子之间的距离；键角是分子中 1 个原子与另外 2 个原子形成的两个共价键在空间的夹角；键能则是以共价键结合的双原子分子，裂解成原子时所吸收的能量。理解好这三个概念有利于我们认识有机分子的成键特点和结构特征。

【板书】见板书。

【提问】观察手中的球棍模型，哪位同学总结一下甲烷的结构特征？

【投影】甲烷的电子式、结构式、球棍模型和比例模型

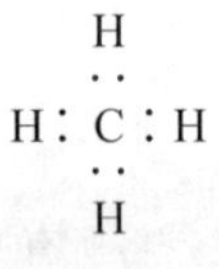

电子式

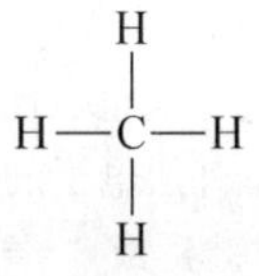

结构式

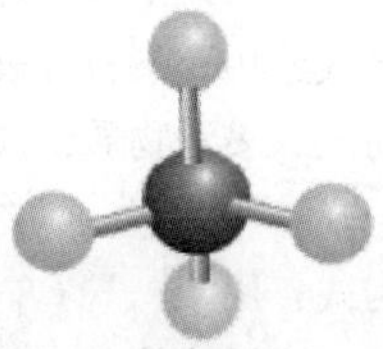
球棍模型

比例模型

【讲述】科学实验证明，甲烷分子里，1 个碳原子与 4 个氢原子形成 4 个共价键，构成以碳原子为中心、4 个氢原子位于 4 个顶点的正四面体立体结构，键角均为 109°28′；乙烯分子中两个碳原子形成碳碳双键，4 个氢原子分别与两个碳原子形成 4 个共价键，分子为平面结构，键角是 120°；乙炔中存在碳碳三键，它的结构在以后的学习中再逐步介绍。

【讲述】我们知道碳原子最外层有 4 个电子，不易失去或获得电子而形成阳离子或阴离子。碳原子通过共价键与氢、氧、氮、硫、磷等多种非金属元素形成共价化合物。由于碳原子的成键特点，每个碳原子不仅能与氢原子或其他原子形成 4 个共价键，而且碳原子之间也能以共价键相结合。碳原子间可以形成单键、双键和三键；多

个碳原子可以结合成长短不一的碳链，碳链也可以带有支链，还可以结合成碳环，碳链和碳环也可以互相结合。以上就是有机物种类繁多的原因。

【板书】见板书。

【提问】在了解有机物的成键特点后，让我们再次观察甲烷、乙烯、乙炔、苯等有机物的球棍模型，思考碳原子的成键方式与分子的空间构型、键角有什么关系。

【讲述】通过观察几种有机化合物的球棍模型，我们不难发现成键方式与空间构型的关系，请大家观看投影验证你们的猜想。

【投影】碳原子的成键方式

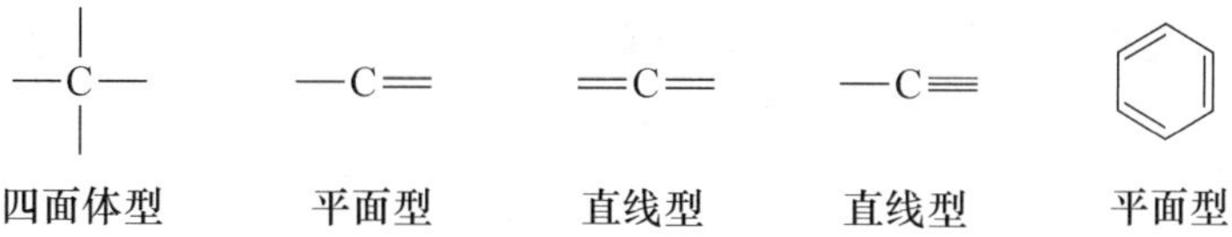

【引导】下面请同学们阅读课本第 30 页“科学视野”碳原子的 sp^3杂化与甲烷的结构。

【投影】

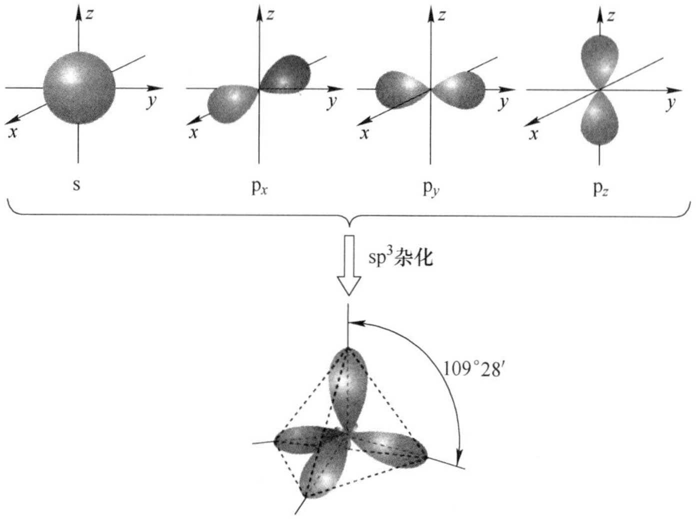

【讲述】当碳原子跟 4 个氢原子形成甲烷时，碳原子的 1 个 2s 轨道和 3 个 2p 轨道会发生杂化，杂化后保持原有轨道数不变，却得到 4 个相同的轨道，夹角都是 109°28′，称为 sp^3杂化轨道。碳原子的 sp^3杂化轨道与氢原子的 1s 轨道沿轨道对称轴重叠形成碳氢 σ 键，这就构成了甲烷分子的正四面体结构（如投影所示）。

【习题】某有机物的结构如右图所示。分析其结构并回答下列问题：

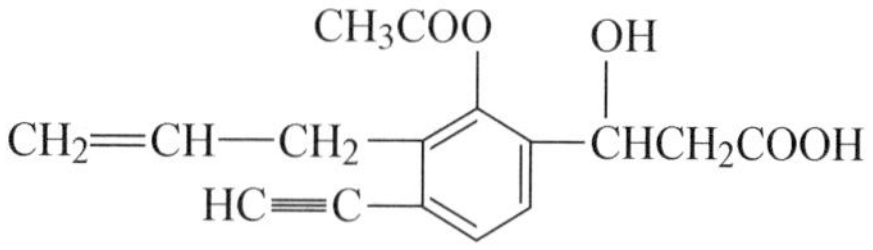

（1）写出该有机物的分子式：________________。

（2）分子中含有________个不饱和碳原子，分子中有________种双键。

（3）分子中的饱和碳原子有________个，一定与苯环处于同一平面的碳原子有________个。

2. 有机化合物结构的表示方法

【讲述】在学习了有机化合物中碳原子的成键特点后，我们现在来学习有机化合物结构的表示方法。在高一必修 2 中我们学习了电子式和结构式的书写，结构简式用短线表示共用电子对，用“—”（单键）、“═”（双键）或“≡”（三键）将所有原子连接起来，有些官能团也存在结构简式，如“—COOH”“—CHO”等。在书写时要注意不能用碳干结构表示，碳原子连接的氢原子个数要正确，官能团不能略写，官能团中各原子的结合顺序不能随意颠倒。

【板书】见板书。

【讲述】将碳、氢元素符号省略，只表示分子中键的连接情况，每个拐点或终点均表示有一个碳原子，称为键线式。每个交点、端点代表一个碳原子，每一条线段代表一个共价键，每个碳原子有 4 条线段，用 4 减去线段数所得的数即是氢原子个数。

【板书】见板书。

【投影】例如丁烷的几种表示方式

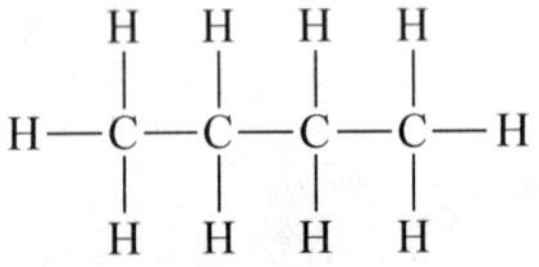

$CH_3CH_2CH_2CH_3$

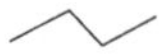

结构式　　结构简式　　键线式

【提问】下面请同学们观察两个分子的球棍模型，分别写出二者的分子式、电子式、结构式、结构简式。

【投影】下图分别为乙烯、乙酸分子的球棍模型

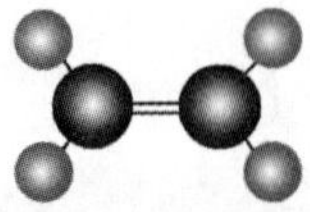

乙烯球棍模型

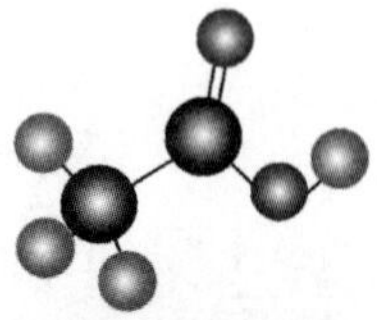

乙酸球棍模型

【板书】见板书。

【投影】

乙烯	C_2H_4	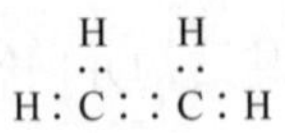	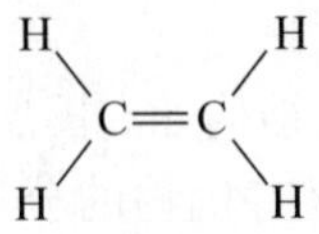	$CH_2=CH_2$
乙酸	$C_2H_4O_2$	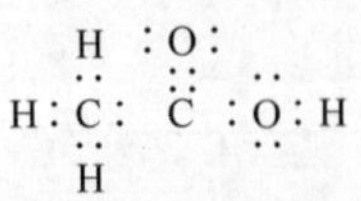	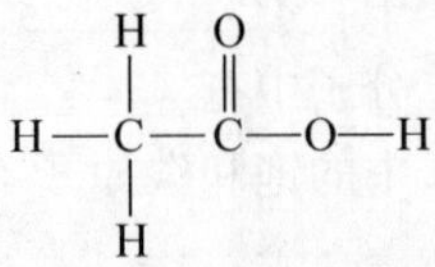	CH_3COOH

【习题】下列化学用语书写正确的是（　　）。

A. 甲烷的电子式：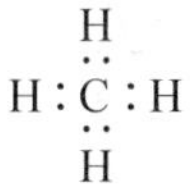　　B. 丙烯的键线式：

C. 乙醇的结构式：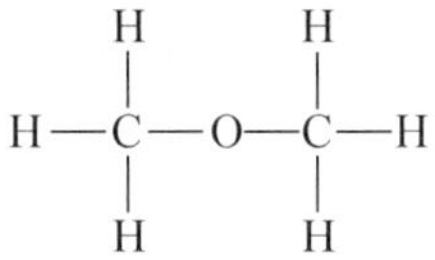　　D. 乙烯的结构简式：CH_2CH_2

【讲解】丙烯的键线式为，乙醇的结构式为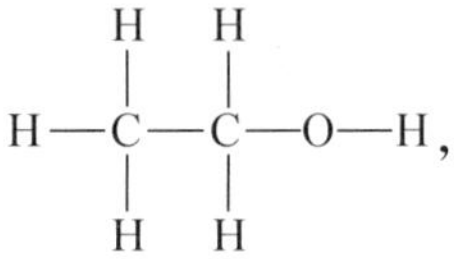，乙烯的结构简式为 $CH_2{=}CH_2$。只有 A 项正确。

环节三：归纳总结

【总结】本节课我们学习了有机化合物中碳原子的成键特点以及有机物分子结构的表示方法，知道了碳碳之间的结合方式有单键、双键和三键这三种方式；多个碳原子可以相互结合成链状，也可以结合成环状（且可带支链）；碳原子还可以和 H、O、N、S、P、卤素等多种非金属原子形成共价键；同时也学会了电子式、结构式、结构简式和键线式的书写以及认知球棍模型和比例模型。请同学们课后完成课本 11 页的第 1~3 题，并预习下一节课的内容。

1. 有机化合物中碳原子的成键

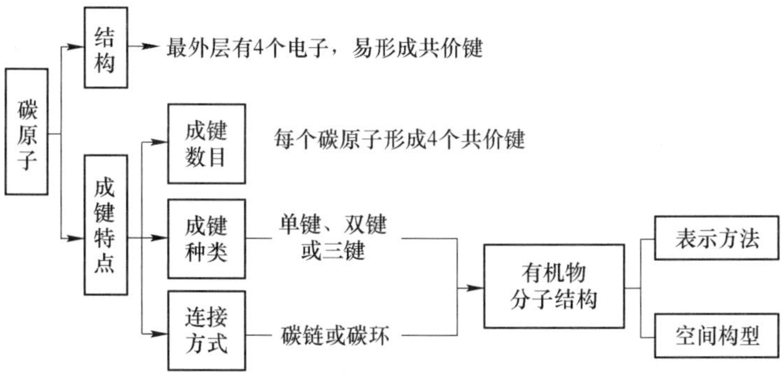

2. 有机化合物结构的表示方法：电子式、结构式、结构简式、键线式

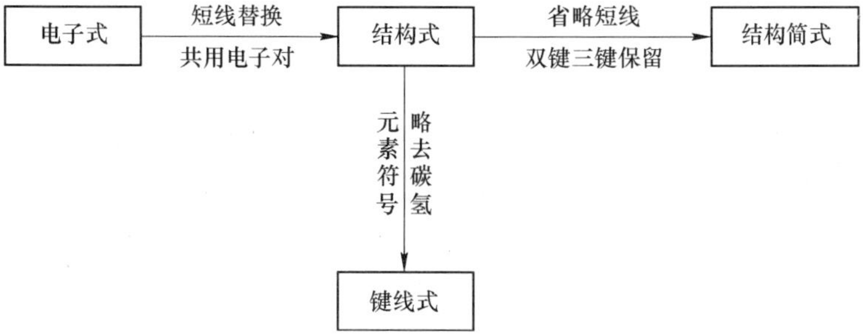

五、板书设计

1.2.1　有机化合物的结构特点

一、碳原子的成键特点

（一）碳原子结构：最外层有4个电子，不易得、失电子形成阴阳离子

（二）共价键参数

1. 键长：成键的2个原子之间的距离
2. 键角：分子中1个原子与另外2个原子形成的两个共价键在空间的夹角
3. 键能：以共价键结合的双原子分子，裂解成原子时所吸收的能量

（三）成键特点

1. 成键数目：每个碳原子形成四个共价键
2. 成键种类：碳碳单键、碳碳双键、碳碳三键
3. 空间构型：

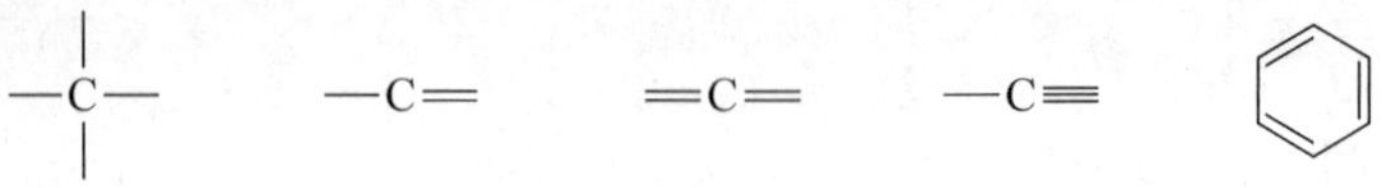

四面体型　　平面型　　直线型　　直线型　　平面型

二、有机化合物结构的表示方法

（一）化学式表示

1. 电子式：用“×”或“·”表示原子最外层电子的成键情况
2. 结构式：用“—”（单键）、“═”（双键）或“≡”（三键）将所有原子连接起来
3. 结构简式：表示单键的“—”可以省略，将与碳原子相连的其他原子写在旁边，在右下角注明个数
4. 键线式：将碳、氢元素符号省略，只表示分子中键的连接情况，每个拐点或终点均表示有一个碳原子

（二）模型表示

1. 球棍模型：用小球表示原子，短棍表示价键
2. 比例模型：用不同体积的小球表示不同大小的原子

六、真题链接

1. （2015 安徽—7）碳酸亚乙酯是锂离子电池低温电解液的重要添加剂，其结构如图所示。下列有关该物质的说法正确的是（　　）。

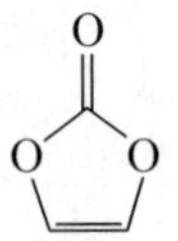

A. 分子式为 $C_3H_2O_3$

B. 分子中含6个σ键

C. 分子中只有极性键

D. 8.6g 该物质完全燃烧得到 6.72L CO_2

2. （2015 新课标Ⅰ—9）乌洛托品在合成、医药、染料等工业中有广泛用途，其结构式如图所示。将甲醛水溶液与氨水混合蒸发可制得乌洛托品。若原料完全反应生成乌洛托品，则甲醛与氨的物质的量之比为（　　）。

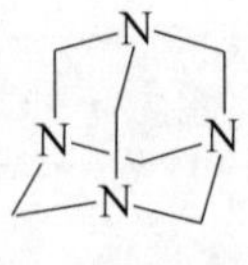

A. 1∶1　　B. 2∶3　　C. 3∶2　　D. 2∶1

第 2 课时　有机化合物的同分异构体

一、教学目标

核心知识	（1）了解有机物常见的同分异构现象（碳链异构、位置异构、官能团异构）。 （2）学会有机化合物同分异构体的书写方法
核心能力	（1）具备识别有机化合物同分异构体现象的能力。 （2）能够理解有机化合物同分异构体现象的本质原因
核心品质	（1）通过识别同一有机化合物的同分异构体，培养学生主动参与意识。 （2）通过同分异构体的书写练习，培养思维的有序性、逻辑性、严谨性

二、教学重点和难点

（1）教学重点：识别有机化合物的同分异构现象。

（2）教学难点：掌握有机化合物同分异构体的书写。

三、知识框架

- 有机化合物的同分异构体
  - 同分异构现象
    - 定义
      - 同分异构现象：化合物具有相同的分子式但结构不同的现象
      - 同分异构体：具有相同分子式而结构不同的化合物互为同分异构体
    - 同分异构类型
      - 构造异构
        - 碳链异构
        - 位置异构
        - 官能团异构
      - 立体异构
        - 构象异构
        - 构型异构
          - 顺反异构
          - 对映异构
  - 同分异构体的书写
    - 烷烃同分异构体的书写
    - 烯烃同分异构体书写步骤
    - 官能团异构的书写

四、教学过程

环节一：导入新课

【引入】 有机物种类繁多，有很多有机物的分子组成相同，但性质却有很大差异，为什么？这是因为有机化合物存在同分异构的现象，现在请同学们用手中的球棍模型组装出戊烷，看看你们组装的戊烷是否都一样？

【板书】 见板书。

【讲述】 老师看到大家手中的戊烷球棍模型有三种形态，这就是戊烷的三种同分异构体，这种现象就叫同分异构现象。

环节二：展开新课

1. 有机化合物的同分异构现象

【提问】 观察戊烷的同分异构体，同学们能归纳出同分异构体的定义是什么吗？

【讲述】 化合物具有相同的分子式，但具有不同结构的现象，叫做同分异构现象。具有同分异构现象的化合物互称为同分异构体，它是有机化合物种类繁多的重要原因之一，同分异构体之间的转化是化学变化。同分异构体的特点是分子式相同、结构不同、性质不同。

【讲述】 产生同分异构现象的方式有很多种，可以分为两大类，分别是构造异构和立体异构，构造异构包括碳链异构、位置异构和官能团异构；立体异构包括构型异构和构象异构。构型异构又分为顺反异构和对映异构。这节课我们主要来学习碳链异构、位置异构和官能团异构这三种异构方式。顺反异构和对映异构会在以后的章节中为大家介绍。

【投影】

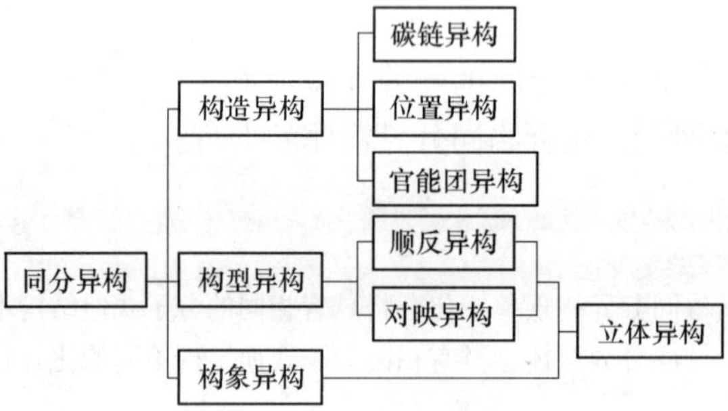

【板书】 见板书。

【提问】 要学习碳链异构、位置异构和官能团异构这三种异构方式，就要明确它们的意义，现在请同学们阅读课本第 10 页的内容回答此问题。

【讲述】 碳链异构是由于碳链骨架不同产生的异构现象，如：$CH_3CH_2CH_2CH_3$ 与

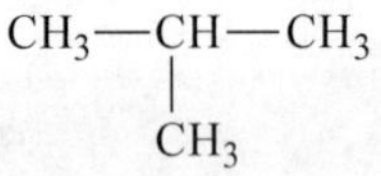

；位置异构是由于官能团在碳链中位置不同而产生的同分异构现象，如：$CH_3CH_2CH=CH_2$ 与 $CH_3—CH=CH—CH_3$；官能团异构是因为有不同的官能团而产生的同分异构现象，如：CH_3CH_2OH 与 $CH_3—O—CH_3$。

【提问】 同学们还记得化学中的“四同”么？分别是同分异构、同系物、同素异形体和同位素，这四个概念还能区分开么？让我们一起来区分比较这四个概念。

【投影】 “四同”比较

	同位素	同素异形体	同系物	同分异构体
对象	元素	单质	主要是有机物	主要是有机物
相同点	质子数	元素	结构相似	分子式
不同点	中子数	物质结构	（CH_2）个数	分子结构
化学性质	几乎完全相同	相似，可转化	相似	可相似，也可不同
实例	H、D、T	金刚石、石墨	甲烷、乙烷	丙醇、异丙醇

【练习】下列各组物质不属于同分异构体的是（　　）。

A. 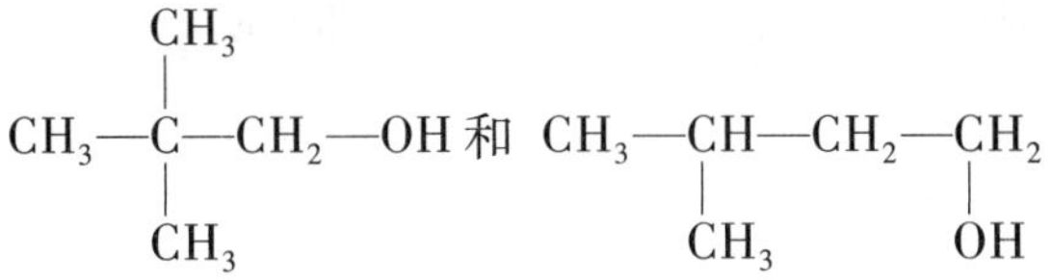

B. 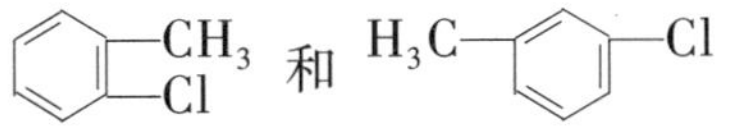

C. 

D. 

【讲解】答案为 D 选项。A、B、C 三个选项中二者的分子式相同、结构不同，是同分异构体；而 D 项中两者的分子式分别为 $C_4H_6O_2$ 和 $C_4H_8O_2$，不属于同分异构体。

2. 同分异构体的书写方法和数目判断

【讲述】对于某一烷烃分子，怎样判断它是否具有同分异构体呢？有几种同分异构体呢？这是学习有机化学一个很重要的内容。我们必须学会判断并能够书写。今天，我们将学习一种常用的书写方法——缩链法。

【讲述】下面我们学习烷烃的同分异构体的书写，以 C_5H_{12} 为例。

【投影】第一步：所有碳，一直链。

$CH_3—CH_2—CH_2—CH_2—CH_3$（先写碳骨架结构，后用 H 原子饱和）

【板书】见板书。

【投影】第二步：原直链，缩一碳。缩下的碳，作支链。

$$\overset{1}{C}—\overset{2}{C}—\overset{3}{C}—\overset{4}{C}$$

（从链端依次编号，先写碳骨架结构，后用 H 原子饱和）

【板书】见板书。

【提问】缩去的一个碳可作为一个—CH_3，能否连接到 1 号或 4 号碳原子上？

【演示】用球棍模型旋转，让学生观察。（注意空间结构的变换和支链连接位置的等效性）

【讲述】不能。书写同分异构体时，碳链顶端的碳原子上不要连接任何烃基，否则，将出现相同的同分异构体。

【投影】将取下的甲基放在 2 号碳原子上，可以写成

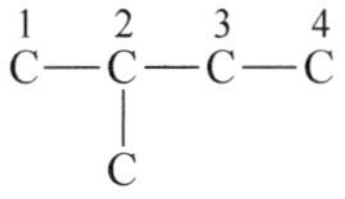

（先写碳骨架结构，后用 H 原子饱和）

【设问】那么支链能否连接到第 3 号碳原子上？

【演示】用球棍模型旋转，让学生观察。

【讲述】不能。第 2 与第 3 号碳原子是完全对称的、等效的碳原子。

【投影】第三步：原直链，再缩一碳；缩下的碳，都作支链。

【板书】 见板书。

【讲述】 如果缩去的两个碳原子可作为两个甲基或一个乙基。那么两个甲基怎么连接呢？只能同时连在 2 号碳原子上。

【投影】 将取下的两个甲基放在 2 号碳原子上，可以写成

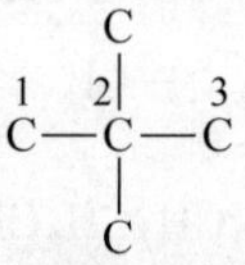

（先写碳骨架结构，后用 H 原子饱和）

【讲述】 请同学们注意第 2 号碳已饱和，即使有碳原子也不能再连接在这个碳原子上。除第 2 号碳原子外，另外 4 个碳原子是完全等效的，同样连在这 4 个原子上的 12 个氢原子也是完全等效的。

【设问】 作为乙基，它不能连在顶端的碳原子上，能否连接到第 2 个碳原子上？

【演示】 用球棍模型旋转，让学生观察。

【讲述】 不能。书写同分异构体时，直链上各编号碳原子不要连接原子数等于或大于其编号数的烃基，否则，将出现相同的同分异构体。

【设问】 剩三个碳原子的直链能否再缩去一个碳？不能。所以碳原子数少于 3 个的烷烃是没有同分异构体的。

【小结】 在书写同分异构体时要按照程序依次书写，以防遗漏。每一步中要注意等效碳原子，以防重复。

【投影】 写出已烷各种同分异构体的碳骨架。

（1）六碳一链 C—C—C—C—C—C ①

（2）缩一碳 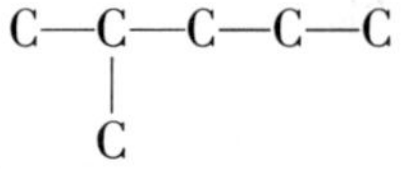 ② 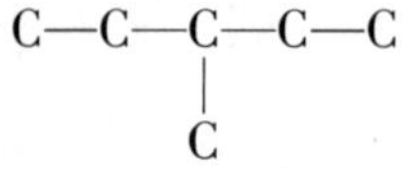 ③

（3）缩二碳 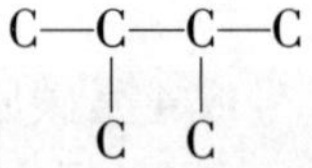 ④ 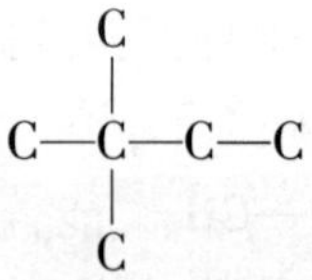 ⑤

【投影】（写出一些与上列结构相同，但书写形式不同的烷烃分子的碳骨架结构，让学生比较分析，从而适应其形式的变化。为系统命名打好基础）

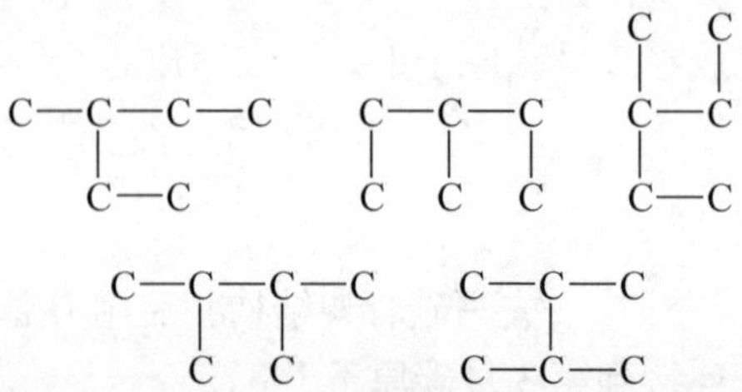

【提问】 同学们比较这 5 个碳骨架结构和刚才的 5 个碳骨架结构中的哪些相同？

【讲述】 经过转化后我们不难发现，第一排的 3 个结构都与③相同，是同一种结构。第 2 排的两个结构都与④相同，只是摆放的形状不同而已。

【提问】有没有缩去 3 个碳原子以后的同分异构体？

【讲述】没有，只有这 5 种结构。以上这种由于碳链骨架不同产生的异构现象称为碳链异构。烷烃中的同分异构体均为碳链异构。

【板书】见板书。

【小结】本节课要求我们在掌握有机物的成键特点的基础上，了解同分异构现象，特别要掌握好烷烃同分异构体的书写。

第一步：所有碳，一直链。

第二步：原直链，缩一碳。缩下的碳，作支链。

第三步：原直链，再缩一碳；缩下的碳，都作支链。

【过渡】烃的同分异构体是否只有碳链异构一种类型呢？我们学习了烯烃的同分异构体的书写就知道了。

【讲述】烯烃同分异构体书写步骤：

（1）先写出相应烷烃的同分异构体的结构简式；

（2）从相应烷烃的结构简式出发，变动不饱和键的位置。

【板书】见板书。

【投影】写出分子式为 C_5H_{10}的烯烃的同分异构体的结构简式：（共 5 种）

（1）相应的烷烃第一种结构：$CH_3—CH_2—CH_2—CH_2—CH_3$

对应的烯烃结构：$CH_2=CH—CH_2—CH_2—CH_3$　1-戊烯

$CH_3—CH=CH—CH_2—CH_3$　2-戊烯

（2）相应的烷烃第二种结构：
对应的烯烃结构：

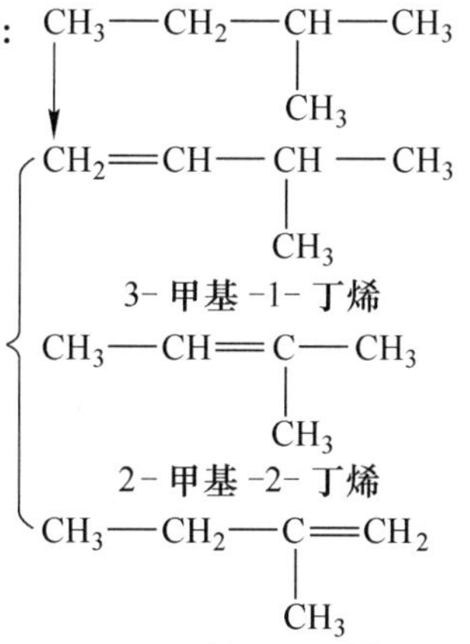

2- 甲基 -1- 丁烯

（3）相应的烷烃第三种结构：

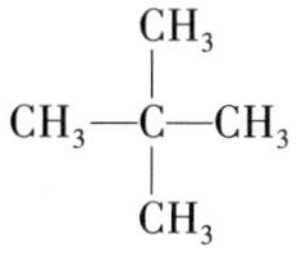

（无相应烯烃）

【小结】烯烃同分异构体包括

（1）碳链异构。

（2）位置异构：碳碳双键位置。

（3）官能团异构。

【板书】见板书。

【讲述】前面已经学了碳链异构，刚才所学的烯烃由于双键在碳链中位置不同产生的同分异构现象叫位置异构。还有一种同分异构类型是官能团异构。如乙醇和甲醚：CH_3—CH_2—OH（乙醇，官能团是羟基—OH），CH_3—O—CH_3（甲醚，官能团是醚键 $\gt$C—O—C$\lt$），像这种有机物分子式相同，但具有不同官能团的同分异构体叫官能团异构。

【讲述】在这里老师给同学们总结了官能团异构的有机物类别，单烯烃与环烷烃的通式为 $C_nH_{2n}(n\geqslant3)$；二烯烃、单炔烃与环单烯烃的通式为 $C_nH_{2n-2}(n\geqslant3)$；苯及其同系物与多烯烃的通式为 $C_nH_{2n-6}(n\geqslant6)$；饱和一元醇与饱和一元醚的通式为 $C_nH_{2n+2}O$ $(n\geqslant2)$；饱和一元醛、饱和一元酮、烯醇的通式为 $C_nH_{2n}O(n\geqslant3)$；饱和一元羧酸、饱和一元酯、羟基醛的通式为 $C_nH_{2n}O_2(n\geqslant2)$；酚、芳香醇、芳香醚的通式为 $C_nH_{2n-6}O(n\geqslant6)$；葡萄糖与果糖；蔗糖与麦芽糖；氨基酸与硝基化合物（R—NO_2）。

【板书】见板书。

【习题】分子式为 $C_4H_8Cl_2$ 的有机物共有（不含立体异构）（　　）。

A. 7 种　B. 8 种　C. 9 种　D. 10 种

【讲解】由有机物的分子式可知，该分子有两种碳架结构 C—C—C—C 和 C—C(C)—C，结合定一移二，有如下几种碳架结构：

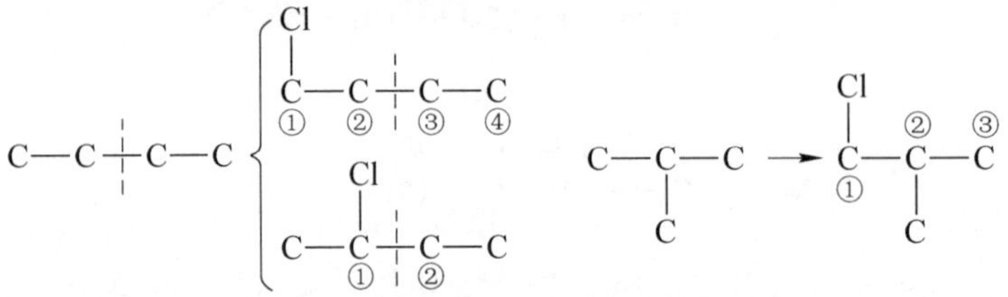

共有 9 种结构。

环节三：归纳总结

【总结】同分异构体的书写规律：

（1）判定类别：根据有机物的分子组成判定其可能的类别异构，常根据通式判定。再按照碳链异构→位置异构→类别异构的顺序书写同分异构体。

（2）确定碳链：常采用“碳链缩短法”书写。可概括为“主链由长到短，支链由整到散，位置由心到边不到端，排列由对到邻间”。

（3）移动位置：一般是先写出不带官能团的烃的同分异构体，然后在各个碳链上依次移动官能团的位置。

（4）加氢饱和：碳原子剩余的价键用氢原子去饱和，最后即得到所有同分异构体的结构简式。请同学们课后完成课本 12 页的第 4、5 题，并预习下一节课的内容。

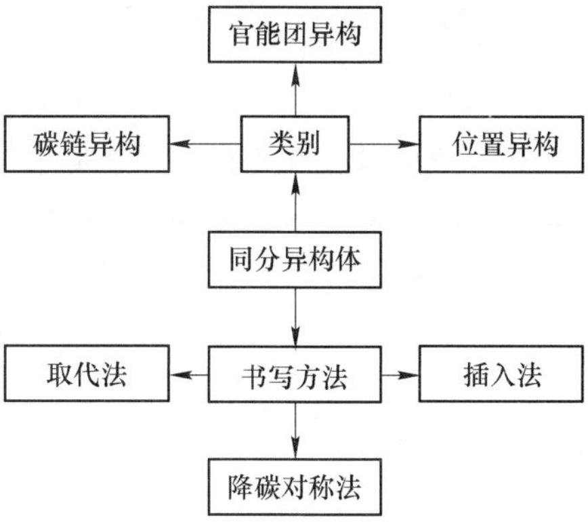

五、板书设计

1.2.2　有机化合物的同分异构体

一、有机化合物的同分异构现象

（一）定义：化合物具有相同的分子式，但具有不同结构的现象，叫作同分异构现象。具有同分异构现象的化合物互称同分异构体

（二）同分异构体的分类

- 同分异构
  - 构造异构
    - 碳链异构
    - 位置异构
    - 官能团异构
  - 立体异构
    - 构型异构
      - 顺反异构
      - 对映异构
    - 构象异构

二、同分异构体的书写方法和数目判断

（一）烷烃的同分异构体的书写

1. 第一步：所有碳，一直链
2. 第二步：原直链，缩一碳。缩下的碳，作支链
3. 第三步：原直链，再缩一碳；缩下的碳，都作支链

（二）烯烃同分异构体书写步骤

1. 先写出相应烷烃的同分异构体的结构简式
2. 从相应烷烃的结构简式出发，变动不饱和键的位置

（三）官能团异构

1. 单烯烃与环烷烃的通式为 $C_nH_{2n}(n\geqslant3)$
2. 二烯烃、单炔烃与环单烯烃的通式为 $C_nH_{2n-2}(n\geqslant3)$
3. 苯及其同系物与多烯烃的通式为 $C_nH_{2n-6}(n\geqslant6)$
4. 饱和一元醇与饱和一元醚的通式为 $C_nH_{2n+2}O(n\geqslant2)$
5. 饱和一元醛、饱和一元酮、烯醇的通式为 $C_nH_{2n}O(n\geqslant3)$
6. 饱和一元羧酸、饱和一元酯、羟基醛的通式为 $C_nH_{2n}O_2(n\geqslant2)$
7. 酚、芳香醇、芳香醚的通式为 $C_nH_{2n-6}O(n\geqslant6)$
8. 葡萄糖与果糖、蔗糖与麦芽糖
9. 氨基酸与硝基化合物（$R—NO_2$）

六、真题链接

1. （2018 全国Ⅱ—11）环之间共用一个碳原子的化合物称为螺环化合物，螺［2，2］戊烷（）是最简单的一种。下列关于该化合物的说法错误的是（　　）。

   A. 与环戊烯互为同分异构体　　B. 二氯代物超过两种

   C. 所有碳原子均处同一平面　　D. 生成 1mol C_5H_{12}至少需要 2mol H_2

2. （2016 全国Ⅱ—13）分子式为 $C_4H_8Cl_2$ 的有机物共有（不含立体异构）（　　）。

   A. 7 种　　B. 8 种　　C. 9 种　　D. 10 种

第三节　有机化合物的命名

【教材分析】

本节内容选自人教版高中《化学（选修5）》有机化学基础第一章“认识有机化合物”第三节“有机化合物的命名”。根据新课标“知道简单有机化合物的命名”的要求，本节课安排了“烷烃的命名”、“烯烃和炔烃的命名”和“苯的同系物的命名”等内容。

教科书安排了有机化合物的习惯命名法（即普通命名法）与系统命名法的相关内容。掌握命名原则，命名简单的烃类化合物——烷烃、烯烃、炔烃与芳香烃等，了解烃类化合物的命名是有机化合物命名的基础。本节课可选用多种教学方法相结合的方式：既可以由教师结合动画展示、讲解典型例子的命名；也可以由教师给出阅读提纲，指导学生阅读教材，自行归纳命名原则；还可以由教师列出几个烷烃的结构简式和对应的系统命名，组织学生小组合作学习或自主学习，发现并总结规律。不管是哪一种形式，在教学中都要充分发挥学生的主体作用，引导学生观察、归纳、动手练习。通过实际应用逐步形成有序性思维的思考问题的方式。

学习本节课时学生已经了解了有机化合物的结构特点，掌握了碳原子的成键特点，本节内容承上启下，既是对有机化合物结构特点的应用，同时也为学习“研究有机化合物的一般步骤和方法”打下坚实的基础。

【学情分析】

学生已经学习了有机物的分类、碳原子的结构特征以及同分异构体的判断与书写，知道有机物由于碳原子的成键特点与连接方式不同，有机物分子中普遍存在着同分异构现象。本节知识是在同分异构体的基础上进行学习的，难度不大。

一、教学目标

核心知识	（1）了解有机化合物的习惯命名法。 （2）掌握烃的系统命名法，理解并灵活运用系统命名法的几个原则
核心能力	（1）引导学生自主学习，培养学生分析、归纳、比较能力。 （2）通过书写分子式、结构式、结构简式建立起事物相互联系的思想
核心品质	（1）体会有机物分子中碳原子数目越多，结构越复杂。 （2）体会习惯命名法在应用中的局限性，激发学习系统命名法的兴趣

二、教学重点和难点

（1）教学重点：有机物的系统命名法。

（2）教学难点：系统命名法的几个原则，命名与结构式间的关系。

三、知识框架

有机化合物的命名
- 烷烃
  - ①选主链（“长”而“多”），称某烷
  - ②编号位（“近”而“小”），定支链
  - ③取代基，写前面，表位置，短线连
  - ④不同基，简到繁，相同基，合并算
- 烯烃、炔烃
  - ①选含有双键或三键的最长碳链为主链，称为“某烯”、“某炔”
  - ②从离双键或三键近的一端给主链碳原子编号
  - ③标明双键或三键的位置
- 苯的同系物：以苯环为母体从较简单的侧链开始对苯环上的碳原子编号，并使其他取代基位次尽可能小

四、教学过程

环节一：导入新课

【引入】13 亿中国人的姓名出现重名现象时有发生，有时会给生活和工作带来不便。而电子邮箱中的用户名绝不能出现重名，它通过使用十几位字母和数字的组合，防止出现重名。我们在给有机物命名时也要防止出现重名，因此学习有机物的系统命名法是非常必要的。

【归纳】在高一时我们就学习了烷烃的一种命名方法——习惯命名法，但这种方法有很大的局限性，由于有机化合物结构复杂，种类繁多，又普遍存在着同分异构现象，为了使每一种有机化合物对应一个名称，进行系统的命名是必要、有效的科学方法。烷烃的命名是有机化合物命名的基础，其他有机物的命名原则是在烷烃命名原则的基础上延伸出来的。

【讲述】这节课我们就来学习有机物的系统命名法。我们来看本节课的学习目标。

环节二：展开新课

1. 烷烃的命名

【过渡】学习烷烃的命名，首先要先要了解什么是烃基。

【讲述】烃分子失去一个氢原子剩余的原子团叫做烃基。烷烃失去一个氢原子剩余的原子团叫烷基。脂肪族烃基通常用 R—表示。例如：甲基$—CH_3$、乙基$—CH_2CH_3$。在这里我们要注意烃基一般呈电中性，属于烃的一部分，不能独立存在。“根”往往带有电荷，可以在溶液中独立存在。另外“基”与“根”在电子式的写法上也有区别。

【投影】“根”与“基”的区别

	根	基
定义	带电的原子或原子团	分子中失去中性原子或原子团剩余的部分
电性	带电	中性不带电
存在	可以稳定存在	不能稳定存在

【板书】见板书。

【讲述】物质都有其名称，那么烷烃是如何命名的呢？我们首先复习一下一种比较简单的命名方法——习惯命名法。

【讲述】烷烃可以根据分子里所含碳原子数目来命名，碳原子在十以内的用甲、乙、丙、丁、戊、己、庚、辛、壬、癸来表示，碳原子数在十以上的用中文小写数字来表示。例如：CH_4叫甲烷，C_5H_{10}叫戊烷，$C_{17}H_{36}$叫十七烷。有些烷烃存在同分异构体，如戊烷的三种同分异构体，可以用“正”、“异”、“新”来区别。这样的命名方法就叫做习惯命名法。

【投影】

$CH_3—CH_2—CH_2—CH_2—CH_3$　正戊烷

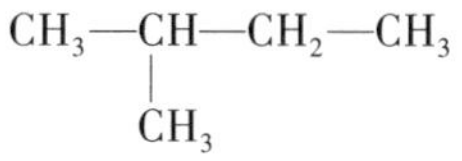

异戊烷

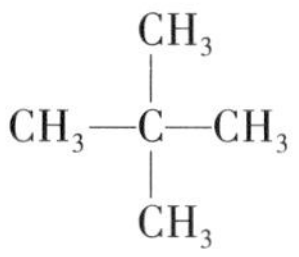

新戊烷

【过渡】随着烷烃碳原子数目增多同分异构体数目也随之增多，习惯命名法有很大的局限性，只能用来命名一些结构简单的烷烃。因此，在有机化学中广泛采用系统命名法。

【板书】见板书。

【讲述】采用系统命名法首先要定主链，最长称“某烷”。选定分子里最长的碳链为主链，并按主链上碳原子的数目称为“某烷”。

【板书】见板书。

【提问】请同学们思考怎样编号，如何确定支链所在的位置？

【讲述】编号时把主链里离支链最近的一端作为起点，用1、2、3等数字给主链的各碳原子依次编号定位，以确定支链所在的位置。在这里大家需要注意的是，从碳链任何一端开始，第一个支链的位置都相同时，则从较简单的一端开始编号，即最简单原则；有多个支链时，应使支链位置尽可能小，即最低系列。当有两条或两条以上等长主链时选取分支程度最高的碳链作为主链。

【投影】

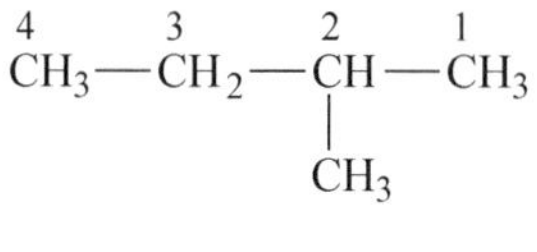

【板书】见板书。

【提问】当存在多个支链时应该如何书写名称呢？

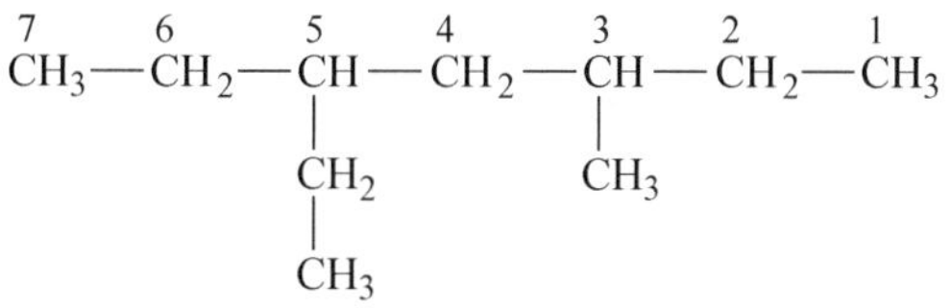

3-甲基-5-乙基庚烷

【讲述】把取代基的名称写在烷烃名称的前面，在取代基的前面用阿拉伯数字注明它在烷烃主链上的位置，取代基的位置和名称之间用“-”隔开，当主链上有不同取代基时书写的顺序为先小后大，若几个取代基不同就把简单的写在前面。

【投影】

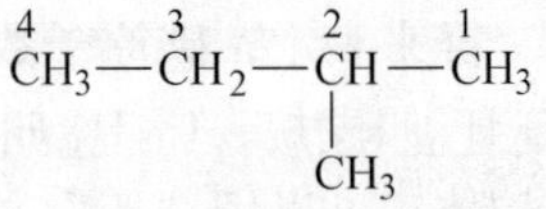

2-甲基丁烷

【板书】见板书。

【提问】还有一个问题，就是当有相同的取代基时，又如何表示呢？

【讲述】当有相同的取代基时，将取代基个数相加，然后用中文小写数字二、三、四等数字表示写在取代基前面，但表示相同取代基位置的阿拉伯数字要用“,”隔开。

【投影】

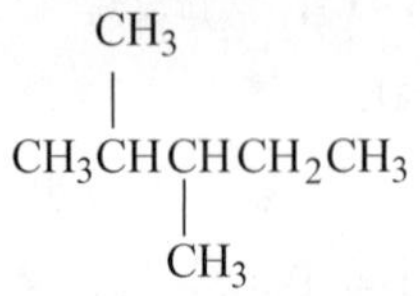

2,3-二甲基戊烷

【板书】见板书。

【小结】（1）选主链，称某烷。选定分子中最长碳链为主链，根据主链中碳原子数目称作“某烷”。

（2）编序号，定支链。选主链中离支链最近的一端开始编号；当两个相同支链离两端主链相同时，从离第三个支链最近的一端开始编号，等近时按支链最简进行编号。

（3）取代基写在前，注位置，短线连。先写取代基编号，再写取代基名称。

（4）不同基团，简单在前，复杂在后，相同合并，最后写主链名称。

【投影】示例：

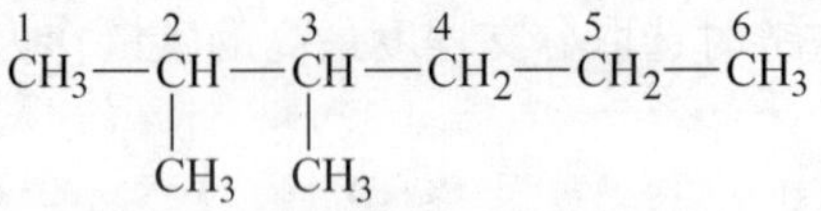

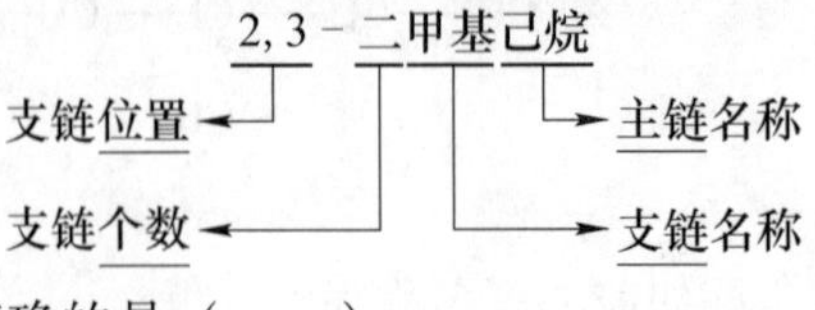

【练习】下列有机物的命名正确的是（　　）。

A. 3,3-二甲基-4-乙基戊烷　　B. 3,3,4-三甲基己烷

C. 3,4,4-三甲基己烷　　D. 1,2,3-三甲基己烷

2. 烯烃和炔烃的命名

【过渡】前面已经讲过，烷烃的命名是有机化合物命名的基础，其他有机物的命名原则是在烷烃命名原则的基础上延伸出来的。下面我们来学习烯烃和炔烃的命名。

【提问】参照烷烃的命名方式，第一步应该怎样做呢？

【讲述】在学习了烷烃的命名基础上，烯烃和炔烃的命名就相对比较简单了。第一步我们将含有双键或三键的最长碳链作为主链，称为“某烯”或“某炔”。

【投影】第一步：选主链，称某烯（炔）

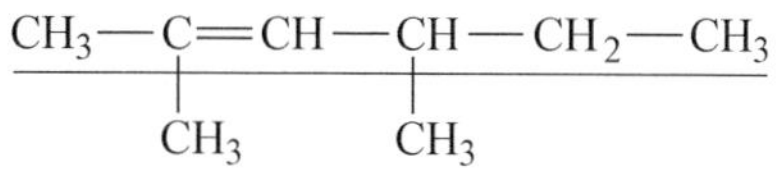

【板书】见板书。

【提问】确定好了主链之后又如何进行编号呢？

【讲述】从距离双键或三键最近的一端给主链上的碳原子依次编号定位。

【投影】第二步：近双（三）键，定位号

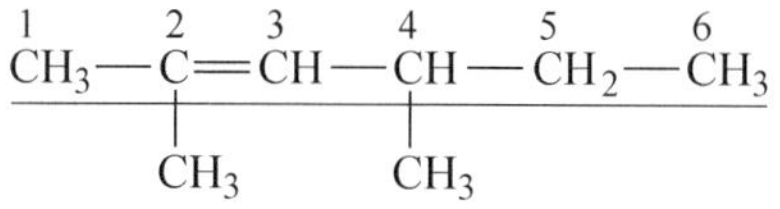

【板书】见板书。

【提问】现在同学们回想一下烷烃命名时支链的处理方式，烯（炔）烃的支链又怎样书写呢？

【讲述】把支链作为取代基，从简到繁，相同合并；用阿拉伯数字标明双键或三键的位置，这里要注意我们只需标明双键或三键碳原子编号较小的数字即可。用“二”、“三”等表示双键或三键的个数。

【投影】第三步：标双（三）键，合并算

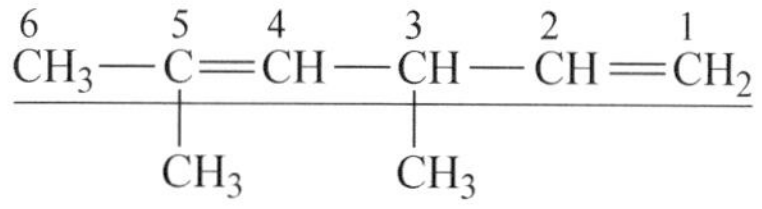

【板书】见板书。

【小结】（1）选主链，定某烯（炔）：将含双键或三键最长碳链作为主链，称为“某烯”或“某炔”。

（2）近双（三）键，定位号：从距离双键或三键最近的一端给主链上的碳原子依次编号定位。

（3）标双（三）键，合并算：用阿拉伯数字标明双键或三键的位置（只需标明双键或三键碳原子编号较小的数字），用“二”“三”等表示双键或三键的个数。

【投影】示例：

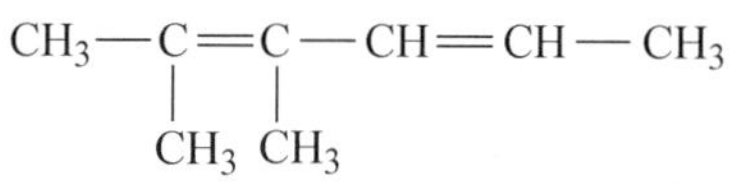

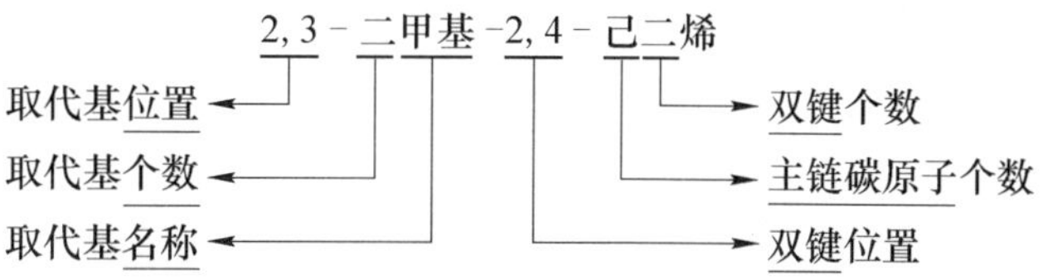

【过渡】好了，有了烷烃的命名作为基础，掌握烯烃和炔烃的命名方法就变得容易了，接下来我们学习苯的同系物的命名。

【练习】某有机物的结构简式为 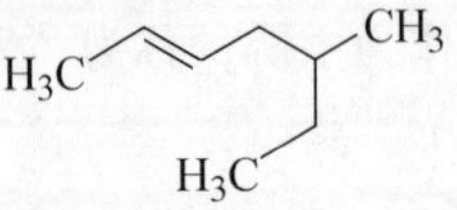 ，其名称是（　　）。

A. 5-乙基-2-己烯　B. 3-甲基庚烯　C. 3-甲基-5-庚烯　D. 5-甲基-2-庚烯

3. 苯的同系物的命名

【讲述】我们在高一就接触过苯，对它不陌生，苯的同系物命名时如果侧链为烷基且有简单名称，以苯为母体、侧链做取代基，用习惯命名法在命名时以苯作母体，苯环上的烃基为侧链进行命名。例如苯分子中的氢原子被甲基取代后生成甲苯，被乙基取代后生成乙苯。

【投影】

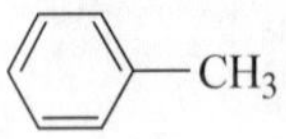
甲苯

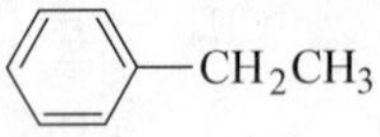
乙苯

【提问】这是只有一个取代基的时候，如果有两个取代基，又如何命名呢?

【讲述】如果两个氢原子被两个甲基取代后，则生成的是二甲苯。由于取代基位置不同，二甲苯有三种同分异构体。它们之间的差别在于两个甲基在苯环上的相对位置不同，可分别用“邻”、“间”和“对”来表示。

【投影】

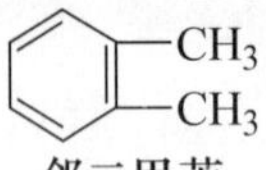
邻二甲苯

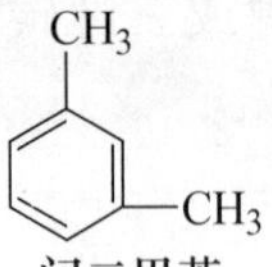
间二甲苯

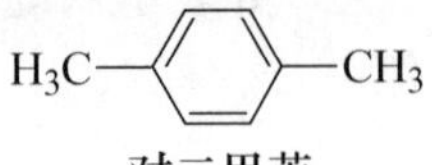
对二甲苯

【板书】见板书。

【讲述】若将苯环上的6个碳原子编号，可以某个甲基所在的碳原子的位置为1号，选取最小位次号给另一个甲基编号，则邻二甲苯也可叫做1,2-二甲苯；间二甲苯叫做1,3-二甲苯；对二甲苯叫做1,4-二甲苯。

【讲述】若苯环上有两个或两个以上的不同烷基，如一个甲基一个乙基时，要以甲苯作母体，乙基作取代基，其位置可以用邻、间、对来表示，也可以用编号（连甲基的碳为1号碳）的方法表示。

【投影】

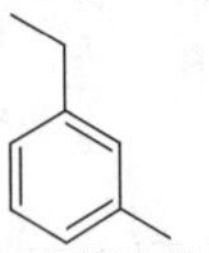
3- 乙基甲苯

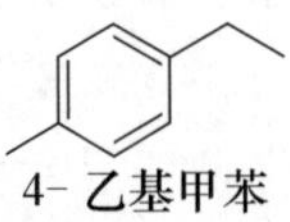
4- 乙基甲苯

【讲述】当苯环上连有不饱和基团或虽为饱和基团但没有简单名称时，可将苯作为取代基。

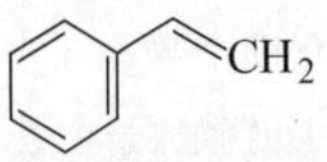
苯乙烯

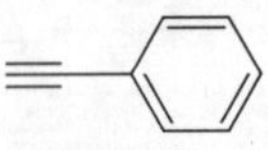
苯乙炔

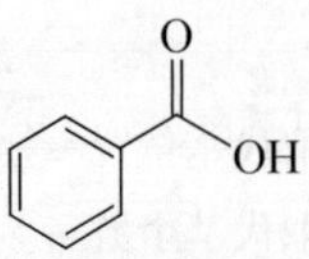
苯甲酸

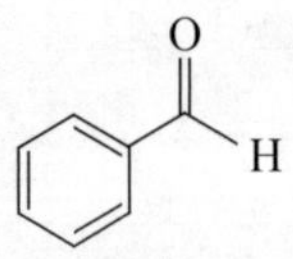
苯甲醛

【板书】见板书。

【小结】（1）苯的同系物命名时以苯作为母体，苯环侧链的烷基作为取代基，称为“某苯”。

（2）若苯环上有两个或两个以上取代基时，要选择其中一个取代基与苯合在一起作母体，其余的作取代基。可以用邻、间、对来表示取代基的相对位置，也可以将苯环编号，编号时把和苯一起作母体的取代基放在 1 号位，并使其他取代基的位次尽可能小。

（3）当苯环上连有不饱和基团或虽为饱和基团但没有简单名称时，可将苯作为取代基。

【练习】苯有多种同系物，其中一种结构简式为 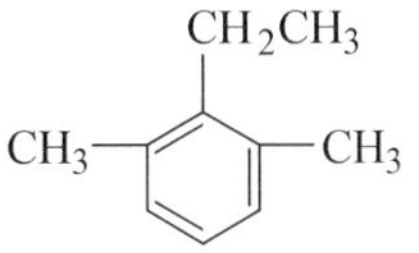，则它的名称为（　　）。

A. 2,4-二甲基-3-乙基苯
B. 1,3-二甲基-2-乙基苯
C. 1,5-二甲基-6-乙基苯
D. 2-乙基-1,3-二甲基苯

环节三：归纳总结

【总结】我们在这节课所学的重点内容是烯烃、炔烃和苯的同系物的命名方法，学会了同分异构体的书写，那么怎样才能得到纯净的有机物？在下一节课我们一起来学习研究有机化合物的一般步骤和方法。这节课后大家可以先预习这一部分，着重分析科学家是如何设计实验，如何得出恰当的结论的。请同学们课后完成课本 15 页的第 1、2 题，并预习下一节课的内容。

烷烃命名步骤

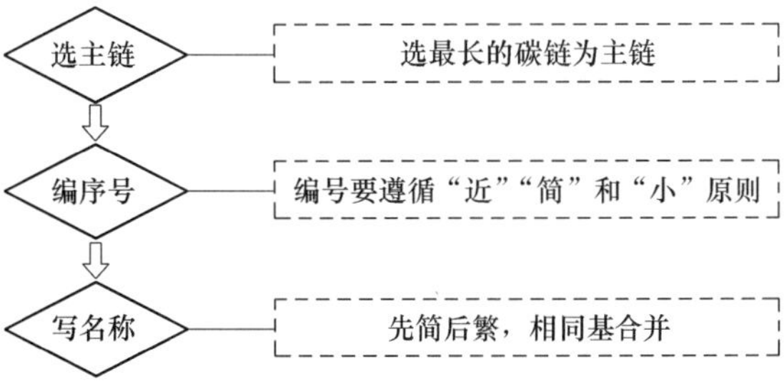

烯（炔）烃命名步骤

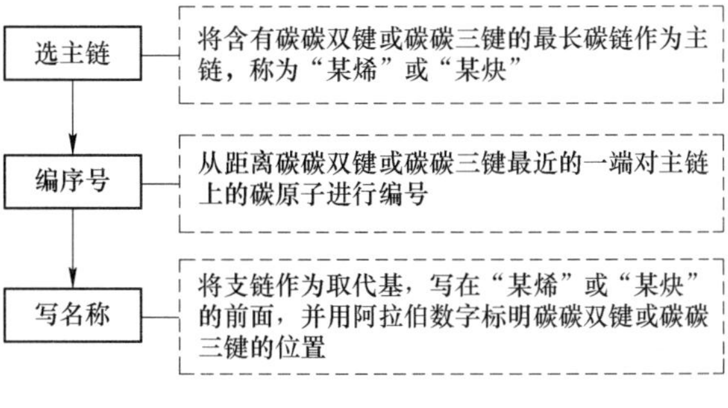

五、板书设计

1.3　有机化合物的命名

一、烷烃的命名

（一）烃基：烃分子失去一个氢原子所剩余的原子团叫做烃基

（二）习惯命名法

1. 方法：根据烷烃分子里所含碳原子数目来命名，碳原子数加“烷”字
2. 天干：甲、乙、丙、丁、戊、己、庚、辛、壬、癸
3. 注意：当碳原子数相同时，在（碳原子数）烷名前面加正、异、新等

（三）系统命名法

1. 选主链，称某烷。选定分子中最长的碳链为主链，根据主链中碳原子数目称作“某烷”
2. 编序号，定支链。选主链中离支链最近的一端开始编号；当两个相同支链离两端主链相同时，从离第三个支链最近的一端开始编号，等近时按支链最简进行编号

   ①最低系列：当有多个支链时编号应使支链位次尽可能小

   ②最简原则：当有两条相同碳原子的主链时，选支链最简单的一条为主链
3. 把支链作为取代基，从简到繁，相同合并
4. 当有相同的取代基，则相加，然后用小写汉字二、三、四等数字表示取代基数目写在取代基前面

二、烯烃和炔烃的命名

1. 将含有双键或三键的最长碳链作为主链，称为“某烯”或“某炔”
2. 从距离双键或三键最近的一端给主链上的碳原子依次编号定位
3. 把支链作为取代基，从简到繁，相同合并；用阿拉伯数字标明双键或三键的位置（只需标明双键或三键碳原子编号较小的数字）。用“二”、“三”等表示双键或三键的个数

三、苯的同系物的命名

1. 若苯环上有两个或两个以上取代基时，要选择其中一个取代基与苯合在一起作母体，其余的作取代基。可以用邻、间、对来表示取代基的相对位置，也可以将苯环编号，编号时把和苯一起作母体的取代基放在 1 号位，并使其他取代基的位次尽可能小
2. 当苯环上连有不饱和基团或虽为饱和基团但没有简单名称时，可将苯作为取代基

六、真题链接

1. （2016 上海—5）烷烃 $CH_3CH_2\overset{\overset{\displaystyle CH_2CH_2CH_3}{|}}{C}H\underset{\underset{\displaystyle CH_3}{|}}{C}HCH_3$ 的命名正确的是（　　）。

A. 4-甲基-3-丙基戊烷　　B. 3-异丙基己烷

C. 2-甲基-3-丙基戊烷　　D. 2-甲基-3-乙基己烷

2.（2016 浙江—10）下列说法正确的是（　　）。

A. 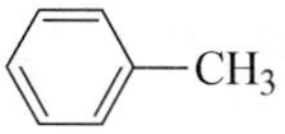 的一溴代物和 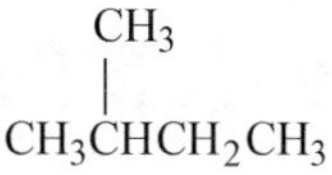 的一溴代物都有 4 种（不考虑立体异构）

B. $CH_3CH=CHCH_3$ 分子中的 4 个碳原子在同一直线上

C. 按系统命名法，化合物 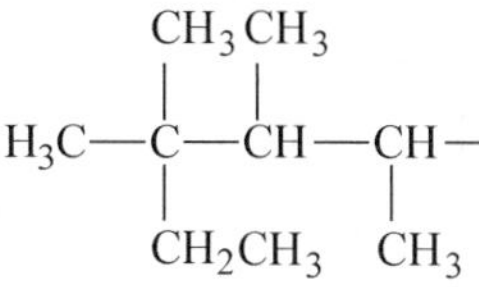 的名称是 2,3,4-三甲基-2-乙基戊烷

D. 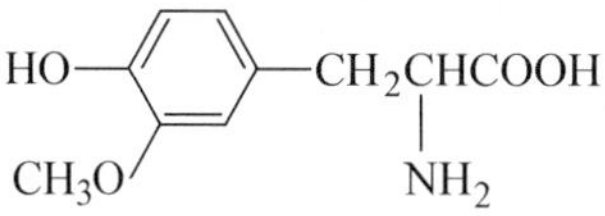 与 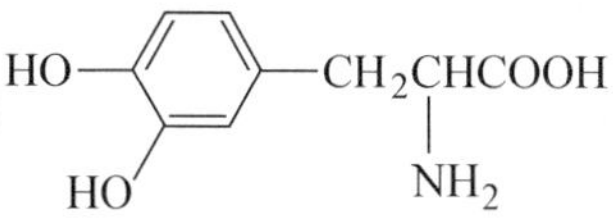 都是 α-氨基酸且互为同系物

第四节　研究有机化合物的一般步骤和方法

【教材分析】

本节内容选自人教版高中《化学（选修5）》有机化学基础第一章“认识有机化合物”第四节“研究有机化合物的一般步骤和方法”。根据新课标“初步了解研究有机化合物的一般步骤；初步学会分离、提纯有机物的常规方法（蒸馏法与重结晶法）”的要求，本节课安排了“含有杂质的工业乙醇的蒸馏”、“重结晶提纯苯甲酸”、“有机物分子式的确定”和“有机物结构式的确定”等内容。

研究有机化合物的步骤一般有四步，第一课时学习第一步，即通过分离、提纯得到纯净的有机化合物。蒸馏、重结晶等实验是提纯分离的基本实验，对学生掌握基本的实验操作有很重要的帮助，也能充分调动学生的学习兴趣和积极性。学生分组实验并合作探究，可提升化学的科学素养，培养学生的证据推理与模型认知素养。通过有机物元素分析，实验式、分子式、结构式的教学，认识自然科学的科学研究方法，为学习好这一门学科从方法上打下基础。研究有机化合物的第二步是将分离后得到的纯净有机化合物利用元素分析仪进行元素组成的定量分析，即燃烧法确定实验式。第三步是测定未知物的相对分子质量，给出分子式，目前被广泛采用的最准确、迅速的微量方法是质谱法。第四步是在测定有机物分子实验式和相对分子质量的基础上，确定分子式，通过红外光谱与核磁共振氢谱鉴定有机化合物的结构。

按课程标准的要求，使学生粗浅地了解如何由红外光谱确定官能团和化学键的种类、如何由核磁共振氢谱确定氢原子种类以及如何由质谱法确定有机化合物的相对分子质量即可，避免谱学原理和名词术语对学生产生困扰。

【学情分析】

学生在高中必修1中已经学习过过滤、蒸发、蒸馏、萃取等多种分离提纯方法，因此学生对于分离提纯实验的相关知识有一定的基础，但难免会遗忘，所以讲解时需要详细一些，特别要强调各种实验方法的适用范围和注意事项。另外每个学生已有的知识和实验水平有差距，要充分考虑到每个学生的不同情况，确定合理的教学方法。由于用高科技方法确定有机物结构式是学生首次接触，需要教师指导并形成正确的认识。

学生在学习了“研究有机化合物的一般步骤和方法”的第一课时后，了解了有机化合物的分离提纯的几种方法，并且知道了研究有机物的一般步骤，在知识上具备了学习确定有机物分子式和分子结构的条件，但还需要老师辅助讲解分子式确定的计算过程。在能力方面要培养学生根据质谱、红外光谱以及核磁共振氢谱确定有机化合物的相对分子质量、官能团（化学键）和氢原子的种类及数目比的能力。

第1课时　有机化合物的分离、提纯

一、教学目标

核心知识	（1）掌握蒸馏法、萃取法、重结晶法提纯有机物的原理。 （2）了解多种分离提纯方法的注意事项
核心能力	（1）通过学习分离提纯的实验方法，掌握实验操作技能。 （2）通过学习有机物的性质、特点和分离提纯方法，增强分析问题、解决问题和收集整理信息的能力
核心品质	（1）通过本节的练习，从中体验研究有机化合物的过程和科学方法，提高化学核心素养。 （2）通过对“分离和提纯”实验的操作培养学生勇于实践的科学精神和科学态度

二、教学重点和难点

（1）教学重点：蒸馏、重结晶等分离提纯有机物的实验操作。

（2）教学难点：确定有机化合物实验式、相对分子质量、分子式的有关计算。

三、知识框架

有机化合物的分离、提纯
- 蒸馏
  - 原理：在一定温度和压强下加热液态混合物，沸点低的物质或组分首先气化，将其蒸气导出后再进行冷凝，从而达到与沸点高的物质或组分相分离的目的
  - 仪器：铁架台（铁圈、铁夹）、酒精灯、石棉网、蒸馏烧瓶、温度计、冷凝管、牛角管和锥形瓶
  - 实验操作：在250mL蒸馏烧瓶中加入100mL工业乙醇，再在烧瓶中投入少量素烧瓷片，安装好蒸馏装置，向冷凝器中通入冷却水，加热蒸馏
  - 注意事项
- 重结晶
  - 原理：将晶体溶于溶剂或熔融以后，又重新从溶液或熔体中结晶的过程。重结晶可以使不纯净的物质获得纯化，或使混合在一起的盐类彼此分离
  - 仪器：烧杯、玻璃棒、漏斗和铁架台（带铁圈）
  - 实验操作：加热溶解、趁热过滤、冷却结晶和分离晶体
  - 注意事项
- 萃取
  - 原理
    - 液-液萃取：利用有机物在两种互不相溶的溶剂中的溶解性不同，将有机物从一种溶剂转移到另一种溶剂的过程
    - 固-液萃取：用有机溶剂从固体物质中溶解出有机物的过程
  - 仪器：烧杯、铁架台和分液漏斗
  - 实验操作：加入萃取剂后充分振荡，静置分层后，打开分液漏斗活塞，下层液体从下口流出，并及时关闭活塞，上层液体从上口倒出
  - 注意事项

四、教学过程

环节一：导入新课

【引入】从天然资源中提取有机物成分，或者是从工业生产、实验室合成的有机化合物不

可能直接得到纯净物，因此，必须对得到的产品进行分离提纯，如果要鉴定和研究未知有机物的结构与性质，必须得到更纯净的有机物。我们已经知道，有机化学是研究有机物的组成、结构、性质、制备方法与应用的科学。那么，该怎样对有机物进行研究呢？一般的步骤和方法是什么？这就是我们这节课将要探讨的问题。今天我们就来学习研究有机化合物的一般步骤。

环节二：展开新课

1. 含有杂质的工业乙醇的蒸馏

【提问】研究有机化合物的一般步骤有哪些？

【投影】

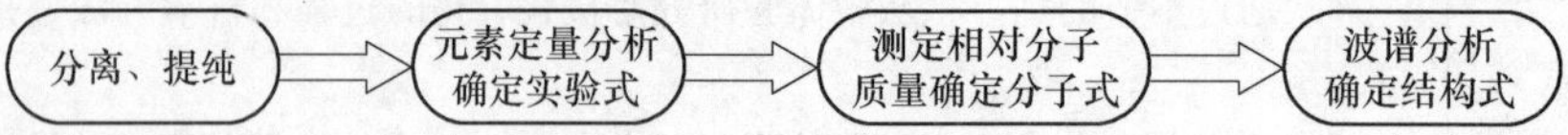

【讲述】我们来考虑怎样获得一种纯净的有机产品呢？一是考虑它的来源：天然或人工合成；二是选择合理的分离提纯的方法。

【讲述】那我们如何选择分离、提纯的方法呢？主要是利用有机物与杂质物理性质的差异将它们分离。例如：提纯固体有机物常采用重结晶法，提纯液体有机物常采用蒸馏操作，也可以利用有机物与杂质在某种溶剂中溶解性的差异，用溶剂萃取来提纯。通过观看投影中的内容结合高一所学的知识我们先来学习第一步——分离和提纯。在分离、提纯时我们要注意不增、不减、易分、复原这四条原则。

【提问】下面我们来学习一下工业乙醇的蒸馏，那么现在同学们回想一下蒸馏实验的原理是什么？适用于分离什么样的混合物？

【讲述】蒸馏的原理是在一定温度和压强下加热液体混合物，沸点低的物质或组分首先气化，将其蒸气导出后再进行冷凝，从而达到与沸点高的物质或组分相分离的目的。这种方法适用于分离相互混溶且沸点相差较大（一般约大于 30℃）的液体混合物。

【板书】见板书。

【提问】我们原来学过实验室制取蒸馏水，方法就是蒸馏，那么大家回忆一下蒸馏实验需要用到哪些仪器呢？

【投影】蒸馏装置图

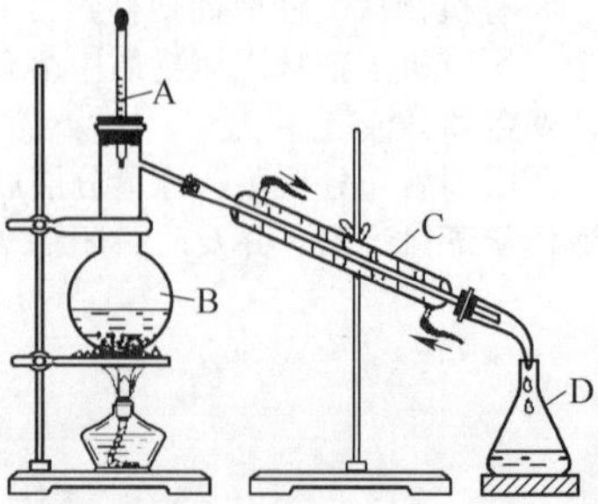

【讲述】通过观看投影大家应该都想起来了蒸馏所用到的仪器有铁架台（铁圈、铁夹）、酒精灯、石棉网、蒸馏烧瓶、温度计、冷凝管、牛角管和锥形瓶。

【提问】那么同学们再回忆一下在进行蒸馏实验时有哪些注意事项呢？可能有些同学想不起来，那么请同学们回答以下几个问题。温度计水银球位于蒸馏烧瓶什么位置，为什么？加热前加碎瓷片，目的是什么？冷凝水进出方向是怎样的？蒸馏烧瓶内的液体放多少为宜？蒸馏烧瓶是否可以直接加热？

【讲述】温度计的水银球要置于蒸馏烧瓶的支管口处，其目的是保证蒸馏出来的液体是我们所要收集的物质；加碎瓷片的目的是为了使液体平稳沸腾，防止暴沸；冷凝水应该“下进上出”，保证冷水能够充满整个冷凝管，进而达到最好的冷凝效果；蒸馏烧瓶内的液体不能少于1/3也不能多于2/3，一般1/2为宜，同时蒸馏烧瓶内的液体不能蒸干；蒸馏烧瓶不能直接加热，加热时需要垫石棉网。

【板书】见板书。

【练习】关于蒸馏的实验操作说法正确的是（　　）。

A. 蒸馏的原理是利用混合物中各组分的沸点不同实现分离

B. 蒸馏烧瓶可以用酒精灯直接加热

C. 开始蒸馏时，应该先加热，再开冷凝水；蒸馏完毕，应先关冷凝水再撤酒精灯

D. 苯和水的混合物最好用蒸馏的方法进行分离

【讲解】蒸馏是利用液体沸点的不同，分离互溶的液体混合物，故A正确。由于蒸馏烧瓶底面积较大，直接加热受热不均匀，所以在使用时必须垫石棉网，故B错误。冷凝管没有通水或先加热后通水会造成受热不均匀，使冷凝管破裂；蒸馏完毕，为防止蒸气外逸，应该先撤酒精灯，再关冷凝水，故C错误。蒸馏是分离沸点不同且互溶的液体混合物，苯和水的混合物不混溶且分层，用分液的方法，先从下口放出水，后从上口倒出苯，故D错误。

2. 重结晶提纯苯甲酸

【提问】在学习了蒸馏之后，我们再来学习重结晶这种分离提纯的方法。学习这种方法我们首先要明确重结晶的对象及满足条件是什么。

【讲述】重结晶是提纯固态有机物的常用方法。要求杂质在所选溶剂中溶解度很大或溶解度很小，易于除去；被提纯的有机物在所选溶剂中的溶解度受温度的影响较大；该有机物在热溶液中的溶解度较大，冷溶液中的溶解度较小，冷却后易结晶析出。

【提问】下面请同学们阅读课本18页实验1-2叙述苯甲酸重结晶的实验步骤。

【投影】苯甲酸的重结晶

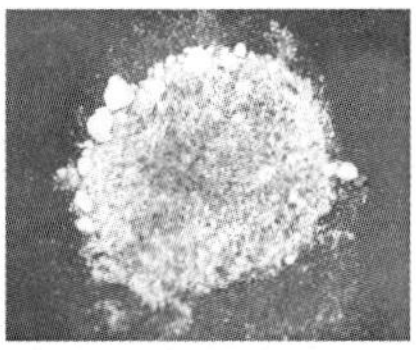

粗苯甲酸

加热溶解

趁热过滤

冷却

【讲述】苯甲酸的重结晶实验步骤可以分为四步。第一步加热溶解：将粗苯甲酸 1g 加到 100mL 的烧杯中，再加入 50mL 蒸馏水，在石棉网上边搅拌边加热，使粗苯甲酸溶解，全溶后再加入少量蒸馏水。第二步趁热过滤：用短颈玻璃漏斗趁热将溶液过滤到另一个 100mL 烧杯中。第三步冷却结晶：将滤液静置，使其缓慢冷却结晶。第四步分离晶体：过滤分离滤液，得到晶体。

【板书】见板书。

【提问】下面请同学们思考几个问题：第一个问题，在重结晶过程中进行热过滤后，要用少量热溶剂冲洗一遍，其目的是什么？第二个问题，在晶体析出后，分离晶体和滤液时要用少量的冷溶剂洗涤晶体，其洗涤的目的是什么？为什么要用冷溶剂？第三个问题，温度越低，苯甲酸的溶解度越小，为了得到更多的苯甲酸晶体，是不是结晶时的温度越低越好？

【讲述】用少量热溶剂冲洗一遍是为了洗涤不溶性固体表面的可溶性有机物。洗涤是为了除去晶体表面附着的可溶性杂质；而且用冷溶剂洗涤可降低洗涤过程中晶体的损耗。如果温度过低，杂质的溶解度也会降低，部分杂质会析出，就达不到提纯苯甲酸的目的；另外温度极低时，溶剂（水）也会结晶，也会给实验操作带来麻烦。

【板书】见板书。

【练习】下列关于物质的分离、提纯实验中的一些操作或做法，正确的是（　　）。

A. 在组装蒸馏装置时，温度计的水银球应伸入液面下

B. 用 96%的工业酒精制取无水乙醇，可采用直接蒸馏的方法

C. 在苯甲酸重结晶实验中，粗苯甲酸加热溶解后还要加入少量蒸馏水

D. 在苯甲酸重结晶实验中，待粗苯甲酸完全溶解后要冷却到常温再过滤

3. 萃取的实验原理与操作

【过渡】接下来我们来学习本节课的最后一种分离提纯的方式——萃取，这种方法也是我们在高一必修 1 中就学习过的，现在让我们一起回忆一下。

【讲述】和学习刚才的两种方法一样我们要先明确萃取这种方法的适用范围。萃取分为两种方式：一种是液-液萃取，其原理为利用有机物在两种互不相溶的溶剂中的溶解性不同，将有机物从一种溶剂转移到另一种溶剂的过程。常用的与水不互溶的有机溶剂有乙醚、石油醚、二氯甲烷等。另一种是固-液萃取，其原理为用有机溶剂从固体物质中溶解出有机物的过程。

【板书】见板书。

【提问】同学们回忆一下，萃取实验所用到的仪器有哪些？

【讲述】这个问题比较简单，用到的仪器有烧杯、铁架台、分液漏斗。

【提问】那么萃取又如何进行操作的呢？

【投影】萃取的操作

分液漏斗

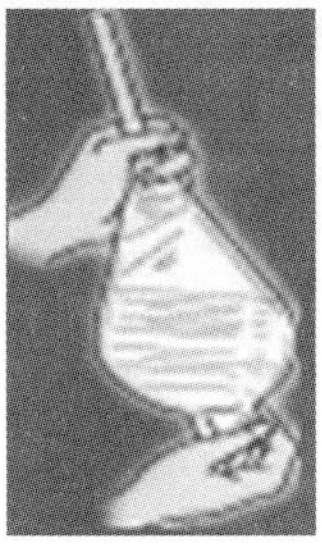
振荡

静置

分液

【讲述】加入萃取剂后充分振荡，静置分层后，打开分液漏斗活塞，下层液体从下口流出，并及时关闭活塞，上层液体从上口倒出。概括为混合、振荡、静置和分液。

【提问】萃取剂应该如何选择？

【讲述】第一，萃取剂与原溶剂互不相溶；第二，溶质在萃取剂中的溶解度大；第三，萃取剂与溶液中的成分不发生反应。

【提问】操作中应该注意哪些事项？

【讲述】首先要检查分液漏斗的瓶塞和旋塞是否严密；其次萃取常在分液漏斗中进行，分液是萃取操作的一个步骤，必须经过充分振荡后再静置分层；最后分液时，打开分液漏斗的活塞，将下层液体从漏斗颈放出，当下层液体刚好放完时，要立即关闭活塞，上层液体从上口倒出。

【板书】见板书。

【练习】下列有关物质的分离的说法中，正确的是（　　）。

A. 除去乙酸乙酯中的少量乙酸，可加入氢氧化钠溶液充分反应后分液

B. 如图所示，振荡后静置，上层溶液颜色保持不变

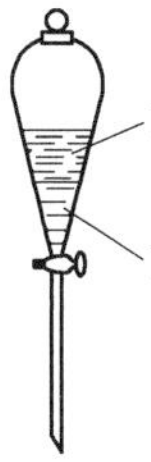

C. C_2H_5OH 中有 CH_3COOH，加足量 CaO 蒸馏除去

D. 分液时，分液漏斗中下层液体从下口放出，上层液体也从下口放出

【讲述】乙酸乙酯在氢氧化钠溶液中能完全水解，故 A 错；Br_2 与 NaOH 溶液反应，上层溶液颜色变为无色，故 B 错；乙酸与氧化钙反应生成高沸点的盐，乙醇不能，蒸馏得到乙醇，C 正确；D 选项的操作会使上层液体被下层液体污染，故错。

【练习】已知乙酸异戊酯是难溶于水且密度比水小的液体。在洗涤、分液操作中，应充分振荡，然后静置，在分层后的操作是（　　）。

A. 直接将乙酸异戊酯从分液漏斗的上口倒出

B. 直接将乙酸异戊酯从分液漏斗的下口放出

C. 先将水层从分液漏斗的下口放出，再将乙酸异戊酯从下口放出

D. 先将水层从分液漏斗的下口放出，再将乙酸异戊酯从上口倒出

环节三：归纳总结

【总结】本节课我们学习了分离提纯有机物的三种方法，下表为本节课学习内容的重点，大家可以进行记录。在下节课中我们将继续学习研究有机化合物的一般步骤和方法，

学习如何确定有机物的分子式和结构式。这节课后大家可以先预习元素分析与相对分子质量的测定和分子结构的鉴定这一部分，并完成课本 23 页的第 1~3 题。

分离、提纯的方法	目　的	主要仪器	实　例
蒸馏	分离、提纯沸点相差较大的混合溶液	蒸馏烧瓶、冷凝管、接收器	分离乙醛与乙醇
重结晶	分离、提纯溶解度受温度影响较大的固体混合物	蒸发皿、漏斗、玻璃棒	提纯苯甲酸
分液	分离、提纯互不相溶的液体混合物	分液漏斗	分离硝基苯与水
洗气	分离、提纯气体混合物	洗气装置	除去甲烷中的乙烯
过滤	分离不溶性的固体和液体	漏斗、玻璃棒	分离硬脂酸与氯化钠水溶液
萃取	转移溶质	分液漏斗	四氯化碳萃取碘水

五、板书设计

1.4.1　有机化合物的分离、提纯

一、蒸馏

（一）原理：在一定温度和压强下加热液态混合物，沸点低的物质或组分首先气化，将其蒸气导出后再进行冷凝，从而达到与沸点高的物质或组分相分离的目的

（二）仪器：铁架台（铁圈、铁夹）、酒精灯、石棉网、蒸馏烧瓶、温度计、冷凝管、牛角管和锥形瓶

（三）实验操作：在 250mL 蒸馏烧瓶中加入 100mL 工业乙醇，再在烧瓶中投入少量素烧瓷片，安装好蒸馏装置，向冷凝器中通入冷却水，加热蒸馏

（四）注意事项

1. 温度计的水银球要置于蒸馏烧瓶的支管口处
2. 加碎瓷片防止暴沸；冷凝水应该“下进上出”
3. 蒸馏烧瓶内的液体不能少于 1/3 也不能多于 2/3，一般 1/2 为宜，同时蒸馏烧瓶内的液体不能蒸干
4. 蒸馏烧瓶不能直接加热，加热时需要垫石棉网

二、重结晶

（一）原理：将晶体溶于溶剂或熔融以后，又重新从溶液或熔体中结晶的过程。重结晶可以使不纯净的物质获得纯化，或使混合在一起的盐类彼此分离

（二）仪器：烧杯、玻璃棒、漏斗和铁架台（带铁圈）

（三）实验操作：加热溶解、趁热过滤、冷却结晶和分离晶体

（四）注意事项

1. 重结晶过程中进行热过滤后，要用少量热溶剂冲洗一遍
2. 晶体析出后，分离晶体和滤液时要用少量的冷溶剂洗涤晶体
3. 冷却结晶温度不能过低

三、萃取

（一）原理

1. 液-液萃取：利用有机物在两种互不相溶的溶剂中的溶解性不同，将有机物从一种溶剂转移到另一种溶剂的过程

2. 固-液萃取：用有机溶剂从固体物质中溶解出有机物的过程

（二）仪器：烧杯、铁架台和分液漏斗

（三）实验操作：加入萃取剂后充分振荡，静置分层后，打开分液漏斗活塞，下层液体从下口流出，并及时关闭活塞，上层液体从上口倒出

（四）注意事项

1. 要检查分液漏斗的瓶塞和旋塞是否严密

2. 萃取常在分液漏斗中进行，分液是萃取操作的一个步骤，必须经过充分振荡后再静置分层

3. 分液时，打开分液漏斗的活塞，将下层液体从漏斗颈放出，当下层液体刚好放完时，要立即关闭活塞，上层液体从上口倒出

六、真题链接

1. （2018 天津—1）以下是中华民族为人类文明进步做出巨大贡献的几个事例，运用化学知识对其进行的分析不合理的是（　　）。

A. 4000 余年前用谷物酿造出酒和醋，酿造过程中只发生水解反应

B. 商代后期铸造出工艺精湛的后（司）母戊鼎，该鼎属于铜合金制品

C. 汉代烧制出“明如镜、声如磬”的瓷器，其主要原料为黏土

D. 屠呦呦用乙醚从青蒿中提取出对治疗疟疾有特效的青蒿素，该过程包括萃取操作

2. （2016 北京—9）在一定条件下，甲苯可生成二甲苯混合物和苯。有关物质的沸点、熔点如下：

	对二甲苯	邻二甲苯	间二甲苯	苯
沸点/℃	138	144	139	80
熔点/℃	13	−25	−47	6

下列说法不正确的是（　　）。

A. 该反应属于取代反应

B. 甲苯的沸点高于 144℃

C. 用蒸馏的方法可将苯从反应所得产物中首先分离出来

D. 从二甲苯混合物中，用冷却结晶的方法可将对二甲苯分离出来

第2课时　元素分析与相对分子质量的测定　分子结构的鉴定

一、教学目标

核心知识	（1）了解确定分子式的一般方法与过程。 （2）初步了解测定元素种类、含量以及相对分子质量的方法
核心能力	（1）知道怎样研究有机化合物，并制定相应的步骤和方法。 （2）掌握根据特征结构以及现代物理技术确定物质结构的方法
核心品质	（1）了解质谱、红外光谱、核磁共振谱仪等仪器和实验操作过程，提升学生的综合实践素养。 （2）通过联系知识与科学研究方法的关系，激发学生对化学学科的兴趣，认识有机物结构的重要性

二、教学重点和难点

（1）教学重点：研究有机化合物的一般步骤和常用方法。

（2）教学难点：测定有机物的元素组成、相对分子质量、分子结构。

三、知识框架

有机化合物分子式及结构的鉴定
- 确定分子式
  - 鉴定有机物分子的元素组成：将某有机物在 O_2 中充分燃烧后，各元素对应的燃烧产物 $C \rightarrow CO_2$；$H \rightarrow H_2O$；$N \rightarrow N_2$；$S \rightarrow SO_2$
  - 确定实验式：各元素的质量分数→各元素原子的个数比（实验式）
  - 质谱法确定相对分子质量：质荷比最大的数据表示样品分子的相对分子质量
- 确定分子结构
  - 化学方法：利用特征反应鉴定出官能团，再制备它的衍生物进一步确认
  - 物理方法
    - 红外光谱：利用不同化学键或官能团对红外线吸收频率不同，从而获得分子中含有何种化学键或官能团的信息
    - 核磁共振氢谱：根据氢原子的化学环境确定氢原子种类及其数目

四、教学过程

环节一：导入新课

【引入】从公元8世纪起，人们就已开始使用不同的手段制备有机物，但由于化学理论和技术条件的限制，其元素组成及结构长期没有得到解决。直到19世纪中叶，李比希在拉瓦锡推翻了燃素学说，建立燃烧理论的基础上，提出了用燃烧法进行有机化合物中碳和氢元素定量分析的方法。准确的碳氢分析是有机化学史上的重大事件，对有机化学的发展起着不可估量的作用。随后，物理科学技术的发展，推动了化学分析的进步，才有了今天的快速、准确的元素分析仪和各种波谱方法。

【提问】定性检测物质的元素组成是化学研究中常见的问题之一，如何用实验的方法探讨物质的元素组成？

环节二：展开新课

1. 有机物分子式的确定

【讲述】要学习有机物分子式的确定就要先学习元素分析法，即先确定元素再确定分子式。定性分析是有机物的组成元素分析，例如燃烧后 $C \rightarrow CO_2$、$H \rightarrow H_2O$ 以及 $Cl \rightarrow HCl$ 等；定量分析是确定分子内各元素原子的质量分数，通常利用燃烧法来确定；分析方法有李比希氧化产物吸收法（分析原理）和现代元素分析法。

【讲述】现在我们重点讲解一下元素定量分析的原理。这种方法是将一定量的有机物燃烧，分解为简单的无机物，并作定量测定，通过无机物的质量推算出组成该有机物元素原子的质量分数，然后计算出该有机物分子所含元素原子最简单的整数比，即确定其实验式，以便于进一步确定其分子式。

【板书】见板书。

【例题】下面我们通过一道例题讲解烃类物质的分子式如何确定。某烃含氢元素的质量分数为 17.2%，求此烃的实验式。又测得该烃的相对分子质量是 58，求该烃的分子式。

【分析】此题的条件很简单，是有机物分子式确定中最典型的计算。由于该物质为烃，故它只含碳、氢两种元素，碳元素的质量分数为 $(100-17.2)\%=82.8\%$。则该烃中各元素原子数（N）之比为：

$$N(C):N(H)=\frac{82.8}{12}:\frac{17.2}{1}=2:5$$

C_2H_5仅仅代表碳原子和氢原子的最简整数比，是该烃的实验式，不是该烃的分子式。

设该烃有 n 个 C_2H_5，则：

$$n=\frac{58}{29}=2$$

因此，烃的分子式为 C_4H_{10}。

【讲解】对于一种未知物，如果知道了物质的元素组成和相对分子质量，就很容易通过计算得出分子式。确定有机物的分子式的途径有确定实验式和确定相对分子质量。

【讲解】在这里同学们要注意实验式（最简式）和分子式的区别与联系，最简式是表示化合物分子所含各元素的原子数目最简单整数比的式子，是一种表示物质组成的化学用语，不能确切表明分子中的原子个数。有机物的元素组成简单、种类繁多，具有同一最简式的物质往往不止一种。最简式相同的物质，所含各元素的质量分数是相同的，若相对分子质量不同，其分子式就不同。例如，苯（C_6H_6）和乙炔（C_2H_2）的最简式相同，均为 CH，所以它们所含 C、H 元素的质量分数是相同的。

【提问】哪位同学能归纳一下分子式的特点呢？

【讲述】分子式是表示化合物分子所含元素的原子种类及数目的式子，同样也是表示物质组成的化学用语。由于有机物中存在同分异构现象，故分子式相同的有机物，其代表的物质可能有多种。分子式=(最简式)n，即实验式扩大 n 倍就是分子式。

【板书】见板书。

【例题】下面再举一道例题来熟悉这种方法。燃烧某有机物 A 1.50g，生成1.12L（标准状况）CO_2 和0.05mol H_2O。该有机物的蒸气对空气的相对密度是1.04，求该有机物的分子式。

【副板书】解：首先要确定该物质的组成元素。

1.5g A 中各元素的质量：

$$m(C)=\frac{12g/mol\times1.12L}{22.4L/mol}=0.6g$$

$$m(H)=1g/mol\times0.05mol\times2mol=0.1g$$

$m(C)+m(H)=0.6g+0.1g=0.7g<1.5g$，所以有机物中还含有 O 元素。

$$N(C):N(H):N(O)=\frac{0.6g}{12g/mol}:\frac{0.1g}{1g/mol}:\frac{0.8g}{16/mol}=1:2:1$$

由 $M(A)=1.04\times29=30$

实验式为 CH_2O，其式量为30。

又因该有机物的相对分子质量为30，因此实验式即为分子式。

【讲解】从例题可以看出计算相对分子量很重要，计算有机物相对分子质量的方法有哪些？有密度法（标准状况）和相对密度法（相同状况）。另外可以从 $m(O)=1.5g-(0.6g+0.1g)=0.8g$ 看出元素的质量有时不能由实验直接得出，还需要对实验现象和结果进行必要的分析和计算。

【归纳】确定有机物分子式的一般方法。

（1）实验式法：

①根据有机物各元素的质量分数求出分子组成中各元素的原子个数比（最简式）。

②求出有机物的摩尔质量（相对分子质量）。

（2）直接法：

①求出有机物的摩尔质量（相对分子质量）。

②根据有机物各元素的质量分数直接求出1mol 有机物中各元素原子的物质的量。

【板书】见板书。

2. 有机物结构式的确定

【过渡】确定有机物分子式的方法有很多，在今后的教学中还会进一步介绍。今天我们仅仅学习了利用相对分子质量和实验式共同确定有机物分子式的基本方法。应该说以上所学的方法是用推算的方法来确定有机物的分子式的。当然，我们还可以用物理方法简单、快捷地测定相对分子质量，比如质谱法。

【讲述】质谱法的原理是用高能电子流轰击样品，使分子失去电子变成带正电荷的分子离子和碎片离子，在磁场的作用下，由于它们的相对质量不同而使它们到达检测器的时间也不同，通过记录到达的先后顺序称为质谱图可以确定分子质量。质谱法具有快速、微量和精确的优点。

【提问】现在请同学们阅读课本第 21 页，思考几个问题，质荷比是什么？如何确定有机物的相对分子质量？

【投影】质谱仪

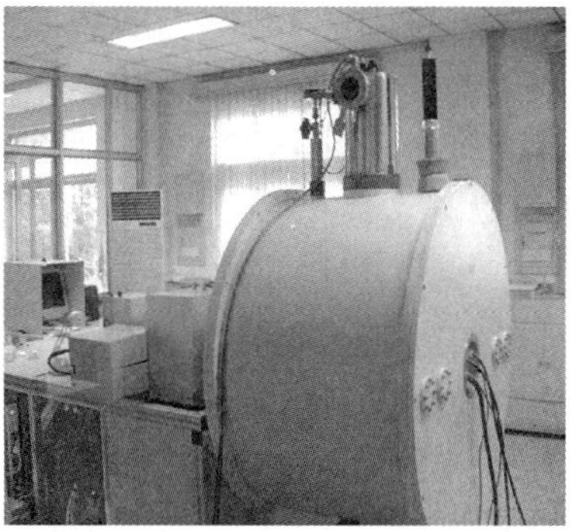

【讲述】质核比就是分子离子与碎片离子的相对质量与其电荷的比值。分子离子的质荷比越大，到达检测器需要的时间越长，因此质谱图中的质荷比最大的就是未知物的相对分子质量，即质谱图最右边的分子离子峰。

【板书】见板书。

【投影】

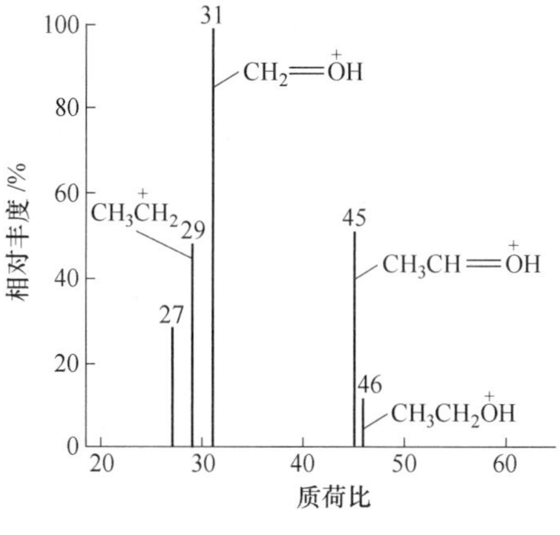

【讲述】上图为未知物 A 的质谱图，质谱图最右边的分子离子峰表示的就是未知物 A 的相对分子质量，该分子的相对分子质量为 46，实验式 C_2H_6O 的式量为 46，所以 A 物质的实验式和分子式都是 C_2H_6O，但是符合此分子式的应该有两种，可以是乙醇也可以是二甲醚，请同学们看投影。

【投影】乙醇和二甲醚的球棍模型

乙醇

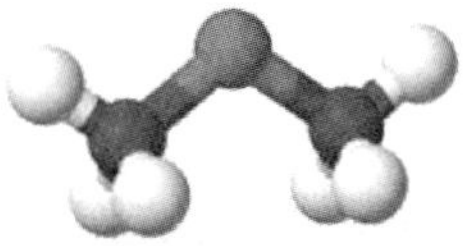

二甲醚

【练习】2002年诺贝尔化学奖获得者的贡献之一是发明了对有机物分子进行结构分析的质谱法。其方法是让极少量的（10^{-9}g）化合物通过质谱仪的离子化室使样品分子大量离子化，少量分子碎裂成更小的离子。C_2H_6离子化后可得到$C_2H_6^+$、$C_2H_5^+$、$C_2H_4^+$…，然后测定其质荷比。设H^+的质荷比为β，某有机物样品的质荷比如右图所示（假设离子均带一个单位正电荷，相对丰度与该离子的多少有关），则该有机物可能是（　　）。

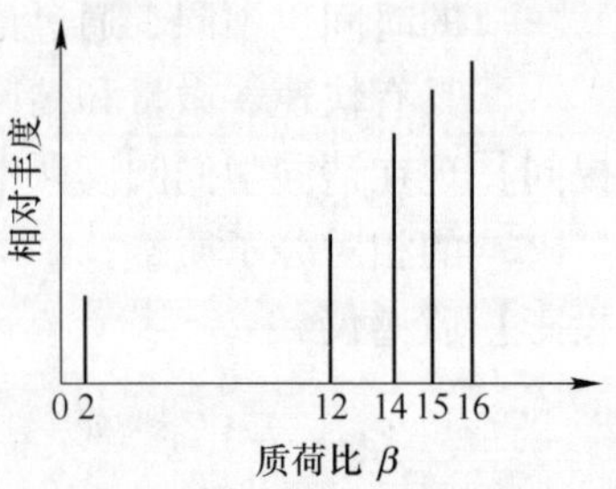

A. 甲醇　　B. 甲烷　　C. 丙烷　　D. 乙烯

【过渡】通过测定，现在已经知道了该有机物的分子式，但是，我们知道，相同的分子式可能出现多种同分异构体，那么，该如何进一步确定有机物的分子结构呢？下面介绍两种物理方法。

【提问】鉴定分子结构的方法有哪些？各有什么优缺点？

【讲述】鉴定分子有化学方法和物理方法两种。化学方法是以官能团的特征反应为基础的，当结构比较复杂时，往往耗费大量的时间。物理方法通过质谱、红外光谱、紫外光谱、核磁共振氢谱等图谱分析结构，具有微量、快速、准确、信息量大等特点。下面老师先介绍红外光谱的原理和特点。

【讲述】由于有机物中组成化学键、官能团的原子处于不断振动状态，且振动频率与红外光的振动频谱相当，所以，当用红外线照射有机物分子时，分子中的化学键、官能团可发生振动吸收。不同的化学键、官能团吸收频率不同，在红外光谱图中将处于不同位置，因此，我们就可以根据红外光谱图，推知有机物含有哪些化学键、官能团，并确定有机物的结构。

【板书】见板书。

【提问】现在请同学们认真阅读课本第22页，看看能否根据红外光谱确定未知物质A的结构是哪种。

【投影】A物质的红外光谱

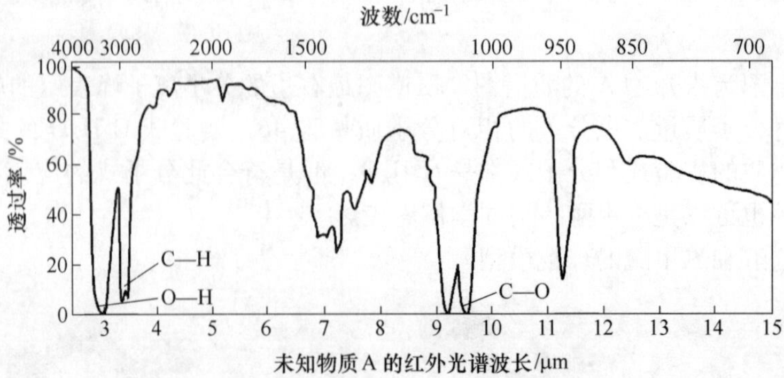

【讲述】从未知物A的红外光谱图上发现有O—H键、C—H键和C—O键的振动吸收，可以判断A是乙醇而并非甲醚，因为甲醚没有O—H键。

【提问】 除此之外我们还可以怎样确定未知物的结构呢？

【讲述】 下面跟随老师学习另一种鉴别有机化合物结构的方法——核磁共振氢谱。氢原子核具有磁性，如用电磁波照射氢原子核，它能通过共振吸收电磁波能量，发生跃迁。用核磁共振仪可以记录到有关信号，处在不同环境中的氢原子因产生共振时吸收电磁波的频率不同，在图谱上出现的位置也不同，各类氢原子的这种差异被称作化学位移；而且吸收峰的面积与氢原子数成正比，因此可以从核磁共振氢谱中得知有机物分子有几种不同类型的氢原子及它们的数目。（参阅课本第 23 页图谱）

【投影】 A 物质的核磁共振氢谱

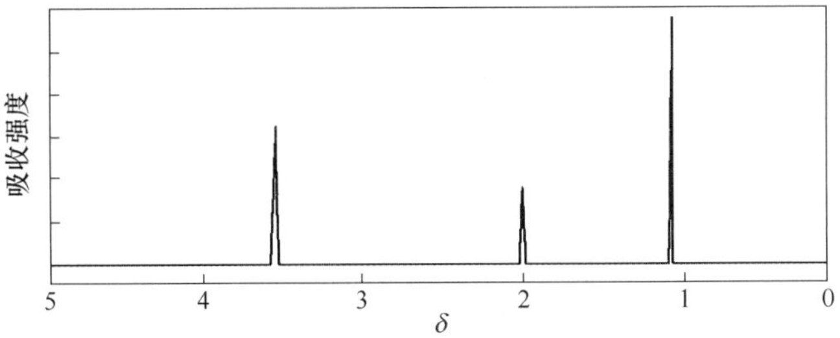

未知物 A 的核磁共振氢谱

【讲述】 未知物 A 的核磁共振氢谱上有三种类型氢原子的吸收峰，说明 A 只能是乙醇而并非甲醚，因为甲醚只有一种氢原子。

【练习】 化合物 A 经李比希法和质谱法分析得知其相对分子质量为 136，分子式为 $C_8H_8O_2$。A 的核磁共振氢谱有 4 个峰且面积之比为 1∶2∶2∶3，A 分子中只含一个苯环且苯环上只有一个取代基，其红外光谱与核磁共振氢谱如下图所示：

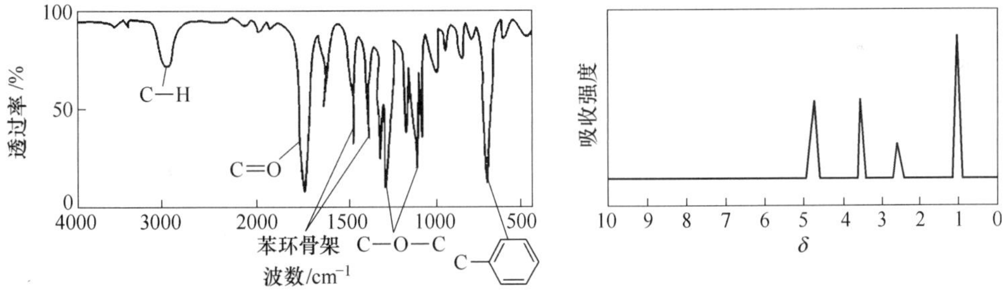

关于 A 的下列说法中正确的是（　　）。

A. A 分子属于酯类化合物，在一定条件下不能发生水解反应

B. A 在一定条件下可与 4mol H_2 发生加成反应

C. 符合题中 A 分子结构特征的有机物只有 1 种

D. 与 A 属于同类化合物的同分异构体只有 2 种

【讲解】 由于化合物 A 中有 4 种氢原子，个数分别为 1、2、2、3，而 A 是一取代苯 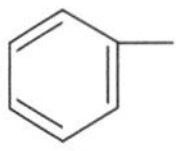，苯环上有 3 种氢原子，个数分别为 1、2、2，所以剩余侧链上的 3 个氢等效，为 —CH_3，结合红外光谱知，A 中含有酯基，可以水解，A 为 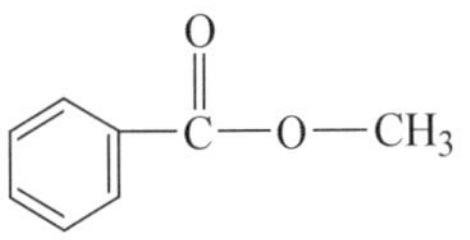

，

与 A 发生加成反应的 H_2 为 3mol，故与 A 同类的同分异构体应为 5 种：

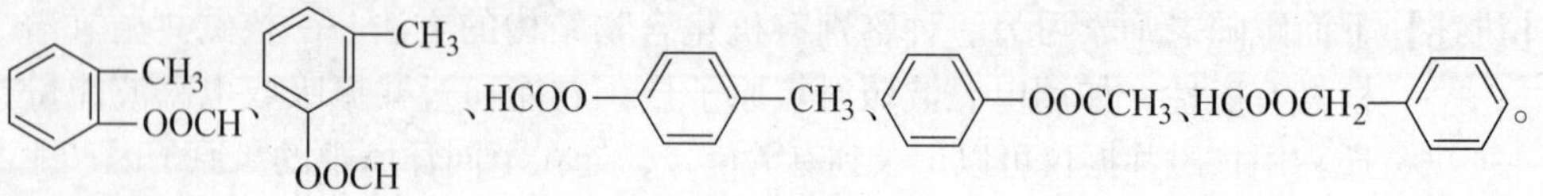

环节三：归纳总结

【总结】 本节课我们学习了元素分析与相对分子质量的测定以及分子结构的鉴定，其步骤是先根据分子式写出其可能具有的同分异构体，而后利用该物质的性质推测其可能含有的官能团，确定其同分异构体的一般结构，再利用红外光谱、核磁共振氢谱确定有机物中的官能团和各类氢原子的数目，最后确定结构式。请同学们课后完成课本 25 页的第 5、6 题，并预习下一节课的内容。

有机物分子式的确定流程

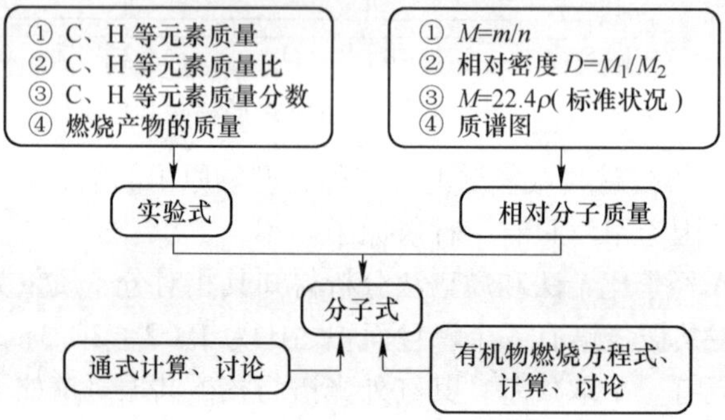

五、板书设计

1.4.2　元素分析与相对分子质量的测定　分子结构的鉴定

一、有机物分子式的确定

（一）元素分析：确定有机物分子式的一般方法

1. 实验式：表示化合物分子所含各元素的原子数目最简单整数比的式子，是一种表示物质组成的化学用语，不能确切表明分子中的原子个数

2. 根据有机物各元素的质量分数求出分子组成中各元素的原子个数比（最简式）

3. 求出有机物的摩尔质量（相对分子质量）

（二）相对分子质量的测定——质谱法

质谱法：确定有机化合物的相对分子质量，具有快速、微量和精确的优点

二、分子结构的鉴定

（一）化学方法：以官能团的特征反应为基础，当结构比较复杂时，往往耗费大量的时间。

（二）物理方法：通过质谱、红外光谱、紫外光谱、核磁共振氢谱等图谱分析结构，具有微量、快速、准确、信息量大等特点

1. 红外光谱：利用不同化学键或官能团对红外线吸收频率不同，从而获得分子中含有何种化学键或官能团的信息

2. 核磁共振氢谱：根据氢原子的化学环境确定氢原子种类及数目比

六、真题链接

1. （2018 天津—3）下列叙述正确的是（　　）。

A. 某温度下，一元弱酸 HA 的 K_a越小，则 NaA 的 K_h（水解常数）越小

B. 铁管镀锌层局部破损后，铁管仍不易生锈

C. 反应活化能越高，该反应越易进行

D. 不能用红外光谱区分 C_2H_5OH 和 CH_3OCH_3

2. （2016 海南—18—Ⅰ）下列化合物在核磁共振氢谱中能出现两组峰，且其峰面积之比为 2∶1 的有（　　）。

A. 乙酸甲酯　　B. 对苯二酚　　C. 2-甲基丙烷　　D. 对苯二甲酸

3. （2017 全国Ⅱ—36）A（C_2H_4O）的核磁共振氢谱为单峰；B（C_3H_8O）的核磁共振氢谱为三组峰，峰面积比为 6∶1∶1。

（1）A 的结构简式为__________。

（2）B 的化学名称为__________。

第二章　烃和卤代烃

本章知识框架

- 脂肪烃
  - 烷烃
    - 结构特点：碳碳单键，链状
    - 主要性质：取代（光照）、氧化（点燃）、分解（高温）
    - 代表物甲烷
      - $\xrightarrow{\text{氯气}}$ 制 $CHCl_3$、CCl_4 等
      - $\xrightarrow{\text{氧气}}$ 做气体燃料
      - $\xrightarrow{\text{高温}}$ 制炭黑、H_2
  - 烯烃
    - 结构特点：碳碳双键，链状
    - 主要性质：加成、氧化、加聚
    - 代表物乙烯
      - $\xrightarrow{\text{溴}}$ CH_2BrCH_2Br（检验）
      - $\xrightarrow{HCl}$ CH_3CH_2Cl（制一卤代烃）
      - $\xrightarrow[\text{催化剂}]{\text{水}}$ CH_3CH_2OH（工业制酒精）
      - 加聚：制聚乙烯
  - 炔烃
    - 结构特点：碳碳三键，链状
    - 主要性质：加成、氧化、加聚
    - 代表物乙炔
      - $\xrightarrow{\text{氧气}}$ 炔氧焰（焊接切割金属）
      - $\xrightarrow{HCl}$ $CH_2=CHCl$ 加聚 $\left[\!-CH_2-\underset{\underset{Cl}{|}}{CH}-\!\right]_n$（聚氯乙烯）
      - $\xrightarrow{\text{水}}$ CH_3CHO（工业制乙醛）

- 芳香烃
  - 苯及苯的同系物
    - 结构特点：碳碳键介于碳碳单键和碳碳双键之间的独特化学键
    - 主要性质：取代（硝化、卤代）、氧化（点燃、侧链氧化）、加成
    - 代表物
      - 苯
        - $\xrightarrow[\text{溴化铁}]{\text{液溴}}$ 溴苯（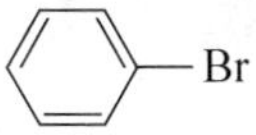）
        - $\xrightarrow[\triangle]{\text{混酸}}$ 硝基苯（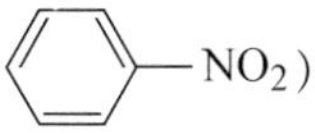）
        - $\xrightarrow[\text{Ni}]{\text{氢气}}$ 环己烷（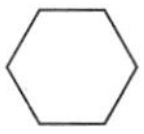）
      - 甲苯
        - $\xrightarrow[\text{溴化铁}]{\text{液溴}}$ 邻溴甲苯或对溴甲苯（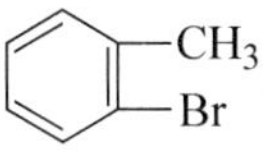 或 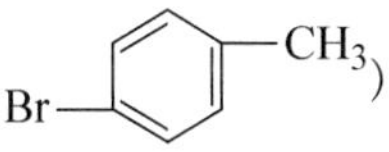）
        - $\xrightarrow[\triangle]{\text{混酸}}$ 三硝基甲苯（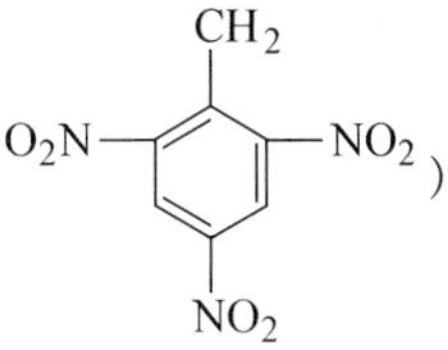）
        - $\xrightarrow[\text{Ni}]{\text{氢气}}$ 甲基环己烷（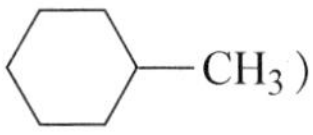）
        - $\xrightarrow{\text{酸性高锰酸钾}}$ 苯甲酸（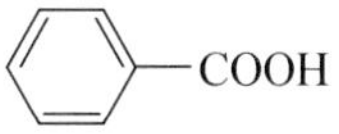）
  - 稠环芳香烃：萘（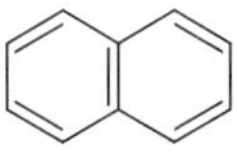）；蒽（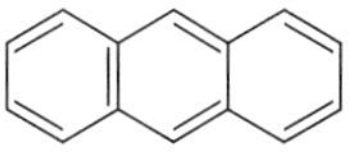）；菲（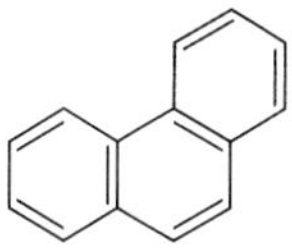）
  - 主要来源：煤和石油

- 卤代烃
  - 结构特点：均含官能团——X（卤素原子）
  - 主要性质：水解反应、消去反应
  - 代表物溴乙烷
    - $\xrightarrow[\text{水}]{\text{NaOH}}$ 乙醇（C_2H_5OH）
    - $\xrightarrow[\text{乙醇}]{\text{NaOH}}$ 乙烯
  - 卤素原子检验流程
    - [取少量 R—X 加入试管中] $\xrightarrow[\triangle]{\text{加入 NaOH 水溶液}}$ [R—OH NaX]
    - $\xrightarrow{\text{冷却后，加入稀 }HNO_3\text{ 酸化}}$ [R—OH HX] $\xrightarrow[\text{溶液}]{\text{加入 }AgNO_3}$ [AgX]
    - 确定卤原子
      - 若产生白色沉淀，卤原子为氯原子
      - 若产生淡黄色沉淀，卤原子为溴原子
      - 若产生黄色沉淀，卤原子为碘原子

第一节 脂 肪 烃

【教材分析】

本节内容选自人教版高中《化学（选修5)》有机化学基础第二章“烃和卤代烃”第一节“脂肪烃”。根据新课标“认识烷烃、烯烃、炔烃和芳香烃的组成和结构特点，比较这些有机化合物的组成、结构和性质的差异。了解烃类在日常生活、有机合成和化工生产中的重要作用”的要求。本节课安排了“脂肪烃的物理性质”和“烷烃的化学性质”等内容。

根据课程标准对“有机化学基础”的要求，本章充分考虑了化学 2 中的有机化学的知识基础，注意知识的衔接与提升。化学 2 中介绍了甲烷、乙烯、苯等烃的代表物，以及煤、石油的综合利用。为了避免重复，同时体现课程标准的内容要求，本章采取了“复习与提升”相结合的编写策略。例如，在化学 2 中介绍了甲烷、乙烯、苯等烃的典型代表物，但没有涉及有机物类别的概念，而本章在复习典型代表物性质的基础上，将内容提升到了类别的学习。

烷烃和烯烃的性质在化学 2 中介绍的较多，本章通过“思考与交流”的方式，让学生归纳整理。教科书中对烷烃和烯烃的性质也有简要的陈述，但陈述角度不同。如从认识分子组成及结构变化的角度来陈述烷烃的化学性质，突出取代反应和加成反应等有机化学反应类型。

【学情分析】

通过必修 2 的学习学生已经基本掌握了甲烷和乙烯的物理性质和相关化学性质，对于氧化反应、取代反应和加成反应也有了一定的了解，但对于烷烃和烯烃的物理性质和化学性质还不能准确把握，因此需要引导学生自主阅读教科书相关材料，自主总结出烷烃和烯烃的物理性质，例如随烃碳数的增加烃的熔沸点、密度将如何变化？在能力上还需要进一步加强学生的自学能力和总结归纳能力。

第 1 课时　烷烃和烯烃（一）

一、教学目标

核心知识	（1）掌握烃物理性质的变化与分子中碳原子数目的关系。 （2）以典型代表物为例，认识烷烃和烯烃的特征结构，理解烷烃和烯烃的化学性质
核心能力	（1）能够根据已知信息推测同类物质的相关性质。 （2）逐步形成演绎推理的思维和迁移联想的能力
核心品质	（1）通过总结烃的物理性质，进一步加强分类思想在化学学科的应用。 （2）通过烷烃和烯烃的典型代表物学习，体会官能团决定有机物性质的作用

二、教学重点和难点

（1）教学重点：烷烃和烯烃物理性质的变化与分子中碳原子数目的关系。

（2）教学难点：认识烷烃和烯烃的特征结构。

三、知识框架

烷烃和烯烃
- 烃的物理性质
  - 状态：气态（碳数≤4）→液态→固态
  - 密度：液态时的相对密度随碳原子个数的增多而增大，但都小于水的密度
  - 熔沸点：随碳原子数的增加，逐渐升高
  - 溶解性：都难溶于水，易溶于有机溶剂
- 烷烃的性质
  - 稳定性：一般与强酸、强碱、强氧化剂不发生反应
  - 氧化反应：能燃烧
  - 取代反应：在光照条件下，与卤素单质能发生取代反应
  - 热分解反应：高温下发生裂化或裂解

四、教学过程

环节一：导入新课

【引入】同学们，从这节课我们进入第二章内容的学习——烃和卤代烃。在高一的时候我们接触过几种烃，大家能否举出一些例子？

【讲述】很好！甲烷、乙烯、苯这三种有机物都仅含碳和氢两种元素，它们都是碳氢化合物，又称烃。根据结构的不同，烃可分为烷烃、烯烃、炔烃和芳香烃等。而卤代烃从结构上可以看成是烃分子中的氢原子被卤原子取代的产物，是烃的衍生物的一种。我们先来学习第一节烷烃和烯烃。

环节二：展开新课

1. 脂肪烃的物理性质

【提问】 请大家回忆一下什么样的烃是烷烃，什么样的烃是烯烃呢？

【讲述】 碳原子与碳原子都以单键结合成链状，碳原子剩余的价键全部跟氢原子相结合，使得每个碳原子都达到“饱和”，具有这样的链烃叫饱和链烃或称烷烃，通式为 C_nH_{2n+2}。

【板书】 见板书。

【提问】 下面请同学们观察这两组有机物有什么特点。

A 组：①$CH_2=CH_2$　②$CH_2=CH—CH_3$　③$CH_3—CH=CH—CH_3$

B 组：①$CH≡CH$　②$CH_3—C≡CH$　③$CH≡C—CH_2—CH_3$

【讲述】 A 组有机物的官能团是 $\rangle C=C \langle$ ，类别是烯烃，它们在分子组成上的主要差别是相差一个或若干个 CH_2 原子团，其通式是 $C_nH_{2n}(n\geqslant 2)$；B 组有机物在分子结构上的相同点是都含有一个—C≡C—，在分子组成上的主要差别是相差一个或若干个 CH_2 原子团，其通式是 $C_nH_{2n-2}(n\geqslant 2)$。

【板书】 见板书。

【提问】 现在请同学们认真观察分析课本第 28 页表 2-1 和表 2-2 中的数据，有何递变规律？

【投影】

表 2-1　部分烷烃的沸点和相对密度

名　称	结构简式	沸点/℃	相对密度
甲烷	CH_4	-164	0.466
乙烷	CH_3CH_3	-88.6	0.572
丁烷	$CH_3(CH_2)_2CH_3$	-0.5	0.578
戊烷	$CH_3(CH_2)_3CH_3$	36.1	0.626
壬烷	$CH_3(CH_2)_7CH_3$	150.8	0.718
十一烷	$CH_3(CH_2)_9CH_3$	194.5	0.741
十六烷	$CH_3(CH_2)_{14}CH_3$	287.5	0.774
十八烷	$CH_3(CH_2)_{16}CH_3$	317.0	0.775

表 2-2　部分烯烃的沸点和相对密度

名　称	结构简式	沸点/℃	相对密度
乙烯	$CH_2=CH_2$	-103.7	0.566
丙烯	$CH_2=CHCH_3$	-47.4	0.519
1-丁烯	$CH_2=CHCH_2CH_3$	-6.3	0.595
1-戊烯	$CH_2=CH(CH_2)_2CH_3$	30	0.640
1-己烯	$CH_2=CH(CH_2)_3CH_3$	63.3	0.673
1-庚烯	$CH_2=CH(CH_2)_4CH_3$	93.6	0.697

【讲述】从表 2-1 和表 2-2 中我们可以发现随碳原子数的增加，烷烃和烯烃的沸点都在逐渐升高。但需要注意当碳原子数相同时，支链越多，沸点越低，当碳原子数小于或等于 4 时，烷烃和烯烃在常温下呈气态，其他的烷烃和烯烃常温下呈液态或固态（新戊烷常温下为气态）；同时还能发现随碳原子数的增加，相对密度逐渐增大。此外大家要注意烷烃、烯烃的密度小于水的密度。烃一般都不溶于水，易溶于有机溶剂。

【板书】见板书。

【练习】1. 下列物质的沸点由高到低排列顺序正确的是（　　）。

①丁烷、②2-甲基丙烷、③戊烷、④2-甲基丁烷、⑤2，2-二甲基丙烷

A. ①>②>③>④>⑤　　B. ⑤>④>③>②>①

C. ③>④>⑤>①>②　　D. ②>①>⑤>④>③

【讲解】此题答案为 C。对于烷烃，碳原子数越多，沸点越高；对于碳原子数相同的烷烃，支链越多，沸点越低；因此，综合排序为③>④>⑤>①>②。

【练习】2. 下列说法不正确的是（　　）。

A. 分子式为 C_3H_8 与 C_6H_{14} 的两种有机物一定互为同系物

B. 具有相同通式的有机物不一定互为同系物

C. 两个相邻同系物的相对分子质量数值一定相差 14

D. 分子组成相差一个或几个 CH_2 原子团的化合物必定互为同系物

【讲解】此题答案为 D。判断两种有机物是否是同系物时，必须从两方面考虑：①分子结构是否相似，即必须为同一类物质，且符合同一通式；②分子组成上相差一个或若干个 CH_2 原子团，即同系物相对分子质量相差 14 的整数倍。选项 A 中 C_3H_8 和 C_6H_{14} 都为烷烃，一定为同系物，选项 A 正确；环烷烃和烯烃通式相同（C_nH_{2n}），但结构特点不同，二者不是同系物，选项 B 正确；选项 D 中的化合物结构特点不一定相似，选项 D 不正确。

2. 烷烃的化学性质

【讨论】同学们回忆一下甲烷、乙烯的结构和性质，讨论甲烷、乙烯的结构和性质的相似点和不同点，尽可能以列表的形式小结。

【投影】甲烷、乙烯的结构和性质的比较

		甲烷	乙烯
结构简式		CH_4	$CH_2=CH_2$
结构特点		全部单键，饱和	有碳碳双键，不饱和
空间构型		正四面体	平面结构
共性	物理性质	无色气体，难溶于水	
	化学性质	易燃，完全燃烧生成二氧化碳和水	
异性	与溴（CCl_4）	不反应	加成反应，使溴的四氯化碳溶液褪色
	与高锰酸钾	不反应	被氧化，使高锰酸钾酸性溶液褪色
	主要反应类型	取代	加成，加聚

【讲述】我们知道同系物结构相似，组成上相差一个或若干个 CH_2 原子团。同系物的判断有以下三个要点。“一差”，分子组成至少相差一个 CH_2 原子团；相对分子质量相差 14 或 14 的整数倍。“二相似”，结构相似，化学性质相似。“三相同”，即组成元素相同，官能团种类、个数与连接方式相同，分子组成通式相同。

【板书】见板书。

【讲述】相似的结构决定了其他烷烃具有与甲烷相似的化学性质。烷烃最具代表性的反应就是取代反应，有机物分子里的某些原子或原子团被其他原子或原子团代替的反应叫做取代反应。

【提问】现在请一位同学上黑板写一下乙烷和氯气的取代反应。

【投影】乙烷和氯气的取代反应

$$CH_3CH_3 + Cl_2 \xrightarrow{光照} CH_3CH_2Cl + HCl$$

【板书】见板书。

【讲述】烷烃与甲烷具有相似的性质，比较稳定常温下烷烃很不活泼，与强酸、强碱、强氧化剂等都不发生反应，只有在特殊条件下（如光照或高温）才能发生某些反应，请大家注意烷烃不能使酸性高锰酸钾溶液褪色。除了烷烃的特征反应取代反应之外烷烃还可以发生燃烧反应。

【提问】烷烃可在空气或氧气中燃烧生成 CO_2 和 H_2O，甲烷在空气中安静地燃烧，火焰呈淡蓝色，反应的化学方程式：$CH_4+2O_2 \xrightarrow{点燃} CO_2+2H_2O$。哪位同学能总结一下烷烃的燃烧通式？

【投影】烷烃燃烧的通式为

$$C_nH_{2n+2} + \frac{3n+1}{2}O_2 \xrightarrow{点燃} nCO_2 + (n+1)H_2O$$

随着碳原子数的增加，往往燃烧越来越不充分，火焰明亮，并伴有黑烟。

【板书】见板书。

【讲述】此外烷烃还可以发生催化裂化和裂解反应，烷烃受热时会分解生成含碳原子数较少的烷烃和烯烃，这在石油化工上有很重要的应用。

【投影】高级烷烃的催化裂化反应：

$$C_{16}H_{34} \xrightarrow[高温]{催化剂} C_8H_{16} + C_8H_{18}$$

【板书】见板书。

【练习】1. 液化气的主要成分是丙烷，下列有关丙烷的叙述不正确的是（　　）。

A. 丙烷是链状烷烃，但分子中碳原子不在同一直线上

B. 在光照条件下能够与 Cl_2 发生取代反应

C. 丙烷比其同系物丁烷易液化

D. 1mol 丙烷完全燃烧消耗 5mol O_2

【讲解】此题答案为 C。丙烷是直链烷烃，其中碳原子为饱和碳原子，3 个碳原子构成锯齿状的链状结构，故 3 个碳原子不在同一直线上，A 正确；丙烷在光照条件下与 Cl_2 发生取代反应，B 正确；丙烷与丁烷互为同系物，C 错误；1mol 丙烷完全燃烧

消耗 5mol O_2，D 项正确。

【练习】2. 下列有关甲烷的取代反应的叙述正确的是（　　）。

A. 甲烷与氯气的物质的量之比为 1∶1，混合发生取代反应只生成 CH_3Cl

B. 甲烷与氯气发生取代反应，生成的产物中 CH_3Cl 最多

C. 甲烷与氯气发生取代反应，生成的产物为混合物

D. 1mol CH_4 完全生成 CCl_4，最多消耗 2mol Cl_2

【讲解】此题答案为 C。甲烷与氯气一旦发生取代反应就不会停止在某一步，故得不到纯净的 CH_3Cl，A 错误、C 正确；甲烷与氯气的反应中每取代 1mol 氢原子，消耗 1mol 氯气，生成 1mol HCl，故产物中 HCl 最多，B 错误；1mol CH_4 完全生成 CCl_4，最多消耗 4mol Cl_2，D 错误。

环节三：归纳总结

【总结】（1）判断两种有机物互为同系物的关键：一看是否是同类物质；二看是否结构相似；三看是否至少相差一个 CH_2 原子团。

（2）比较烷烃的熔、沸点的思路

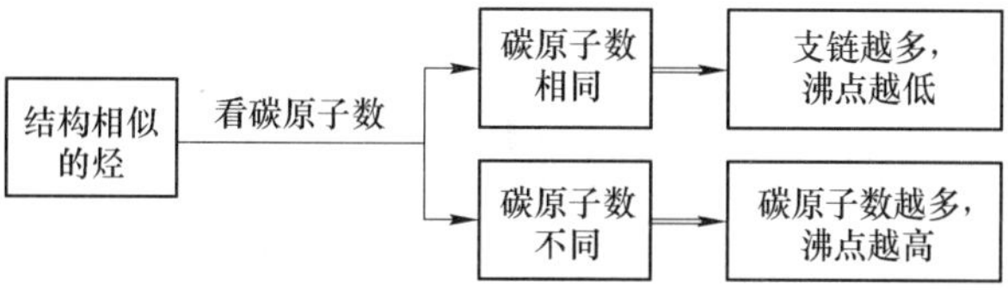

（3）烷烃的分子结构特点：碳原子以单键形成链状结构；烷烃的主要性质：①取代反应（光照）、②氧化反应（点燃）、③分解反应（高温）。

最后，请同学们课后完成课本 36 页的第 1、2 题，并预习下一节课的内容。

五、板书设计

2.1.1　烷烃和烯烃（一）

一、烃的物理性质

（一）脂肪烃的分类

1. 烷烃：碳原子与碳原子、氢原子都以单键结合成链状，使得每个碳原子都达到“饱和”，通式为 C_nH_{2n+2}

2. 烯烃：官能团是 $\gt C=C\lt$ ，其通式是 $C_nH_{2n}(n\geq 2)$

3. 炔烃：官能团—C≡C—，其通式是 C_nH_{2n-2}（$n\geq 2$）

（二）物理性质

1. 状态：气态（碳数≤4）→液态→固态

2. 密度：液态时的相对密度随碳原子个数的增多而增大，但都小于水的密度

3. 熔沸点：随碳原子数的增加，逐渐升高

4. 溶解性：都难溶于水，易溶于有机溶剂

（三）同系物

1. 定义：结构相似，组成上相差一个或若干个 CH_2 原子团的物质互为同系物

二、烷烃的化学性质

（一）取代反应：乙烷和氯气的取代反应

$$CH_3CH_3 + Cl_2 \xrightarrow{光照} CH_3CH_2Cl + HCl$$

（二）氧化反应：烷烃燃烧通式

$$C_nH_{2n+2} + \frac{3n+1}{2}O_2 \xrightarrow{点燃} nCO_2 + (n+1)H_2O$$

随着碳原子数的增加，往往燃烧越来越不充分，火焰明亮，并伴有黑烟

（三）高温分解反应：长链烃催化裂化

$$C_{16}H_{34} \xrightarrow[高温]{催化剂} C_8H_{16} + C_8H_{18}$$

六、真题链接

1.（2018 全国Ⅱ—9）实验室中用如图所示的装置进行甲烷与氯气在光照下反应的实验。光照下反应一段时间后，下列装置示意图中能正确反映实验现象的是（　　）。

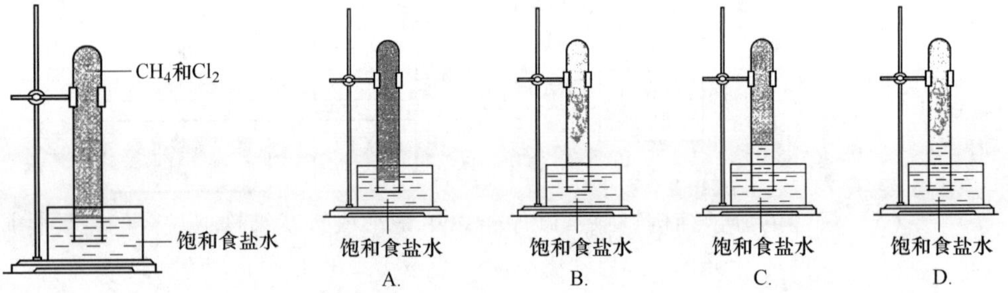

2.（2016 全国Ⅲ—8）下列说法错误的是（　　）。

A. 乙烷室温下能与浓盐酸发生取代反应

B. 乙烯可以用作生产食品包装材料的原料

C. 乙醇室温下在水中的溶解度大于溴乙烷

D. 乙酸与甲酸甲酯互为同分异构体

第2课时 烷烃和烯烃（二）

一、教学目标

核心知识	（1）熟知烯烃的化学性质，掌握烯烃的加成反应、加聚反应。 （2）认识烯烃的结构特征及烯烃的顺反异构
核心能力	（1）能够根据数据和实验事实，分析得出烯烃的物理性质和化学性质。 （2）能够从同系物的角度分析得出烯烃这一类物质的共同性质
核心品质	（1）根据有机物的结构和性质，逐步掌握学习有机物的基本方法“结构决定性质、性质反映结构”的思想。 （2）从结构的角度学习烯烃的顺反异构，学会从本质思考问题，提升对化学的学习兴趣

二、教学重点和难点

（1）教学重点：根据烯烃组成和结构特点，认识加成反应和加聚反应。

（2）教学难点：烯烃的顺反异构。

三、知识框架

烷烃和烯烃

- 烯烃物理性质
  - 熔沸点：随碳原子增多，熔、沸点逐渐升高，常温下的存在状态也是由气态逐渐过渡到液态、固态，当烃分子中碳原子数≤4时，常温下呈气态。分子式相同的烃，支链越多，沸点越低
  - 密度：随碳原子增多相对密度逐渐增大，且烯烃的相对都密度小于水的密度
- 烯烃化学性质
  - 加成反应：$CH_2{=}CHCH_3 + H_2 \xrightarrow[\triangle]{催化剂} CH_3CH_2CH_3$
  - 氧化反应：$C_nH_{2n} + \frac{3n}{2}O_2 \xrightarrow{点燃} nCO_2 + nH_2O$

    能使酸性高锰酸钾溶液褪色
  - 加聚反应：$nCH_2{=}CH_2 \xrightarrow{催化剂} \!\!\left[\!\!-CH_2-CH_2-\!\!\right]_n$

    聚乙烯
- 烯烃的顺反异构
  - 定义：由于碳碳双键不能旋转而导致分子中原子或原子团在空间的排列方式不同所产生的异构现象，称为顺反异构
  - 顺反异构的判断：先看有机物分子中是否存在碳碳双键，然后再看碳碳双键的两个不饱和碳原子上是否分别连有不同的原子或原子团
  - 顺反异构体的性质特点：化学性质基本相同，物理性质有一定的差异

四、教学过程

环节一：导入新课

【引入】上节课我们复习巩固了烷烃的物理性质和化学性质，并将烷烃和烯烃的性质做了对比，了解了烃的密度、熔沸点和溶解性等物理性质，同时也知道了烷烃的特征反应——取代反应。在学习取代反应时我们可以类比无机反应中的复分解反应，其特征就是原子或原子团互换，用 4 个字形象地总结就是“有上有下”。

【讲述】这节课我们继续回忆复习脂肪烃中的烯烃，通过掌握乙烯的性质推而广之得出烯烃的共同性质，同时观察烯烃的结构，思考怎样区分烯烃的顺反异构。

环节二：展开新课

1. 烯烃的结构与性质

【提问】要学习烯烃的结构和性质就要先学习乙烯的结构和性质，我们常说结构决定性质，同学们现在回忆一下乙烯的结构特征，并结合结构描述乙烯的性质。

【讲述】乙烯的结构简式是 $CH_2=CH_2$，官能团是 $\rangle C=C\langle$，空间构型是平面形结构，分子中 6 个原子在同一平面内，键角为 120°。烯烃分子结构与乙烯相似，都含有一个 $\rangle C=C\langle$，所以烯烃的通式表示为 C_nH_{2n}（$n\geqslant2$），碳氢原子个数比为 1∶2。

【投影】乙烯的球棍模型和结构式

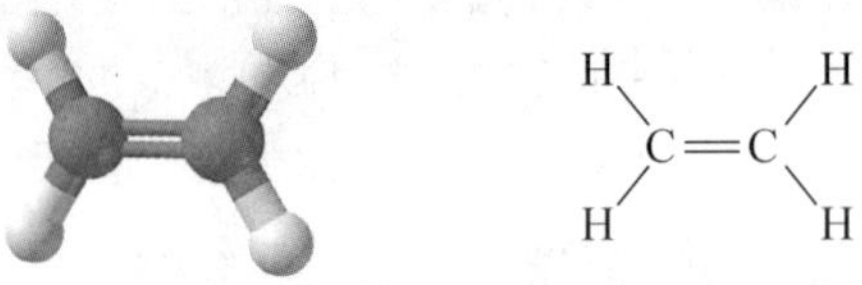

【提问】上节课我们总结了脂肪烃的物理性质，现在哪位同学可以结合脂肪烃的物理性质总结一下烯烃的物理性质呢？

【讲述】随着分子中碳原子数的递增，其变化规律与烷烃物理性质的变化规律类似，即熔、沸点逐渐升高，相对密度逐渐增大，常温下的存在状态也是由气态逐渐过渡到液态、固态。当烃分子中碳原子数≤4 时，常温下呈气态。分子式相同的烃，支链越多，沸点越低。此外烯烃的相对密度都小于水的密度，难溶于水。

【讲述】学习过物理性质之后我们再来复习一下乙烯的化学性质，乙烯中含有碳碳双键可以发生加成反应。有机物分子中的不饱和键（双键或三键）两端的碳原子与其他原子或原子团直接结合生成新的化合物的反应叫作加成反应，这个反应我们可以结合无机反应中的化合反应，由两种物质生成一种物质，原子利用率为 100%，非常符合绿色化学的要求。

【提问】现在请一位同学在黑板写出丙烯与溴的四氯化碳溶液反应的化学方程式。

【投影】丙烯与溴的四氯化碳溶液反应生成 1,2-二溴丙烷：

$$CH_2=CHCH_3+Br_2 \longrightarrow \underset{\displaystyle Br}{\underset{|}{CH_2}}-\underset{\displaystyle Br}{\underset{|}{CH}}-CH_3$$

【讲述】烯烃除了可以和卤素单质发生加成反应，还可以与卤化氢、氢气、水等物质反应，反应条件一般需要加热和催化剂。下面我们分别写出乙烯与水、氯化氢以及氢气的反应方程式。

【投影】乙烯制乙醇：$CH_2{=}CH_2 + H_2O \xrightarrow[\triangle]{催化剂} CH_3CH_2OH$

乙烯制氯乙烷：$CH_2{=}CH_2 + HCl \xrightarrow[\triangle]{催化剂} CH_3CH_2Cl$

丙烯转化为丙烷：$CH_2{=}CHCH_3 + H_2 \xrightarrow[\triangle]{催化剂} CH_3CH_2CH_3$

【提问】现在老师有一个问题，要制取一氯乙烷是用乙烷与 Cl_2 反应，还是用乙烯和 HCl 反应？原因是什么？

【讲述】用乙烯和 HCl 反应。因为乙烷和 Cl_2 发生取代反应生成的是多种氯代产物的混合物，不能控制只生成一氯乙烷，而乙烯与 HCl 发生加成反应，生成的物质纯度高。

【练习】1mol 丙烯与 Cl_2 发生加成反应，得到的产物再与 Cl_2 发生取代反应，两个过程最多消耗 Cl_2 的物质的量为（　　）。

A. 2mol　　B. 4mol　　C. 7mol　　D. 8mol

【讲解】此题答案为 C。1mol 丙烯与 Cl_2 发生加成反应需要 1mol Cl_2，生成的 $CH_3CHCl—CH_2Cl$ 中含有 6mol H 原子，与 Cl_2 发生取代反应，又需要消耗 6mol Cl_2，共计 7mol Cl_2。

【提问】刚才我们学习的是单烯烃的加成，那么二烯烃是如何加成的呢？请同学们阅读课本第 30 页的资料卡片，书写 1,3-丁二烯与溴单质 1∶1 加成的化学方程式。

【讲述】分子中含有两个双键的链烃叫做二烯烃，二烯烃可用通式 C_nH_{2n-2}（$n>3$，且为正整数）表示。两个双键同时连在一个碳原子上，则烯烃不稳定，不予考虑；单键和双键交替的二烯烃为典型的二烯烃，1,3-丁二烯是最重要的代表物，其与溴按 1∶1 发生加成反应时的二种情况。

【投影】（1）1,2-加成：

$$CH_2{=}CH—CH{=}CH_2 + Br_2 \longrightarrow CH_2Br—\underset{\displaystyle Br}{\underset{|}{CH}}—CH{=}CH_2$$

（2）1,4-加成：

$$CH_2{=}CH—CH{=}CH_2 + Br_2 \longrightarrow BrCH_2—CH{=}CH—CH_2Br$$

【提问】请同学们思考，如果很多个乙烯相互发生加成是什么反应呢？

【投影】乙烯的加聚反应：

$$CH_2{=}CH_2 + CH_2{=}CH_2 + CH_2{=}CH_2 + \cdots \rightarrow —CH_2—CH_2—CH_2—CH_2—CH_2—CH_2—\cdots$$

$$nCH_2{=}CH_2 \xrightarrow{催化剂} \underset{聚乙烯}{\left[CH_2—CH_2\right]_n}$$

【练习】下列有关烯烃和烷烃的说法中正确的是（　　）。

A. 烯烃能使酸性 $KMnO_4$ 溶液和溴水褪色，而烷烃不能

B. 丙烷在光照条件下可以与 Cl_2 发生取代反应，而丙烯在任何条件下都不可能与

Cl_2 发生取代反应

C. 丙烯可以加聚生成一种分子 $CH_2—CH_2—CH_2$，而所有的烷烃分子间不会发生加聚反应

D. 乙烯分子中碳碳双键的键能是乙烷分子中碳碳单键的键能的 2 倍，因此乙烯比乙烷稳定

【讲解】此题答案为 A。烯烃分子中含有碳碳双键，易发生加成、氧化反应，能与酸性 $KMnO_4$ 溶液和溴水反应，而烷烃不能发生上述反应，所以 A 项正确；丙烯中有烷基（$—CH_3$），在一定条件下能发生取代反应，所以 B 项不正确；丙烯加聚产物为 $\left[CH_2-\underset{\underset{\displaystyle CH_3}{|}}{CH} \right]_n$，有许多种 n 值不同的分子，所以 C 项不正确；单键与双键的键能关系为 2 个碳碳单键>1 个碳碳双键>1 个碳碳单键，碳碳双键中有一个键的键能小于碳碳单键的键能，所以乙烯没有乙烷稳定，D 项不正确。

【讲述】乙烯同样也可以发生氧化反应，可以在空气中点燃被氧气氧化生成二氧化碳和水。由于乙烯的含碳量比甲烷高，所以乙烯燃烧的火焰明亮伴有黑烟。下面请同学们书写乙烯燃烧的方程式，并总结烯烃燃烧的通式。

【投影】烯烃在空气或氧气中完全燃烧生成 CO_2 和 H_2O，单烯烃燃烧通式为：

$$C_nH_{2n} + \frac{3n}{2}O_2 \xrightarrow{\text{点燃}} nCO_2 + nH_2O$$

【讲述】除此之外乙烯还可被酸性高锰酸钾氧化，能使酸性高锰酸钾褪色。可以用此反应来区分甲烷和乙烯，但是不可以用酸性高锰酸钾一步除去甲烷中的乙烯，因为乙烯被氧化后生成二氧化碳气体，引入新杂质，若想达到目的需要将混合气体通入氢氧化钠溶液除去二氧化碳。不过我们可以采用另一种方式将甲烷和乙烯的混合气体通入溴水，溴水和乙烯加成生成液态的 1,2-二溴乙烷，进而可以达到除杂的目的。

2. 烯烃的顺反异构

【讲述】烯烃的同分异构现象除了前面学过的碳链异构、位置异构和官能团异构之外，还可能出现顺反异构。像这种由于碳碳双键不能旋转（否则就意味着双键的断裂）而导致分子中原子或原子团在空间的排列方式不同所产生的异构现象，称为顺反异构。

【提问】下面请同学们观察幻灯片中的两组物质是否互为同分异构体？

【投影】下列两组有机物结构特点：

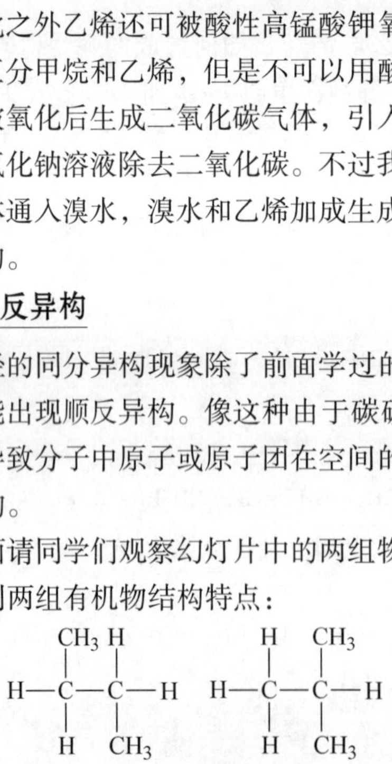

第一组

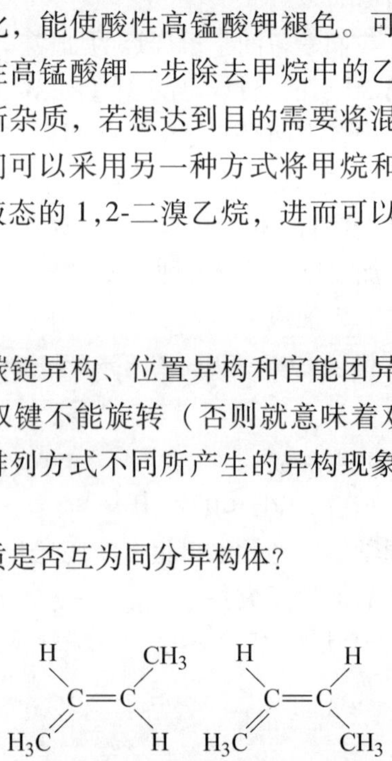

反-2-丁烯　　顺-2-丁烯

第二组

【讲述】第一组是同一物质，第二组是顺反异构，你们判断对了么？既然是同分异构体那

么性质就一定存在差异，现在我们一起看幻灯片观察它们的异同。

【投影】顺-2-丁烯和反-2-丁烯的物理性质

	顺-2-丁烯	反-2-丁烯
结构	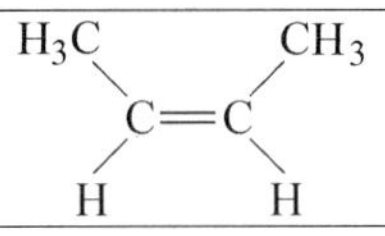	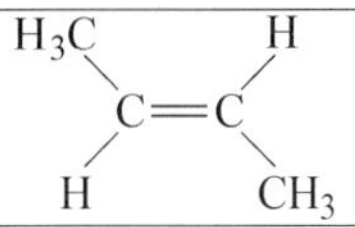
熔点/℃	−139.3	−105.4
沸点/℃	4	1
相对密度	0.621	0.604

【讲述】从表中的数据我们可以看出顺-2-丁烯和反-2-丁烯的物理性质不同，进一步证实顺-2-丁烯和反-2-丁烯非同种物质。

【提问】那么应该如何判断烯烃有无顺反异构体呢？互为顺反异构的两种物质性质又有什么异同呢？

【讲述】要判断烯烃分子有无顺反异构体，只需看碳碳双键的两个不饱和碳原子上是否分别连有不同的原子或原子团，若同一个不饱和碳原子上连有相同的原子或原子团，则不存在顺反异构。顺反异构体的性质特点是化学性质基本相同，物理性质有一定的差异。

【练习】已知 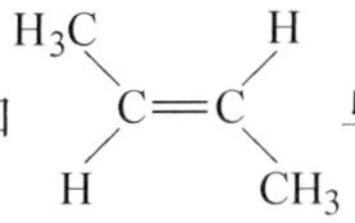 与 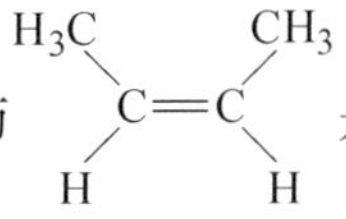 是互为“顺反异构”的同分异构体，则分子式为 C_3H_5Cl 的链状同分异构体有（　　）。

A. 2 种　　B. 3 种　　C. 4 种　　D. 5 种

【讲解】此题答案为 C。本题主要考查同分异构体的书写。分子式为 C_3H_5Cl 的同分异构体有 $CH_2=CHCH_2Cl$、$CH_2=\underset{\underset{Cl}{|}}{C}-CH_3$、$Cl-CH=CH-CH_3$（顺、反异构），共 4 种。

环节三：归纳总结

【总结】到现在为止我们已经系统地复习了烷烃和烯烃的性质，下表为烷烃与烯烃的比较。

烷烃与烯烃的比较

		烷　烃	烯　烃
通式		$C_nH_{2n+2}(n\geqslant1)$	$C_nH_{2n}(n\geqslant2)$
代表物		CH_4	$CH_2=CH_2$
结构特点		全部单键；饱和链烃，正四面体结构	含碳碳双键；不饱和链烃，平面型分子，键角 120°
化学性质	取代反应	光照条件下卤代	不作要求
	加成反应	不能发生	能与 H_2、X_2、HX、H_2O 等发生加成反应

续表

		烷　烃	烯　烃
化学性质	氧化反应	燃烧火焰较明亮	燃烧火焰明亮带黑烟
		不与酸性 $KMnO_4$ 溶液反应	使酸性 $KMnO_4$ 溶液褪色
	加聚反应	不能发生	能发生
鉴别		溴水不褪色，酸性 $KMnO_4$ 溶液不褪色	溴水褪色；酸性 $KMnO_4$ 溶液褪色

最后，请同学们课后完成课本 36 页的第 3、4 题，并预习下一节课的内容。

五、板书设计

2.1.2　烷烃和烯烃（二）

一、烯烃的结构与性质

（一）烯烃的结构

1. 官能团：碳碳双键（$\gt C=C\lt$），碳碳双键中所包含的 6 个原子在同一平面内，键角为 120°

2. 通式：烯烃的通式表示为 C_nH_{2n}（$n\geqslant 2$）

（二）烯烃的物理性质

1. 熔、沸点逐渐升高，相对密度逐渐增大，常温下的存在状态由气态逐渐过渡到液态、固态

2. 当烃分子中碳原子数≤4 时，常温下呈气态。分子式相同的烃，支链越多，熔、沸点越低。此外烯烃的相对密度小于水的密度，难溶于水

（三）烯烃的化学性质

1. 加成反应：有机物分子中的不饱和键（双键或三键）两端的碳原子与其他原子或原子团直接结合生成新的化合物的反应叫做加成反应

2. 1,2 加成和 1,4 加成：$CH_2=CHCH_3+Br_2\longrightarrow \underset{\displaystyle Br}{\underset{|}{CH_2}}-\underset{\displaystyle Br}{\underset{|}{CH}}-CH_3$

（1）1,2-加成：$CH_2=CH-CH=CH_2+Br_2\longrightarrow CH_2Br-\underset{\displaystyle Br}{\underset{|}{CH}}-CH=CH_2$

（2）1,4-加成：$CH_2=CH-CH=CH_2+Br_2\longrightarrow BrCH_2-CH=CH-CH_2Br$

3. 加聚反应：$nCH_2=CH_2\xrightarrow{\text{催化剂}}\underset{\text{聚乙烯}}{\left[CH_2-CH_2\right]_n}$

4. 氧化反应：

（1）燃烧氧化：$C_nH_{2n}+\frac{3n}{2}O_2\xrightarrow{\text{点燃}}nCO_2+nH_2O$

（2）酸性高锰酸钾氧化：能使酸性高锰酸钾褪色

二、烯烃的顺反异构

1. 定义：由于碳碳双键不能旋转导致分子中原子或原子团在空间的排列方式不同而产生的异构现象，称为顺反异构。
2. 烯烃分子是否存在顺反异构的判断：只需判断碳碳双键的两个不饱和碳原子上是否分别连有不同的原子或原子团，若同一个不饱和碳原子上连有相同的原子或原子团，则不存在顺反异构。
3. 顺反异构体的性质特点：化学性质基本相同，物理性质有一定的差异。

六、真题链接

1.（2017 江苏—11）萜类化合物广泛存在于动植物体内，关于下列萜类化合物的说法正确的是（　　）。

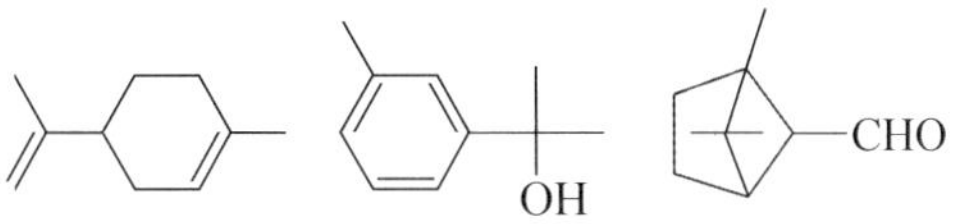

a　　b　　c

A. a 和 b 都属于芳香族化合物

B. a 和 c 分子中所有碳原子均处于同一平面上

C. a、b 和 c 均能使酸性 $KMnO_4$ 溶液褪色

D. b 和 c 均能与新制的 $Cu(OH)_2$ 反应生成红色沉淀

2.（2017 全国Ⅱ—10）下列由实验得出的结论正确的是（　　）。

选项	实　验	结　论
A	将乙烯通入溴的四氯化碳溶液，溶液最终变为无色透明	生成的 1，2-二溴乙烷无色、可溶于四氯化碳
B	乙醇和水都可与金属钠反应产生可燃性气体	乙醇分子中的氢与水分子中的氢具有相同的活性
C	用乙酸浸泡水壶中的水垢，可将其清除	乙酸的酸性小于碳酸的酸性
D	甲烷与氯气在光照下反应后的混合气体能使湿润的石蕊试纸变红	生成的氯甲烷具有酸性

3.（2016 全国Ⅰ—9）下列关于有机化合物的说法正确的是（　　）。

A. 2-甲基丁烷也称异丁烷

B. 由乙烯生成乙醇属于加成反应

C. C_4H_9Cl 有 3 种同分异构体

D. 油脂和蛋白质都属于高分子化合物

第3课时　炔烃、脂肪烃的来源及其应用

一、教学目标

核心知识	（1）掌握炔烃的结构特点及炔烃的物理性质，以乙炔为例，认识炔烃的化学性质。 （2）了解脂肪烃的来源及其应用
核心能力	（1）通过学习乙炔的分子式、结构式等知识，掌握“宏—微—符”三重表征的思维方法。 （2）通过学习乙炔的制取，强化气体制备方案的设计能力
核心品质	（1）在实践活动中，体会有机化合物在日常生活中的重要应用，同时关注有机物的合理使用。 （2）通过设计实验流程，形成耐心细致的学习态度和严谨的治学精神

二、教学重点和难点

（1）教学重点：炔烃的结构特点及炔烃的物理性质，以乙炔为例，认识炔烃的化学性质。

（2）教学难点：学会乙炔的实验室制法以及除杂等注意事项。

三、知识框架

炔烃、脂肪烃的来源及其应用
- 乙炔物理性质
  - 物理性质：无色无味的气体，微溶于水，易溶于有机溶剂
  - 通式：$C_nH_{2n-2}(n \geqslant 2)$
  - 符号表示：分子式、最简式、电子式、结构式以及结构简式
- 炔烃化学性质
  - 制取
    - 原理：$CaC_2 + 2H_2O \longrightarrow Ca(OH)_2 + C_2H_2\uparrow$
    - 装置：发生装置、除杂装置和检验装置
    - 注意事项
  - 氧化反应：$2C_2H_2 + 5O_2 \xrightarrow{点燃} 4CO_2 + 2H_2O$
    能使酸性高锰酸钾溶液褪色
  - 加成反应：（1）与溴加成：$CH\equiv CH+Br_2 \longrightarrow \underset{Br}{\underset{|}{CH}}=\underset{Br}{\underset{|}{CH}}$（1,2 二溴乙烯）
    （2）与氢气加成：$CH\equiv CH + 2H_2 \xrightarrow{催化剂} CH_3—CH_3$
    （3）与氯化氢加成：$CH\equiv CH + HCl \xrightarrow[\triangle]{催化剂} CH_2=CHCl$
  - 加聚反应：加聚生成聚乙炔，具有导电性能的塑料
- 脂肪烃的来源及其应用
  - 石油分馏
  - 石油催化裂化及裂解
  - 煤的直接或间接液化

四、教学过程

环节一：导入新课

【引入】1892 年，美国的威尔森将生石灰和煤焦油混合放置在电炉中期望得到金属钙，结果得到了一种暗黑色固体。他将此种固体倒进水中，产生了大量气体。经测定，产生的气体中只含有 C、H 两种元素，相对分子质量为 26，威尔逊将它命名为电石气，又名乙炔。通过以上信息，你能作出哪些推断？请同学们分类归纳、总结并说明原因。

环节二：展开新课

1. 乙炔的结构、性质及实验室制法

【讲述】通过上述给出的信息，生成物中只含有 C、H 两种元素而且相对分子质量为 26，我们可以比较容易地推出这种气体的分子式为 C_2H_2。这就是我们今天要学习的一种脂肪烃——乙炔。

【提问】现在请同学们阅读课本第 32 页，并说出乙炔的物理性质有哪些。

【讲述】炔烃是分子里含有碳碳三键的一类脂肪烃，简单炔烃的通式为 $C_nH_{2n-2}(n \geqslant 2)$。乙炔是一种无色无味的气体，微溶于水，易溶于有机溶剂。

【板书】见板书。

【提问】下面请同学们观看投影中乙炔的球棍模型和比例模型，书写乙烯的电子式和结构式。

【投影】乙炔的球棍模型和比例模型：

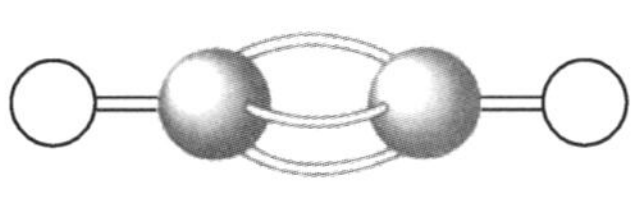

Ⅰ

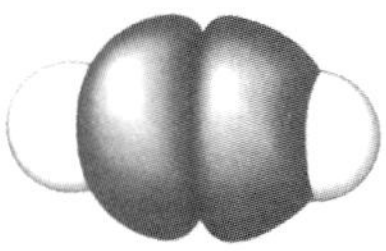

Ⅱ

【投影】乙炔的分子式、最简式、电子式、结构式以及结构简式

分子式	最简式	电子式	结构式	结构简式
C_2H_2	CH	H∶C⋮⋮C∶H	H—C≡C—H	HC≡CH

【板书】见板书。

【讲述】实验室制乙炔就是用刚才提到的黑色固体——碳化钙与水反应得到的。下面根据实验反应原理设计一套乙炔制取、净化以及收集的实验装置。

【讲解】根据实验原理此反应为固-液不加热的制取方式，所以我们可以选用圆底烧瓶、分液漏斗作为发生装置，还要设计一个除杂装置除去杂质气体，最后连接一个检验装置。

【实验】反应原理：$CaC_2 + 2H_2O \longrightarrow Ca(OH)_2 + C_2H_2\uparrow$。

实验操作：按照下图所示安装好实验仪器，先进行气密性检查，而后在圆底烧瓶里放入几小块电石。旋开分液漏斗的活塞，逐滴加入饱和食盐水，便可产生乙炔

气体。实验装置：

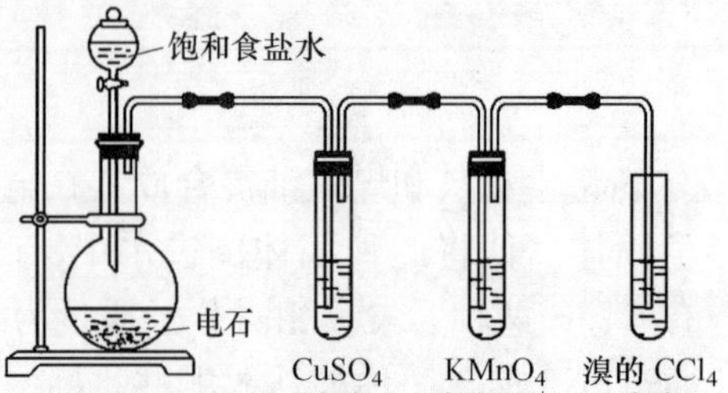

【板书】见板书。

【提问】实验做完了，我们观察到紫色的酸性高锰酸钾褪色了，溴的四氯化碳溶液也褪色了。现在老师有几个问题想问大家。第一个问题，碳化钙与水反应为什么要用饱和食盐水呢？第二个问题，为什么导气口要放一团棉花呢？第三个问题，为什么要用硫酸铜溶液除杂，杂质气体是什么？第四个问题，此实验可不可以改用启普发生器做发生装置？

【讲述】第一个问题，由于电石与水反应剧烈，为得到平稳的乙炔气流，可用饱和食盐水代替水，并用分液漏斗控制加入液体的速度，让食盐水逐滴慢慢地滴入。第二个问题，因为 CaC_2 和水反应剧烈，并产生泡沫，为防止产生的泡沫进入导管，应在导气管口附近塞入少量棉花。第三个问题，因电石中含有 CaS、Ca_3P_2 等，也会与水反应，产生 H_2S、PH_3 等气体，因此制取的乙炔气体会有难闻的臭味；同时这些气体也是还原性气体，能与酸性高锰酸钾溶液和溴水反应影响检验结果。第四个问题，显然是不可以的，①因为碳化钙与水反应剧烈，启普发生器不易控制反应；②反应放出大量热，启普发生器是厚玻璃壁仪器，容易因胀缩不均而破碎；③生成物 $Ca(OH)_2$ 微溶于水，易形成糊状泡沫堵塞导气管和球形漏斗的下口；④关闭导气阀后，水蒸气仍与电石作用，不能达到“关之即停”的目的，因此不能使用启普发生器。

【讲述】此外实验装置在使用前，要先检验气密性。盛电石的试剂瓶要及时密封并放于干燥处，严防电石吸水而失效。取电石要用镊子夹取，切忌用手拿。

【过渡】学习了乙炔的制取后我们一起来学习乙炔的化学性质，并由乙炔的化学性质类比得到炔烃的化学性质。

【讲述】首先我们先学习乙炔的氧化反应，乙炔可以与氧气发生氧化反应，即发生燃烧，现在请一名同学上黑板书写一下乙炔燃烧的方程式，其他同学看投影注意乙炔燃烧的现象，并总结出一元炔烃的燃烧通式。

【副板书】化学方程式：$2C_2H_2 + 5O_2 \xrightarrow{点燃} 4CO_2 + 2H_2O$

【投影】一元炔烃的燃烧通式：

$$C_nH_{2n-2} + \frac{3n-1}{2}O_2 \xrightarrow{点燃} nCO_2 + (n-1)H_2O$$

【投影】乙炔燃烧的视频及现象图片

【讲述】注意对比甲烷和乙烯的燃烧现象，甲烷燃烧火焰为淡蓝色，乙烯燃烧火焰明亮伴有黑烟，乙炔燃烧时我们可以观察到火焰明亮，并冒出浓烈黑烟。随着含碳量的增加火焰的温度也会越来越高，越来越明亮，由于燃烧不充分所以伴随产生的烟也会越来越浓烈。

【讲述】乙炔还可以发生另一种氧化反应——与酸性高锰酸钾反应。它能使酸性高锰酸钾褪色，自身被氧化为二氧化碳，这也是检验乙炔的一种方式。

【讲述】从乙炔的分子式（C_2H_2）中我们可以知道乙炔分子的不饱和度为 2，即存在碳碳三键（—C≡C—）。类比乙烯碳碳双键的性质，我们不难发现乙炔也可以发生加成反应，乙炔可以和溴、氢气、氯化氢等发生加成反应。现在请几位同学书写一下上述反应的方程式。

【投影】乙炔与溴的四氯化碳溶液发生加成反应。反应过程可分步表述如下：

$$CH\equiv CH + Br_2 \longrightarrow \underset{Br}{CH}{=}\underset{Br}{CH} \quad (1,2-二溴乙烯)$$

$$\underset{Br}{CH}{=}\underset{Br}{CH} + Br_2 \longrightarrow \overset{Br}{\underset{Br}{CH}}{—}\overset{Br}{\underset{Br}{CH}} \quad (1,1,2,2-四溴乙烷)$$

【投影】乙炔与氢气发生完全加成反应：

$$CH\equiv CH + 2H_2 \xrightarrow{催化剂} CH_3—CH_3$$

【投影】乙炔与氯化氢等物质的量发生加成反应：

$$CH\equiv CH + HCl \xrightarrow[\triangle]{催化剂} CH_2=CHCl$$

【讲述】和乙烯一样，乙炔也可以发生加聚反应生成高分子化合物聚乙炔，聚乙炔是一种导电塑料。

【练习】1. 乙烷、乙烯、乙炔共同具有的性质是（　　）。

A. 都难溶于水，且密度比水小

B. 能够使溴水和酸性 $KMnO_4$ 溶液褪色

C. 分子中各原子都处在同一平面内

D. 都能发生聚合反应生成高分子化合物

【讲解】此题答案为 A。乙烷分子中各原子不能处于同一平面上；乙烷不能发生聚合反应；乙烷不能使溴水和酸性 $KMnO_4$ 溶液褪色。

【练习】2. 下列关于 $CH_3CH=CHC\equiv CCH_3$ 分子结构的叙述中，正确的是（　　）。

① 6 个碳原子有可能在同一直线上

② 6 个碳原子不可能在同一直线上

③ 6 个碳原子一定都在同一平面上

④ 6 个碳原子不可能都在同一平面上

A. ①②　　B. ②③　　C. ②④　　D. ①④

【解析】此题答案为 B。碳碳单键可以旋转，碳碳双键和碳碳三键不能旋转，此题的分子的空间几何构型可写成：

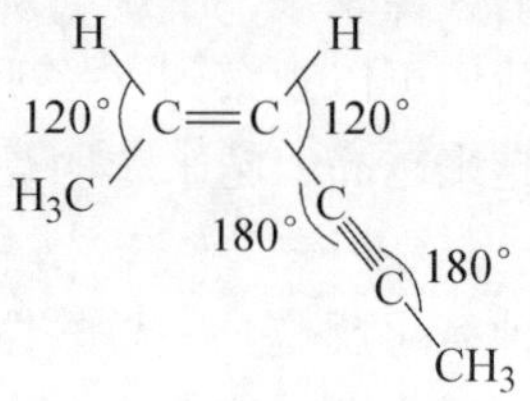

由此可知 B 项正确。

2. 脂肪烃的来源及其应用

【过渡】下面请同学们阅读课本第 34 页和第 35 页内容，弄清楚石油的分馏及裂化的产品和用途。

【投影】原油的分馏及裂化的产品和用途示意图

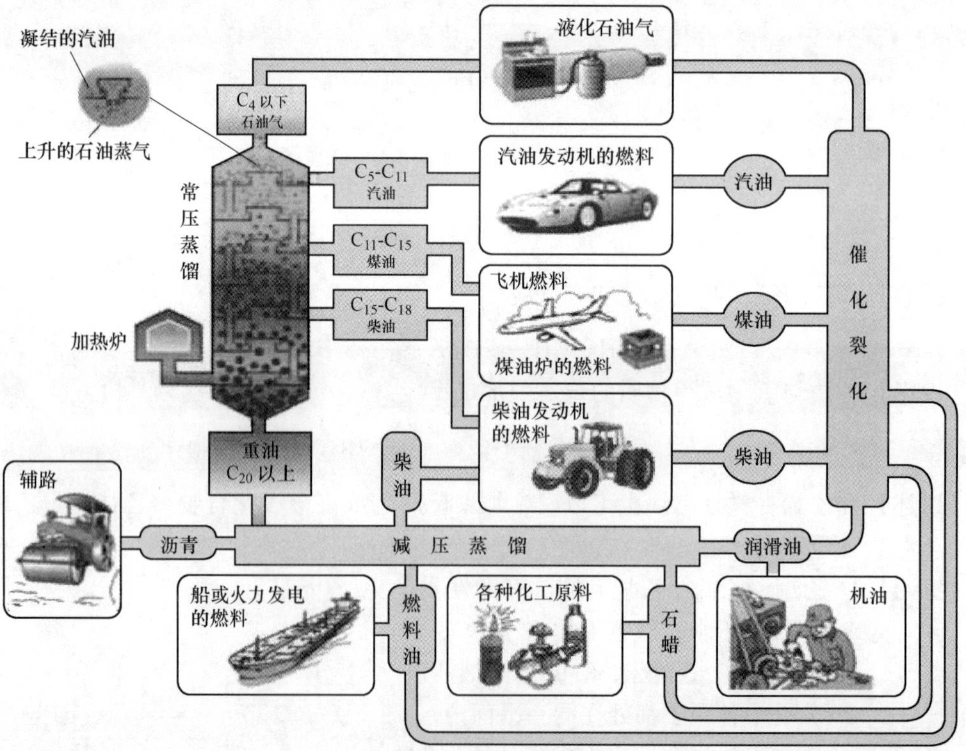

【讲述】石油分馏是利用石油中各组分的沸点不同而加以分离的技术。分为常压分馏和减压分馏，常压分馏得到石油气、汽油、煤油、柴油和重油；重油再进行减压分馏

得到润滑油、凡士林、石蜡等。减压分馏是利用低压时液体的沸点降低的原理，使重油中各成分的沸点降低而进行分馏，可避免高温下有机物的炭化。

【讲述】 石油催化裂化是将重油成分（如石蜡）在催化剂存在下，在 460～520℃ 及 100～200kPa 的压强下，将长链烷烃断裂成短链的烷烃和烯烃，从而大大提高汽油的产量。如 $C_{16}H_{34} \rightarrow C_8H_{18}+C_8H_{16}$。石油裂解是深度的裂化，使短链的烷烃进一步分解生成乙烯、丙烯、丁烯等重要石油化工原料。石油的催化重整的目的有两个：提高汽油的辛烷值和制取芳香烃。

【投影】 脂肪烃的来源有石油、煤、天然气等。

化石燃料的综合利用：

	条　件	产　品
石油	常压分馏	石油气、汽油、煤油、柴油等
	减压分馏	润滑油、石蜡等
	催化裂化、裂解	轻质油、气态烯烃
	催化重整	芳香烃
天然气	—	甲烷
煤	干馏	芳香烃
	直接或间接液化	燃料油、化工原料

【提问】 现在老师有两个问题，石油化工中的分馏、催化裂化、裂解与催化重整这几种工艺各发生的是物理变化还是化学变化？如何区分直馏汽油和裂化汽油？

【讲述】 石油的分馏发生的是物理变化；石油的催化裂化、裂解、催化重整均发生的是化学变化。能使溴的 CCl_4 溶液褪色的是裂化汽油，不能褪色的是直馏汽油。下面我们一起对比一下直馏汽油与裂化汽油的区别。

【投影】 直馏汽油与裂化汽油的区别

	直馏汽油	裂化汽油
方法	石油经常压分馏制得	重油经热裂化和催化裂化制得
成分	含 $C_5 \sim C_{11}$ 的烷烃、环烷烃、芳香烃等	含 $C_5 \sim C_{11}$ 的烷烃、烯烃等
差异	可作溴的萃取剂，能跟酸性 $KMnO_4$ 溶液反应	能使溴水、酸性 $KMnO_4$ 溶液褪色

【练习】 1. 下列说法正确的是（　　）。

A. 石油是混合物，汽油是纯净物

B. 沸点：汽油>煤油>柴油>润滑油

C. 分馏汽油和裂化汽油成分完全相同

D. 石油的分馏是物理变化，而裂化和裂解属于化学变化

【讲解】此题答案为 D。汽油是石油的馏分，仍含有多种烷烃，属于混合物，故 A 错误；石油分馏时，首先分馏出的是汽油，其次是煤油，再次是柴油、润滑油，其沸点：汽油<煤油<柴油<润滑油，故 B 错误；直馏汽油中不含烯烃，而裂化汽油中含有烯烃，两者组成上不完全相同，故 C 错误；石油的分馏是物理变化，而裂化和裂解都有新物质生成，属于化学变化，故 D 正确。

【练习】2. 下列说法错误的是（　　）。

A. 石油中含有 $C_5 \sim C_{11}$ 的烷烃，通过石油的分馏可得到汽油

B. 含 C_{20} 以上的重油经催化裂化可以得到汽油

C. 开采天然气应做到安全规范地操作

D. 煤中含有苯和甲苯，可用分馏的方法把它们分离出来

【讲解】此题答案为 D。石油中含有 $C_5 \sim C_{11}$ 的烷烃，可以通过石油的常压分馏得到汽油、煤油、柴油等；含 C_{20} 以上的重油经催化裂化可以得到汽油、煤油、柴油等；天然气的主要成分是甲烷，开采天然气必须安全规范地操作，否则易造成井喷事件；煤焦油中含苯和甲苯，可以通过分馏的方法将它们分离出来，但煤中并不含苯和甲苯等芳香烃。

环节三：归纳总结

【总结】本节课讲述了脂肪烃中乙炔的结构特征实验室制法及化学性质，下图为本节课的知识结构图。最后，请同学们课后完成课本 36 页的第 5 题，并预习下一节课的内容。

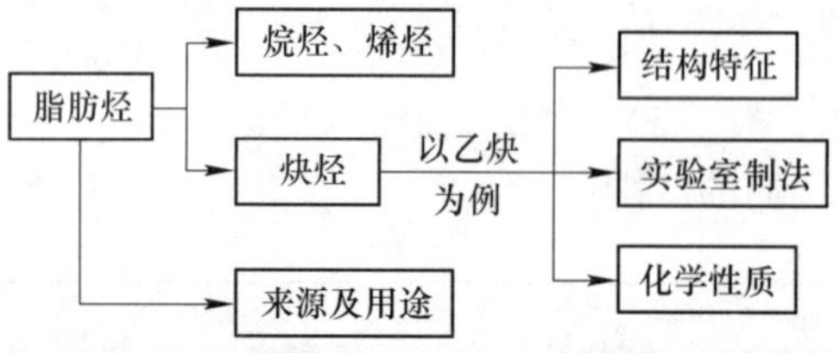

五、板书设计

2.1.3　炔烃　脂肪烃的来源及其应用

一、炔烃

（一）乙炔的物理性质

1. 物理性质：无色无味的气体，微溶于水，易溶于有机溶剂

2. 通式：$C_nH_{2n-2}(n \geqslant 2)$

3. 符号表示：分子式、最简式、电子式、结构式以及结构简式

（二）乙炔的制取

1. 制取原理：$CaC_2 + 2H_2O \longrightarrow Ca(OH)_2 + C_2H_2\uparrow$

2. 实验装置：发生装置、除杂装置和检验装置

3. 注意事项：①实验装置在使用前，要先检验气密性

②盛电石的试剂瓶要及时密封并放于干燥处，严防电石吸水而失效

③用试管作反应器制取乙炔时，由于 CaC_2 和水反应剧烈，并产生泡沫，为防止产生的泡沫进入导管，应在导气管口附近塞入少量棉花

④电石与水反应剧烈，为得到平稳的乙炔气流，可用饱和食盐水代替水，并用分液漏斗控制加入液体的速度，让食盐水逐滴慢慢地滴入

⑤由电石制得的乙炔中往往含有 H_2S、PH_3 等杂质，使混合气体通过盛有 NaOH 溶液或 $CuSO_4$ 溶液的洗气瓶可将杂质除去

（三）乙烯的化学性质

1. 氧化反应：

（1）一元炔烃的燃烧通式：$C_nH_{2n-2} + \frac{3n-1}{2}O_2 \xrightarrow{\text{点燃}} nCO_2 + (n-1)H_2O$

现象：火焰明亮，并冒出浓烈黑烟

（2）能使酸性高锰酸钾溶液褪色

2. 加成反应：

（1）与溴加成：

$$CH\equiv CH + Br_2 \longrightarrow \underset{Br}{CH}=\underset{Br}{CH}\ \text{(1,2－二溴乙烯)}$$

$$\underset{Br}{CH}=\underset{Br}{CH} + Br_2 \longrightarrow \underset{Br}{\overset{Br}{CH}}-\underset{Br}{\overset{Br}{CH}}\ \text{(1,1,2,2－四溴乙烷)}$$

（2）与氢气加成：

$$CH\equiv CH + 2H_2 \xrightarrow{\text{催化剂}} CH_3-CH_3$$

（3）与氯化氢加成：

$$CH\equiv CH + HCl \xrightarrow[\triangle]{\text{催化剂}} CH_2=CHCl$$

二、脂肪烃的来源及其应用

（一）石油分馏

（二）石油催化裂化及裂解

（三）煤的直接或间接液化

六、真题链接

1.（2016 上海—42）异戊二烯的一种制备方法如下图所示：

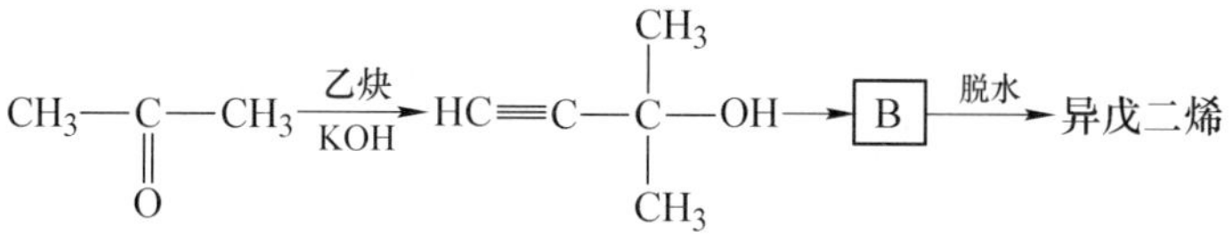

A

A 能发生的反应有____________。(填反应类型)

B 的结构简式为____________。

2.（2016 全国Ⅲ—38）端炔烃在催化剂存在下可发生偶联反应，称为 Glaser 反应。

$$2R—C\equiv C—H \xrightarrow{\text{催化剂}} R—C\equiv C—C\equiv C—R + H_2$$

该反应在研究新型发光材料、超分子化学等方面具有重要价值。

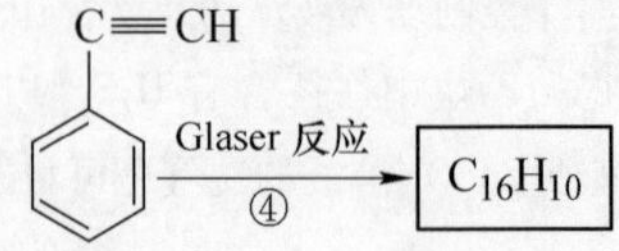

D　　　　E

（1）E 的结构简式为________。用 1mol E 合成 1,4-二苯基丁烷，理论上需要消耗氢气________ mol。

（2）化合物（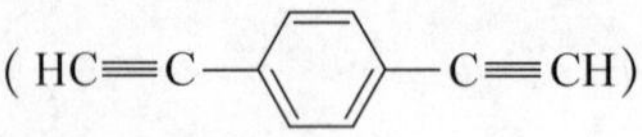）也可发生 Glaser 偶联反应生成聚合物，该聚合反应的化学方程式为________。

第二节 芳 香 烃

【教材分析】

本节内容选自人教版高中《化学（选修 5)》有机化学基础第二章“烃和卤代烃”第二节“芳香烃”。根据新课标要求“知道有机化合物分子是有空间结构的，以甲烷、乙烯、乙炔、苯为例认识碳原子的成键特点”，本节课安排了“苯的结构与性质”和“苯的同系物、芳香烃及其来源”等内容。

根据课程标准的要求，本节主要学习苯和苯的同系物的结构和性质，在教科书中呈现时突出了苯及苯的同系物的结构决定了它们的性质，并通过探究实验形式给出苯中碳原子之间并非以单双键交替的形式进行连接，而是存在一种介于单键和双键之间的特殊化学键。本节内容是对化学 2 中已经介绍的苯的化学性质的提升，重点介绍的是苯及其同系物的结构和化学性质，教科书采用对比的方式帮助学生了解甲苯中甲基对苯环的影响。最后简单介绍芳香烃的来源及其应用，并以资料卡片的形式给出稠环芳香烃——蒽和萘，拓展学生的知识面。

本节内容安排在脂肪烃的后面，在掌握烷烃和烯烃的基础上再来学习苯的结构和性质，是对取代反应和加成反应的总结和复习，也是对这两个反应的深入了解，此外也加深了学生对碳原子成键特点的认识。同时为学习其他芳香化合物打下了基础。

【学情分析】

学生学习有机化学知识是在高一下学期，距今已经半年之久，所以对学过的苯的知识已经大多忘记，需要加强复习。在化学 2 中学生已经学习了苯的物理性质、苯的燃烧氧化、苯的加成反应和取代反应，但不了解苯的同系物有什么性质以及甲苯中甲基和苯环之间的相互影响。学生了解对比的学习方法，但是还不能很好地应用，通过对比苯和苯的同系物的知识让学生体会结构如何决定性质。同时还要调用学生化学键的知识从成键的角度解释苯及苯的同系物的结构和性质。

第1课时 苯的结构与性质

一、教学目标

核心知识	（1）了解苯的物理性质和分子结构以及芳香烃的概念。 （2）掌握苯和苯的同系物的结构特点、化学性质
核心能力	（1）通过探究苯与液溴的反应，逐步培养学生创新思维能力。 （2）通过阅读教科书“资料卡片”，提升自主学习的能力
核心品质	（1）通过查阅“苯及其同系物对人体健康的危害”资料，使学生理论联系实际。 （2）培养学生重视实验的科学态度和对科学实验的兴趣，学习科学家的优秀品质

二、教学重点和难点

（1）教学重点：苯的物理性质和化学性质。

（2）教学难点：苯的结构特征和成键特点。

三、知识框架

苯的结构与性质
- 苯的物理性质
  - 物理性质：苯是无色、有特殊气味的液体，密度比水小、不溶于水、易溶于有机溶剂、具有挥发性，熔点为5.5℃，沸点为80.1℃
  - 符号表示：分子式、最简式、电子式、结构式以及结构简式
  - 氧化反应：$2C_6H_6 + 15O_2 \xrightarrow{点燃} 12CO_2 + 6H_2O$
    不能使酸性高锰酸钾溶液褪色
- 苯的化学性质
  - 取代反应：（1）苯的溴代反应：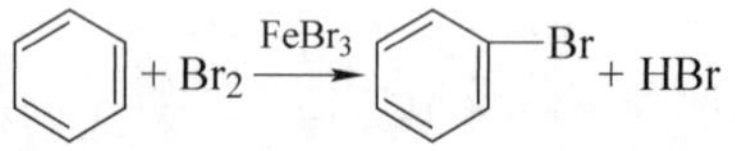

    （2）苯的硝化反应：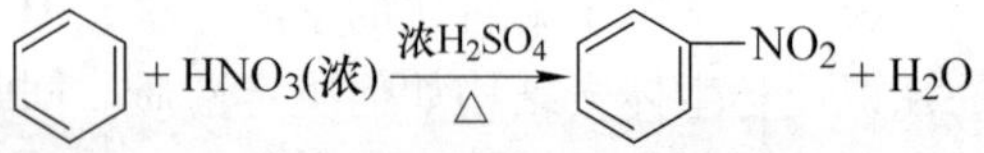

  - 加成反应：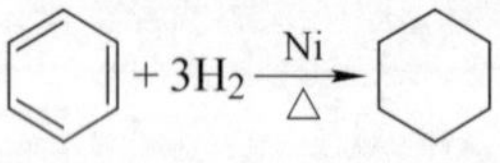

四、教学过程

环节一：导入新课

【导入】 根据有机物的分类，我们知道有机物中有一类物质称为芳香族化合物，最初发现的这类物质绝大部分都是具有香味的，它们是从各种天然的香树脂、香精油中提取出来的。目前，已知的很多芳香族化合物其实并不具有芳香气味，所以，“芳香族化合物”这一名称已经失去了原先的意义，只是一直沿用至今，那么现在我们所定义的芳香族化合物是一类怎样的物质呢？它们在结构上有什么共同的特点呢？就让我们带着问题来学习本节课的内容——芳香烃。

环节二：展开新课

1. 苯的物理性质及其结构特征

【提问】什么是烃类物质？

【讲述】烃类物质就是只含有 C、H 元素的一类有机物。我们把芳香族化合物和烃这两类物质合并起来，取个交集，就是我们今天要研究的一类有机物——芳香烃。芳香烃就是芳香族碳氢化合物，简称芳香烃或芳烃。

【提问】苯是最有代表性的芳香烃，我们在化学 2 第三单元第二节就学习过了，现在我们一起回忆一下苯的物理性质。

【讲述】苯是无色、有特殊气味的液体，熔点为 5.5℃，沸点为 80.1℃，把苯倒入盛碘水的试管中，振荡、静置，发现液体分层，上层呈紫红色，下层呈无色，说明苯的密度比水小，而且不溶于水。加几滴植物油于盛苯的试管中，振荡，发现植物油溶于苯，说明苯是很好的有机溶剂。

【板书】见板书。

【投影】苯的结构及表示方式

分子式：C_6H_6	空间构型：平面正六边形
比例模型：	碳原子杂化类型：sp^2杂化
结构简式：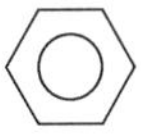或	最简式：CH

【讲述】通过观察苯的比例模型以及了解碳原子的 sp^2杂化方式，我们不难看出苯的空间构型为平面六边形，12 个原子共平面，键角 120°，苯分子中的 6 个碳碳键完全相同，是一种介于碳碳单键和碳碳双键之间的独特化学键。

【板书】见板书。

【提问】那么请同学们思考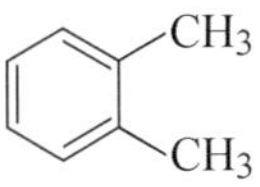

和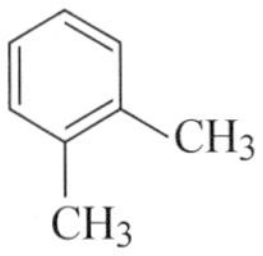

这两个分子是不是同分异构体？从苯的分子组成上看 C_6H_6，具有很高的不饱和度，根据公式 $\omega = \dfrac{2n(\mathrm{C}) + 2 - n(\mathrm{H})}{2}$ 可得苯的不饱和度为 4，那么为什么苯不能使酸性高锰酸钾溶液或溴的四氯化碳溶液褪色？

【讲述】显而易见不是，因为苯环中碳原子与碳原子之间的化学键完全相同，所以邻二甲苯只有一种结构，由于苯环中碳原子并非单双键交替连接，所以苯不能使酸性高锰酸钾溶液或溴的四氯化碳溶液因反应而褪色。

【练习】1. 下列关于苯的说法中，正确的是（　　）。

A. 苯的分子式为 C_6H_6，它不能使酸性 $KMnO_4$ 溶液褪色，属于饱和烃

B. 从苯的凯库勒式（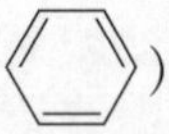）可以看出，苯分子中含有碳碳双键，应属于烯烃

C. 苯中的碳碳键是一种介于碳碳单键和碳碳双键之间的特殊的键，不能与 H_2 发生加成反应

D. 苯分子为平面正六边形结构，6 个碳原子之间的价键完全相同

【讲解】此题答案为 D。从苯的分子式 C_6H_6 可以看出，其氢原子远未达到饱和，应属不饱和烃，而苯不能使酸性 $KMnO_4$ 溶液褪色是由于苯分子中的碳碳键都相同，是一种介于碳碳单键与碳碳双键之间的独特的键；苯的凯库勒式并未反映出苯的真实结构，只是由于习惯而沿用，不能由其来认定苯分子中含有双键，因而苯也不属于烯烃；在催化剂的作用下，苯与 H_2 能发生加成反应生成环己烷；苯分子为平面正六边形结构，其分子中 6 个碳原子之间的价键完全相同。

【练习】2. 轴烯是一类独特的星形环烃。三元轴烯（）与苯（　　）。

A. 均为芳香烃　　　　B. 互为同素异形体

C. 互为同系物　　　　D. 互为同分异构体

【讲解】此题答案为 D。三元轴烯与苯的分子式都是 C_6H_6，二者分子式相同，结构不同，互为同分异构体，故选项 D 正确。

2. 苯的化学性质

【提问】烃均可以燃烧，但不同的烃燃烧现象不同。乙烯和乙炔燃烧时的火焰比甲烷的要明亮，并伴黑烟；而苯燃烧时的黑烟更多。请你分析产生不同燃烧现象的原因。

【讲述】通过分析甲烷、乙烯、乙炔以及苯的分子式 CH_4、C_2H_4、C_2H_2 和 C_6H_6 可知，含碳量的不同造成了燃烧现象的不同，含碳量越高燃烧的火焰也越明亮，不完全燃烧的碳原子聚集成了黑烟，这就是造成这一现象的原因。请同学们试着写出苯燃烧的化学方程式。

【投影】苯燃烧的化学方程式及现象：

化学方程式：$2C_6H_6 + 15O_2 \xrightarrow{\text{点燃}} 12CO_2 + 6H_2O$

燃烧现象：明亮的火焰，并伴有浓烈的黑烟。

【板书】见板书。

【讲述】苯分子中的碳与碳之间存在一种介于碳碳单键和碳碳双键之间的独特化学键，使得苯环既可以发生取代反应又可以发生加成反应。

【讲述】苯与液溴可以在催化剂 Fe 粉或 $FeBr_3$ 的催化下发生取代反应，苯环上的氢原子被溴原子取代，生成溴苯，苯还可以与浓 HNO_3 和浓 H_2SO_4 的混合物共热在 50～60℃反应，苯环上的氢原子被硝基取代，生成硝基苯。

【实验】实验原理：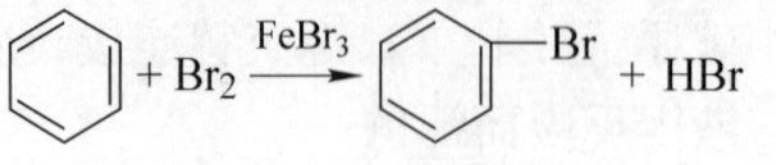

实验操作：把苯和少量液态溴放在烧瓶里，同时加入少量铁屑作催化剂，用带导管的瓶塞塞紧瓶口，如图下图所示。

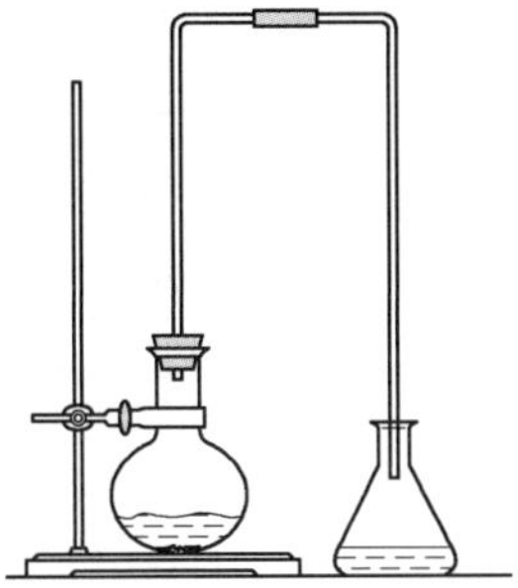

播放实验视频。

【板书】见板书。

【提问】请同学们认真观看视频，注意观察实验现象并试着描述实验现象。

【讲述】整个烧瓶充满红棕色气体，在导管口有白雾（HBr 遇水蒸气形成）；反应完毕后，向锥形瓶中滴加 $AgNO_3$ 溶液，有浅黄色的 AgBr 沉淀生成；把烧瓶里的液体倒入盛有冷水的烧杯里，烧杯底部有褐色不溶于水的油状液体生成。

【提问】在这里老师想问同学们几个问题，长导管的作用是什么，它与液面的位置关系又是怎样的？参与反应的液溴能否换成溴水？催化剂是 Fe 还是 $FeBr_3$，如果是 $FeBr_3$ 那为什么加铁粉也可以？如何除去溴苯中的溴？观察实验现象，溴苯有怎样的物理性质呢？现在认真思考这五个问题并给出你的答案。

【讲述】长导管的作用我们并不陌生，在学习制取乙酸乙酯的时候就用过，它的作用是冷凝、回流和导气，其管口要置于液面之上不能插入液面下，因为生成的溴化氢气体极易溶于水，插入液面之下会造成倒吸；由于溴水中溴浓度太低不能发生反应，所以不能将液溴换成溴水；此反应的催化剂是 $FeBr_3$，加铁粉也可以的原因是 Fe 与液溴反应可以生成 $FeBr_3$，作为反应的催化剂；若想除掉溴苯中的溴我们可以用水洗，再用 10%烧碱溶液洗，再干燥，即可得到较为纯净的溴苯；将烧瓶里的液体倒入盛有冷水的烧杯里后，我们可以观察到溴苯是不溶于水且密度比水大的液体。

【板书】见板书。

【过渡】下面我们一起学习苯与浓硝酸的硝化反应。

【实验】实验原理：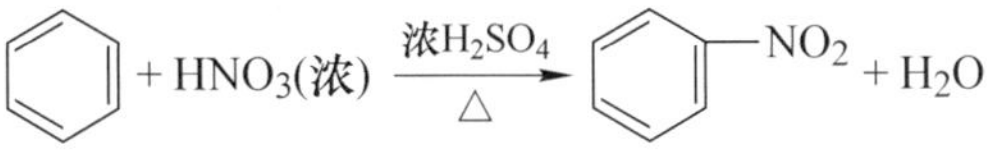

实验操作：

（1）配制混合酸：先将 1.5mL 浓硝酸注入大试管中，再慢慢注入 2mL 浓硫酸，并及时摇匀和冷却。

（2）向冷却后的混酸中逐滴加入 1mL 苯，充分振荡，混合均匀。

（3）将大试管放在 50~60℃的水浴中加热约 10min，实验装置如下图所示。

（4）将反应后的液体倒入一个盛有冷水的烧杯中，可以观察到烧杯底部有黄色油状物生成，用分液漏斗分离出粗硝基苯。

（5）粗产品依次用蒸馏水和 5%NaOH 溶液洗涤，最后再用蒸馏水洗涤。若将用无水 $CaCl_2$ 干燥后的粗硝基苯进行蒸馏，可得纯硝基苯。蒸馏应在通风柜或通风良好处进行。

实验装置：

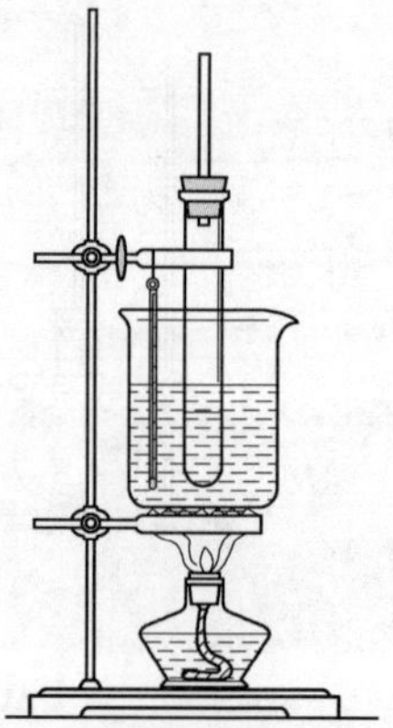

播放实验视频。

【板书】见板书。

【提问】看完实验视频，下面老师提几个问题，水浴加热的温度为什么要控制在50~60℃？温度计应该置于什么位置？药品加入的顺序是怎样的？浓硫酸的作用是什么？硝基苯有怎样的物理性质？含有杂质时与纯净物的颜色有什么不同，要想得到纯净的硝基苯，如何除去其中的杂质？

【讲述】现在老师给大家解释一下上述问题。温度过高苯会挥发，硝酸易分解；温度过低反应速率又太慢，所以要将温度控制在50~60℃；反应装置中的温度计，应插入水浴液面以下，以测量水浴的温度。添加药品的顺序为先加浓硝酸，再浓硫酸，而后冷却到50~60℃再加入苯；否则温度过高会使加入的苯挥发出来，苯为有毒物质，所以实验时一定要注意实验安全。浓硫酸在此实验中的作用是催化剂和吸水剂。硝基苯是一种无色具有苦杏仁味的油状液体，密度比水大，难溶于水。有杂质的硝基苯颜色微黄，原因是硝酸分解产生了二氧化氮，若想得到纯净的硝基苯可向混合溶液中加入NaOH溶液后分液。

【板书】见板书。

【过渡】学习完了苯的取代反应我们再来学习苯的加成反应。

【讲述】苯的加成反应是在特定的条件下与氢气反应，生成环己烷。同学们对比乙烯的加成反应书写苯加成的化学方程式。

【投影】苯与氢气的加成反应

化学方程式：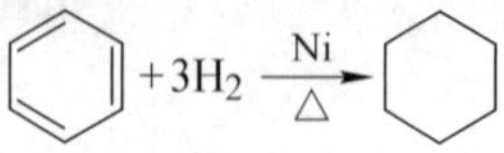

【板书】见板书。

【练习】1. 下列关于苯的叙述正确的是（　　）。

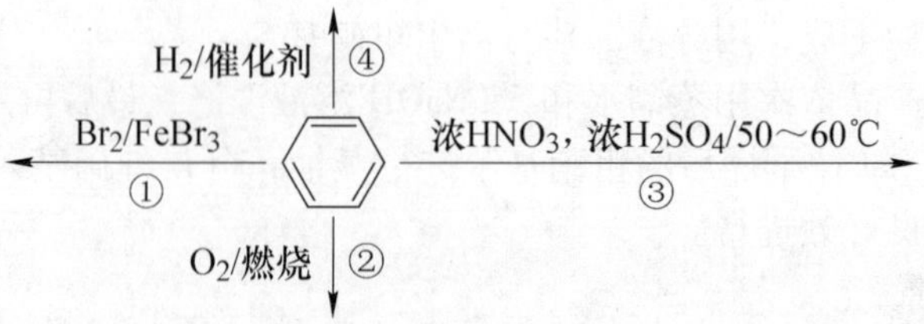

A. 反应①为取代反应，有机产物与水混合浮在上层

B. 反应②为氧化反应，反应现象是火焰明亮并带有浓烟

C. 反应③为取代反应，有机产物是一种烃

D. 反应④中 1mol 苯最多与 3mol H_2 发生加成反应，是因为苯分子含有 3 个碳碳双键

【讲解】此题答案为 B。反应①为苯的取代反应，生成的溴苯密度比水大，沉在水底，A 错误；反应③为苯的硝化反应，属于取代反应，生成硝基苯，为烃的衍生物，C 错误；苯分子中无碳碳双键，D 错误。

【练习】2. 只用一种试剂就能将甲苯、己烯、四氯化碳、碘化钾溶液区分开，该试剂是（　　）。

A. 酸性高锰酸钾溶液　　B. 溴化钾溶液

C. 溴水　　D. 硝酸银溶液

【讲解】此题答案为 C。A 项，酸性 $KMnO_4$ 溶液有强氧化性，能氧化甲苯、己烯而褪色，不能用于区分它们。B 项，溴化钾溶液加入上述 4 种液体中，由于甲苯、己烯的密度都比水小，与溴化钾溶液混合后分层，有机层在上，都无化学反应发生，从而不能区分；与 CCl_4 混合后分层，但有机层在下，因为 CCl_4 比水密度大；与 KI 溶液不分层。D 选项 $AgNO_3$ 溶液与 B 项类似，但 KI 中会出现黄色沉淀。只有 C 项，甲苯与溴水分层，溴被萃取到甲苯中处于上层，呈橙黄色，下层为水层，近似无色；己烯使溴水褪色，可见上下分层，但都无色；CCl_4 萃取 Br_2，上层为水层，近似无色，下层为 Br_2 的 CCl_4 溶液，呈橙红色；溴水与 KI 溶液不分层，但发生反应，置换出 I_2 可使溶液颜色加深，四种溶液的现象各不相同。

环节三：归纳总结

【总结】本节课我们先复习了苯的物理性质，并且从成键的角度分析了苯中碳原子之间的独特化学键。而后又复习了苯的化学性质：苯可以与液溴发生取代反应，也可以在浓硫酸的催化下与浓硝酸发生取代反应，并且重点讲解了这两个实验的装置、操作以及注意事项。另外苯还可以与氢气在一定条件下发生加成反应生成环己烷。最后，请同学们课后完成课本 40 页的第 1、2 题，并预习下一节课的内容。

苯的化学性质

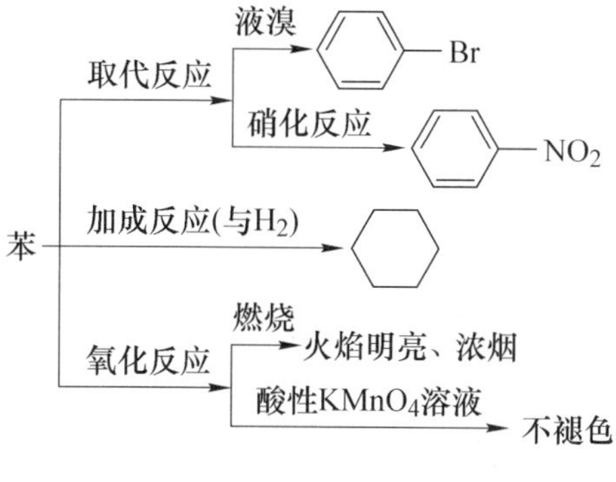

五、板书设计

2.2.2　苯的结构与性质

一、苯的物理性质及其结构特征

（一）苯的物理性质

苯是无色、有特殊气味的液体，密度比水小、不溶于水、易溶于有机溶剂、具有挥发性，熔点为5.5℃，沸点为80.1℃

（二）苯的结构及表示方法

分子式	结构式	结构简式	比例模型	球棍模型
C_6H_6	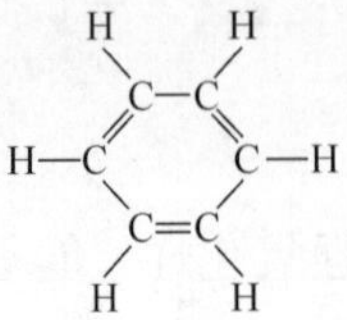	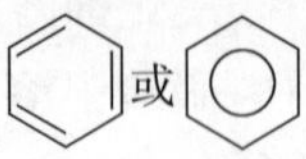	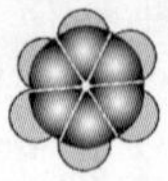	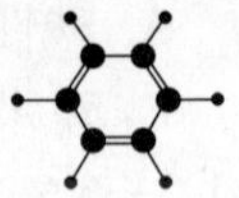

二、苯的化学性质

（一）氧化反应：

1. 燃烧氧化

化学方程式：$2C_6H_6+15O_2 \xrightarrow{点燃} 12CO_2+6H_2O$

燃烧现象：明亮的火焰，并伴有浓烈的黑烟

2. 不能使酸性高锰酸钾褪色

（二）取代反应

1. 苯的溴代反应

化学方程式：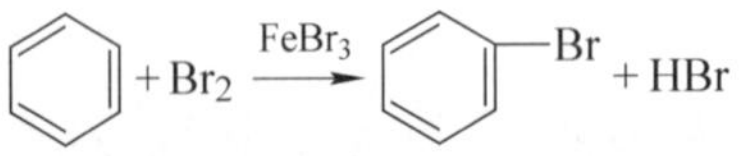

实验装置：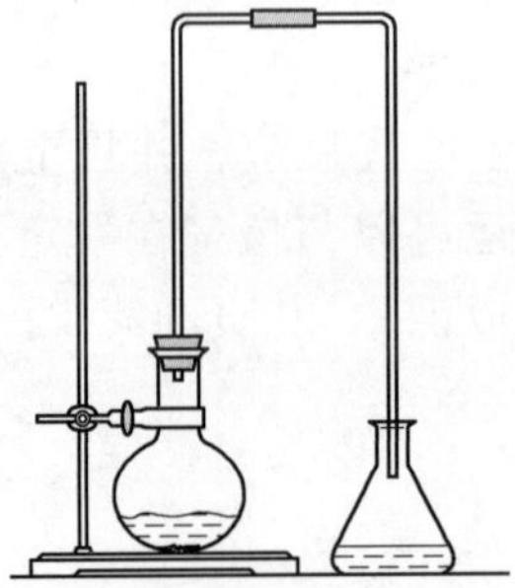

注意事项：①应该用纯溴，苯与溴水不反应

②要使用催化剂Fe，无催化剂不反应

③锥形瓶中的导管不能插入液面以下，防止倒吸，因HBr极易溶于水

2. 苯的硝化反应

化学方程式：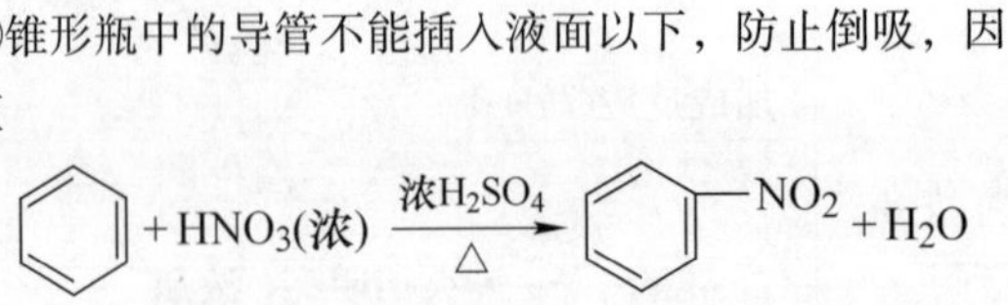

实验装置：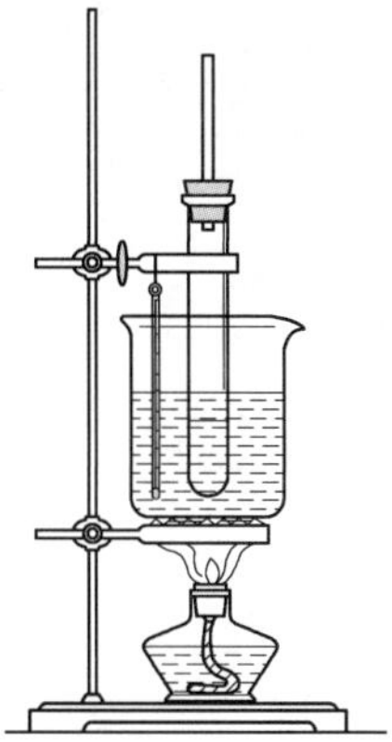

注意事项：①浓硫酸的作用是催化剂、吸水剂

②必须用水浴加热，温度计插入水浴中测量水的温度

（三）加成反应：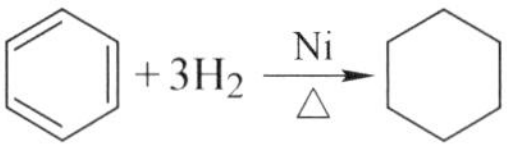

六、真题链接

1.（2017 全国Ⅰ—9）已知（b）、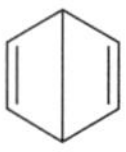（d）、（p）的分子式均为 C_6H_6，下列说法正确的是（　　）。

A. b 的同分异构体只有 d 和 p 两种

B. b、d、p 的二氯代物均只有三种

C. b、d、p 均可与酸性高锰酸钾溶液反应

D. b、d、p 中只有 b 的所有原子处于同一平面

2.（2016 全国Ⅱ—8）下列各组中的物质均能发生加成反应的是（　　）。

A. 乙烯和乙醇　　B. 苯和氯乙烯

C. 乙酸和溴乙烷　　D. 丙烯和丙烷

第2课时　苯的同系物、芳香烃及其来源

一、教学目标

核心知识	（1）掌握芳香烃的化学性质及其应用。 （2）理解苯的同系物结构中苯环和侧链烃基的相互影响
核心能力	（1）通过学习芳香烃的来源进一步提高分类总结的能力。 （2）通过阅读教科书、查阅有关芳香烃的资料，提高自学能力
核心品质	（1）通过小组讨论的形式总结苯及苯的同系物的性质，增强合作学习意识。 （2）通过学习苯的同系物结构中苯环和侧链烃基的相互影响，树立部分与整体的科学观念

二、教学重点和难点

（1）教学重点：芳香烃的化学性质。

（2）教学难点：苯的同系物分子中，苯环与侧链的相互影响。

三、知识框架

苯的同系物芳香烃及其来源

- 甲苯的化学性质
  - 氧化反应：（1）$C_nH_{2n-6}+\frac{3n-3}{2}O_2 \xrightarrow{点燃} nCO_2+(n-3)H_2O$
    （2）甲苯能使酸性高锰酸钾溶液褪色
  - 取代反应：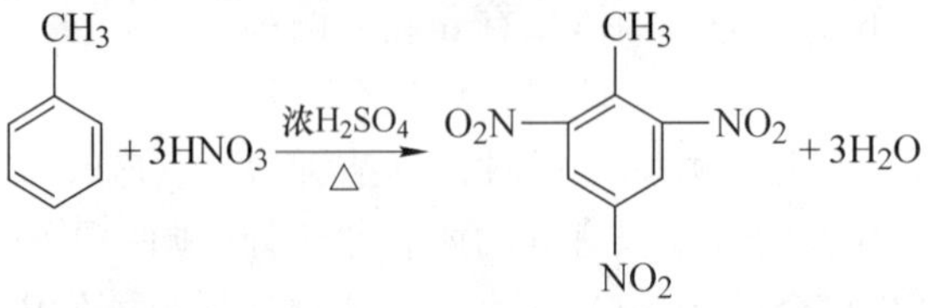
  - 加成反应：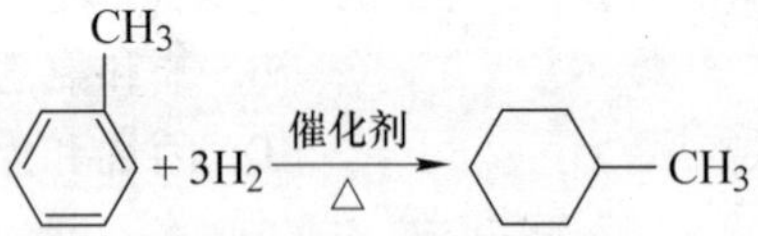
- 芳香烃的来源
  - 来源：1845年至20世纪40年代，煤是芳香烃的主要来源。20世纪40年代以后，主要通过石油化学工业中的催化重整等工艺获得芳香烃
  - 应用：简单的芳香烃，如苯、甲苯等，可用于合成炸药、染料、药品、农药、合成材料等

四、教学过程

环节一：导入新课

【引入】 上节课我们复习并学习了苯的物理性质、苯的空间结构、苯中的独特化学键以及苯的化学性质。苯与苯的同系物的性质既有相同的地方也有不同的地方，这节课

我们一起学习苯的同系物以及芳香烃的来源。

环节二：展开新课

1. 苯的同系物

【讲述】同系物这个概念我们已经很熟悉了，就是两个有机物的结构相似或同属一类有机物，分子式相差 n 个 CH_2 即为同系物。苯的同系物也一定属于芳香烃，其分子中只能含有一个苯环，取代基为烷基。现在大家可以根据苯、甲苯、乙苯的分子式归纳苯的同系物的分子通式。

【投影】苯、甲苯、乙苯的分子式

苯	甲苯	乙苯
C_6H_6	C_7H_8	C_8H_{10}

【讲述】通过递推的方式我们不难总结出苯的同系物的分子通式应该为 C_nH_{2n-6}($n>6$)。

【提问】现在老师想问分子式为 C_8H_{10}的芳香烃有几种?

【投影】分子式 C_8H_{10}对应的苯的同系物有 4 种同分异构体，分别为

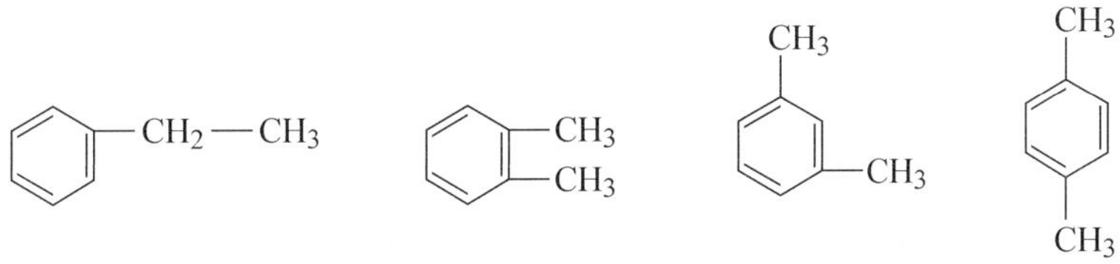

【提问】那么这四种物质又是怎样命名的呢?

【讲述】第一个物质苯环上的一个氢被乙基取代可以称之为乙苯，其余三个苯环上分别有两个氢被甲基取代，分别为邻位、间位和对位，所以其传统命名法为邻二甲苯、间二甲苯和对二甲苯，若用系统命名法进行命名，按照最小序列原则三者名称依次为 1,2-二甲基苯、1,3-二甲基苯和 1,4-二甲基苯。

【讲述】苯的同系物的密度一般都比水小，都具有可燃性。现在请一位同学书写苯及苯的同系物燃烧的化学方程通式，其他同学思考燃烧的现象。

【板书】苯及苯的同系物燃烧的化学方程式的通式为：

$$C_nH_{2n-6} + \frac{3n-3}{2}O_2 \xrightarrow{\text{点燃}} nCO_2 + (n-3)H_2O$$

燃烧现象：苯的同系物均能燃烧，火焰明亮有浓烟。

【提问】我们知道苯和甲苯的密度都小于水，那么怎样鉴别这两种物质呢?

【讲解】上节课我们了解到苯不能使酸性 $KMnO_4$ 褪色，但是甲苯可以使酸性 $KMnO_4$ 褪色，反应的实质是酸性 $KMnO_4$ 氧化苯环上的甲基，将甲基氧化为羧基，生成苯甲酸。这体现了苯环对甲基的影响。那么同学们可能会问苯的同系物中哪些能被酸性 $KMnO_4$ 氧化，在这里给大家补充一下，苯的同系物中与苯环相连的碳上有氢原子则能被酸性高锰酸钾氧化为苯甲酸。

【练习】要鉴别已烯中是否混有少量甲苯，正确的实验方法是（　　）。

A. 先加入足量的酸性 $KMnO_4$ 溶液，然后再加入溴水

B. 先加入足量溴水，然后再加入酸性 $KMnO_4$ 溶液

C. 点燃这种液体，然后观察火焰的明亮程度

D. 加入浓 H_2SO_4 与浓 HNO_3 后加热

【讲解】此题答案为 B。要鉴别己烯中是否混有甲苯，用 C 项中的方法显然无法验证；而 D 项中反应物会把己烯氧化，也不可以；只能利用溴水和酸性 $KMnO_4$ 溶液，若先加酸性 $KMnO_4$ 溶液，己烯也可以使酸性 $KMnO_4$ 溶液被还原而褪色，故 A 不对；若先加入足量溴水，则可以把己烯转变成卤代烃，卤代烃不能与酸性 $KMnO_4$ 溶液反应，若再加入酸性 $KMnO_4$ 溶液褪色，则说明有甲苯，故 B 正确。

【讲述】和苯一样，甲苯也能发生取代反应。甲苯在浓硫酸的催化以及加热的条件下与浓硝酸发生硝化反应生成 2,4,6-三硝基甲苯，又叫 TNT，是一种淡黄色晶体，不溶于水。它是一种烈性炸药，广泛用于国防、开矿、筑路等。现在请同学们书写反应的化学方程式。

【投影】甲苯与浓硝酸反应

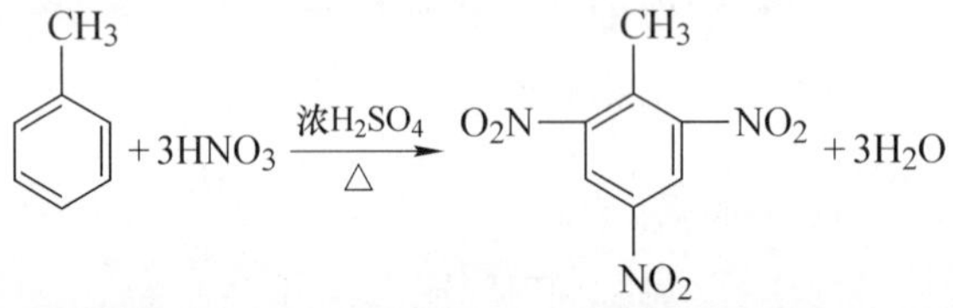

【讲述】对比苯与浓硝酸的反应我们发现，甲苯与浓硝酸反应时，不再是取代一个碳上的氢而是取代甲基的邻对位上的氢，这体现了甲基对苯环的影响。

【讲述】与苯类似，甲苯也可以与氢气在催化剂加热的条件下生成甲基环己烷，同学们类比苯的加成，试着书写甲苯加成的化学方程式。

【投影】甲苯也可以发生加成反应

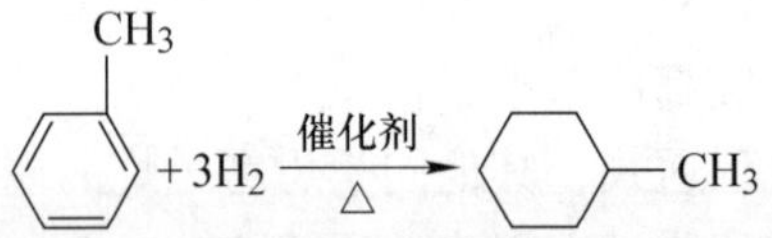

【练习】1. 下列有关甲苯的实验事实中，与苯环上的甲基有关（或受到影响）的是（　　）。

①甲苯与浓硫酸和浓硝酸的混合物反应生成邻硝基甲苯和对硝基甲苯

②甲苯能使酸性高锰酸钾溶液褪色而苯不能

③甲苯燃烧产生带浓烟的火焰

④1mol 甲苯与 3mol H_2 发生加成反应

A. ①③　　B. ②④　　C. ①②　　D. ③④

【讲解】此题答案为 C。由于甲基对苯环的影响，使苯环上与甲基相连的碳的邻、对位碳上的氢变得活泼，更容易被取代，①正确；由于苯环对甲基的影响，使甲基易被酸性 $KMnO_4$ 溶液氧化，②正确。

【练习】2. 下列苯的同系物分别与液溴和铁粉发生反应，苯环上的氢原子被取代，所得一溴代物有三种同分异构体的是（　　）。

A. 邻二甲苯　　B. 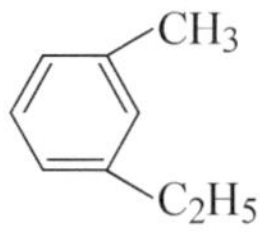　　C. 对二甲苯　　D. 乙苯

【讲解】此题答案为 D。苯的同系物在苯环上有一个氢原子被其他原子或原子团取代后，可通过画对称轴来判断同分异构体的种类，对称位置上的取代产物是同一种取代产物。例如，邻二甲苯的对称轴及对称位置为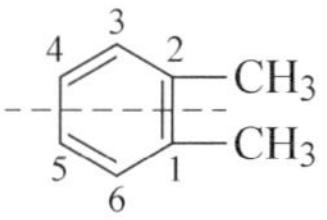，其中 3 和 6、4 和 5 是对称位置，则苯环上的一元取代产物只有两种，用同样的方法可判断出乙苯苯环上的一元取代物有三种同分异构体，对二甲苯苯环上的一元取代物有一种，B 项苯环上的一元取代物有四种同分异构体。

2. 芳香烃及其来源

【讲述】下面我们一起来了解一下芳香烃及其来源。芳香烃就是含有苯环的烃，分子中可以含有一个苯环也可以含有多个苯环。这里我们要注意另一个概念芳香（族）化合物，芳香（族）化合物是指含有苯环的化合物，它包含芳香烃。

【讲述】还有一类特殊的芳香烃，由两个或两个以上的苯环共用相邻的 2 个碳原子而成的芳香烃称为稠环芳香烃，如萘：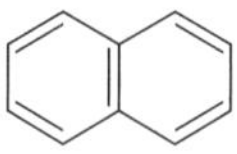，蒽：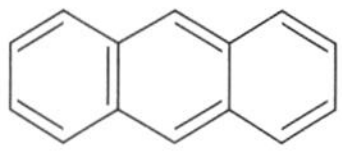，菲：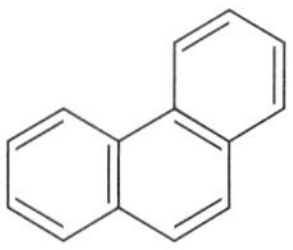。

【投影】烃的分类

- 烃
  - 链烃（脂肪烃）
    - 饱和链烃——烷烃　$C_nH_{2n+2}(n \geqslant 1)$
    - 不饱和链烃——
      - 烯烃　$C_nH_{2n}(n \geqslant 2)$
      - 炔烃　$C_nH_{2n-2}(n \geqslant 2)$
      - 二烯烃　$C_nH_{2n-2}(n \geqslant 4)$
  - 环烃
    - 饱和环烃——环烷烃　$C_nH_{2n}(n \geqslant 3)$
    - 芳香烃——
      - 苯和苯的同系物　$C_nH_{2n-6}(n \geqslant 6)$
      - 稠环芳香烃萘、蒽等

【讲解】下面我们简单了解一下芳香烃的来源，1845 年至 20 世纪 40 年代，煤是芳香烃的主要来源。20 世纪 40 年代以后，主要通过石油化学工业中的催化重整等工艺获得芳香烃。简单的芳香烃，如苯、甲苯等，可用于合成炸药、染料、药品、农药、合成材料等。

【练习】四联苯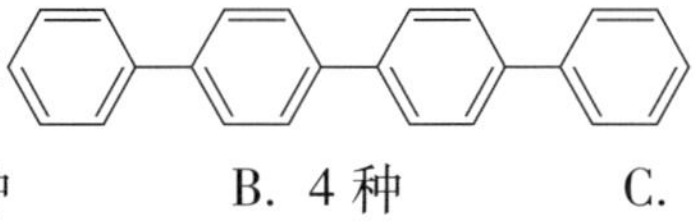的一氯代物有（　　）。

A. 3 种　　B. 4 种　　C. 5 种　　D. 6 种

【讲解】此题答案为 C。推断有机物一氯代物的种数需要找中心对称线，四联苯是具有两

条对称轴的物质，即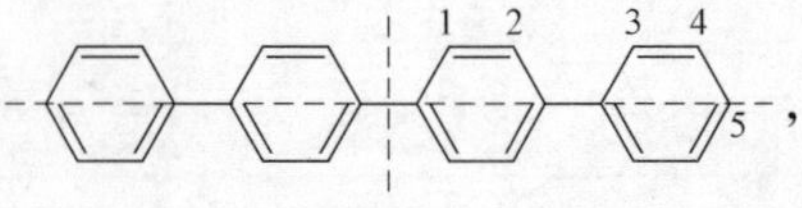，在其中的一部分上有几种不同的氢原子（包括对称轴上的氢原子），就有几种一氯代物，四联苯分子中有5种不同的氢原子，故有5种一氯代物。

环节三：归纳总结

【总结】本节课我们主要以苯为例，讲解了苯的同系物的性质。着重讲解了苯的同系物中苯环和烷基之间的相互影响，对比了苯和苯的同系物之间的异同，都可以发生燃烧氧化，现象也基本相同；都可以发生取代反应，但是苯的同系物发生取代时会取代烷基的邻对位；同样也都可以发生加成反应，反应所需的条件也基本相同。下面我们用一个表格进行总结。最后，请同学们课后完成课本40页的第3、4题，并预习下一节课的内容。

【投影】

苯与苯的同系物的区别

		苯	苯的同系物
相同点	组成与结构	①分子中都含有一个苯环 ②都符合分子式通式 $C_nH_{2n-6}(n\geqslant6)$	
	化学性质	①燃烧时现象相同，火焰明亮，伴有浓烟，燃烧通式 $C_nH_{2n-6}+\frac{3}{2}(n-1)O_2\xrightarrow{点燃}nCO_2+(n-3)H_2O$ ②都易发生苯环上的取代反应 ③都能发生加成反应，但反应都比较困难	
不同点	取代反应	易发生取代反应，应主要得到一元取代产物	更容易发生取代反应，常得到多元取代产物
	氧化反应	难被氧化，不能使酸性 $KMnO_4$ 溶液褪色	易被氧化剂氧化，能使酸性 $KMnO_4$ 溶液褪色
差异原因		苯的同系物分子中，苯环与侧链相互影响，苯环影响侧链，使侧链烃基性质活泼而易被氧化。侧链烃基影响苯环，使苯环邻、对位的氢更活泼而易被取代	

五、板书设计

2.2.2 苯的同系物 芳香烃及其来源

一、苯的同系物

（一）苯的同系物的通性

1. 苯的同系物的分子通式：$C_nH_{2n-6}(n>6)$

2. 苯的同系物的通性：苯的同系物的密度一般都比水小，都具有可燃性

（二）化学性质

1. 氧化反应

（1）燃烧氧化

燃烧通式：$C_nH_{2n-6}+\frac{3n-3}{2}O_2 \xrightarrow{点燃} nCO_2+(n-3)H_2O$

燃烧现象：苯的同系物均能燃烧，火焰明亮有浓烟

（2）高锰酸钾氧化：甲苯能使酸性高锰酸钾褪色，体现了苯环对甲基的影响

2. 取代反应

化学方程式：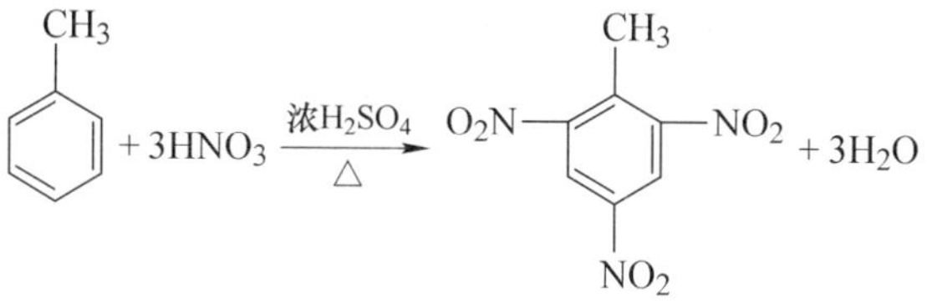

3. 加成反应

化学方程式：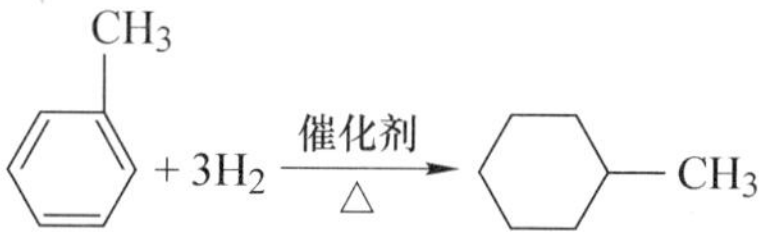

二、苯的同系物

（一）芳香（族）化合物

1. 芳香烃：含有苯环的烃

2. 稠环芳香烃：由两个或两个以上的苯环共用相邻的 2 个碳原子而成的芳香烃

3. 芳香（族）化合物：含有苯环的化合物

（二）芳香烃的来源

1. 来源：1845 年至 20 世纪 40 年代，煤是芳香烃的主要来源。20 世纪 40 年代以后，主要通过石油化学工业中的催化重整等工艺获得芳香烃

2. 应用：简单的芳香烃，如苯、甲苯等，可用于合成炸药、染料、药品、农药、合成材料等

六、真题链接

1.（2018 全国Ⅲ—9）苯乙烯是重要的化工原料，下列有关苯乙烯的说法错误的是（　　）。

A. 与液溴混合后加入铁粉可发生取代反应　　B. 能使酸性高锰酸钾溶液褪色

C. 与氯化氢反应可以生成氯代苯乙烯　　D. 在催化剂存在下可以制得聚苯乙烯

2.（2016 全国Ⅲ—10）已知异丙苯的结构简式如下：

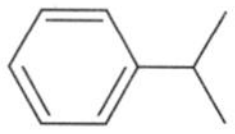

下列说法错误的是（　　）。

A. 异丙苯的分子式为 C_9H_{12}　　B. 异丙苯的沸点比苯高

C. 异丙苯中碳原子可能都处于同一平面　　D. 异丙苯和苯为同系物

3.（2016 海南—12）工业上可由乙苯生产苯乙烯：

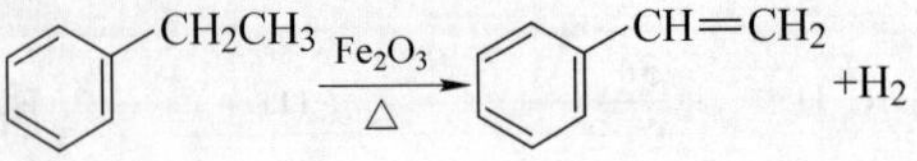

下列说法正确的是（　　）。

A. 该反应的类型为消去反应

B. 乙苯的同分异构体共有三种

C. 可用 Br_2/CCl_4 鉴别乙苯和苯乙烯

D. 乙苯和苯乙烯分子内可能共平面的碳原子数均为 7

第三节　卤　代　烃

【教材分析】

本节内容选自人教版高中《化学（选修 5）》有机化学基础第二章“烃和卤代烃”第三节“卤代烃”。根据新课标“认识卤代烃、醇、醛、羧酸、酯、酚的组成和结构特点、性质、转化关系及其在生产、生活中的重要应用，知道醚、酮、胺和酰胺的结构特点及其应用”的要求，本节课安排了“溴乙烷的分子结构与性质”和“卤代烃及卤代烃中卤素原子的检验”等内容。

卤代烃是有机合成中的重要中间体，由于卤代烃中的取代基性质活泼，因此可以通过发生水解反应、消去反应等转化为其他烃的衍生物。通过卤代烃的桥梁作用可以实现官能团之间的转换，是各类烃与其含氧衍生物之间相互转化的中心环节，也是后面学习有机合成知识的基础。溴乙烷是卤代烃的代表物，教科书在概括式的介绍卤代烃的概念、分类和物理性质，简单陈述了溴乙烷的分子结构（展示溴乙烷分子的比例模型和核磁共振氢谱图）和物理性质后，从结构引出了溴乙烷的两个重要化学反应：溴乙烷的水解反应和消去反应，把溴乙烷与乙醇联系起来，从有机化学取代反应的机理出发，定义了卤代烃的水解反应；通过溴乙烷的消去反应，又把溴乙烷同之前学过的乙烯联系起来，同时对比溴乙烷的水解反应，又给出了有机化学中消去反应的定义。让学生明确有机化学中取代反应和消去反应的本质区别。

学习溴乙烷的性质，明确溴乙烷在乙醇、乙烯相互转化中的桥梁关系，能更好地掌握卤代烃及其在醇类、烯烃转化中的桥梁作用，建立有机知识网络，为接下来的有机合成打下基础。因此本节课在烃及烃的衍生物知识体系上起着承上启下的作用。

【学情分析】

学生在之前的学习中，已初步了解研究有机化合物的一般步骤和方法，对有机物官能团有了初步的认识；且在之前脂肪烃及芳香烃的学习中已积累了烃类的部分基础知识，对结构决定性质有所理解；而且高二学生也具备一定的实验操作能力、思维能力和自学能力，能够在老师的引导下，顺利完成卤代烃的教学。本节课在新知识掌握方面，由于消去反应是新接触的一类有机反应，学生理解时有一定困难，因此老师在授课时除了指导学生通过学生实验、听讲等方式深刻理解消去反应的基本原理外，还应注重在课后布置相关的课后练习，指导学生在课后通过巩固练习掌握消去反应这个重要知识点。

一、教学目标

核心知识	（1）掌握卤代烃的物理、化学性质及其递变规律。 （2）掌握卤代烃的消去反应、取代反应及二者之间的区别

续表

核心能力	（1）通过溴乙烷中 C—X 键的结构特点，结合其水解反应和消去反应，体会结构和性质的相互关系，培养学生学会分析问题的方法，提高解决问题的能力和实验设计及操作能力。 （2）通过物质的结构、性质、用途三者之间的关系，提高形成规律性认识的能力
核心品质	（1）通过探究溴乙烷的消去反应与取代反应的实验现象，通过独立思考找出存在问题，培养严谨求实的科学态度。 （2）通过对氟利昂、DDT 等卤代烃对人类生存环境造成破坏的讨论，提高环境保护意识

二、教学重点和难点

（1）教学重点：卤代烃的化学性质。

（2）教学难点：溴乙烷的水解反应和消去反应。

三、知识框架

卤代烃
- 卤代烃的分类及物理性质
  - 物理性质：常温下，少数为气体，大多数为液体或固体，无色，不溶于水，可溶于大多数有机溶剂
  - 分类：按卤原子数目：一卤、二卤、多卤代烃；按卤素不同：R—X（X=卤素）表示
- 溴乙烷的物理性质
  - 溴乙烷是无色液体，沸点 38.4℃，密度比水大，难溶于水，溶于多种有机溶剂
  - 表示方法：分子式、结构式、结构简式、键线式、电子式、比例模型、球棍模型
- 溴乙烷的化学性质
  - 取代反应：$CH_3CH_2Br + NaOH \xrightarrow{水、\triangle} CH_3CH_2OH + NaBr$
  - 消去反应：$CH_3CH_2Br + NaOH \xrightarrow{醇、\triangle} CH_2{=}CH_2\uparrow + NaBr + H_2O$
  - 消去反应条件：卤代烃中连接卤素的碳有相邻碳且相邻碳上有 H
- 卤代烃在有机合成中的运用
  - 在有机合成中起到桥梁作用
  - 引入卤原子的方法：不饱和烃的加成反应；取代反应

四、教学过程

环节一：导入新课

【引入】 在激烈的足球比赛中，时常会看到医生用药水对准受伤球员的受伤部位喷射，不一会球员便可以站起来迅猛奔跑了，这是何种药，如此神奇呢？其实这种药液是一种卤代烃：氯乙烷（CH_3CH_2Cl）。卤代烃的用途远不止这些，它在人类社会中有着非常重要的作用，现在就让我们慢慢地揭开它的神秘面纱吧！

环节二：展开新课

1. 卤代烃的分类及物理性质

【讲述】请大家根据之前学习的有机物命名方法，观察以下这些有机物。

【投影】几种重要的卤代烃：

$CHCl_3$	CCl_4	CH_2Cl_2	C_2H_5Cl	$CHClF_2$	CCl_2F_2	$CH_2=CHCl$
三氯甲烷	四氯化碳	二氯甲烷	氯乙烷	氟氯代烷	氟氯代烷	氯乙烯

【提问】上述所写各卤代烃中组成、名称与烃有什么不同？你认为怎样给卤代烃下定义？怎样给卤代烃进行分类？现在请同学们通过讨论、比较和归纳，总结出卤代烃的概念和分类方法。

【讲述】卤代烃的分类可以按卤原子数目分为一卤、二卤、多卤代烃；按卤素不同可以分为氟代烃、氯代烃、溴代烃、碘代烃等（可用 R—X（X＝卤素）表示）；按分子中卤原子所连烃基类型可分为卤代烷、卤代烯等。

【投影】卤代烃的分类：

卤代烃
- 按卤素种类
  - 氟代烃(R—F)
  - 氯代烃(R—Cl)
  - 溴代烃(R—Br)
  - 碘代烃(R—I)
- 按卤素原子多少
  - 一卤代烃(CH_3X)
  - 多卤代烃(CH_2XCH_2X)
- 按烃基不同
  - 卤代烷烃(CH_3CH_2X)
  - 卤代烯烃($XCH=CHX$)
  - 卤代芳香烃(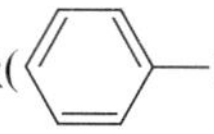 —X)

【小结】卤代烃都可以看作是烃分子中的氢原子被卤素原子取代后生成的化合物，卤代烃的分类根据不同的标准主要可以分为投影中展示的几类。

【提问】请同学们阅读课本中的“科学视野”，思考卤代烃对人类的生活有什么影响。

【投影】氟氯烃破坏臭氧层的原理

①氟氯烃在平流层中受紫外线照射产生 Cl 原子。

②Cl 原子可引发损耗臭氧的循环反应：

$$Cl + O_3 = ClO + O_2 \qquad ClO + O = Cl + O_2$$

总的反应式：$O_3 + O = 2O_2$

③实际上氯原子起了催化作用。

【讲述】卤代烃可以做致冷剂、灭火剂、有机溶剂、麻醉剂，合成有机物。但是氟氯代烷会造成臭氧层被破坏，会使更多的紫外线照射到地面，会危害地球上的人类、动物和植物，造成全球性的气温变化。

【讲述】那么现在我们一起观察表中数据总结卤代烃的物理性质。

【投影】一些卤代烃的沸点和相对密度

烃基	氯代烃		溴代烃		碘代烃	
	沸点/℃	相对密度	沸点/℃	相对密度	沸点/℃	相对密度
$CH_3—$	-24	0.920	3.5	1.732	42.5	2.279
$CH_3CH_2—$	12.2	0.910	38.4	1.430	72.3	1.933
$CH_3CH_2CH_2—$	46.2	0.892	71.0	1.351	102.4	1.747
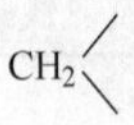	40	1.336	99	2.49	180(分解)	3.325
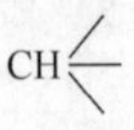	61.2	1.489	151	2.89	升华	4.008
	76.8	1.595	189.5	3.42	升华	4.32
$—CH_2CH_2—$	83.5	1.257	131	2.170		
$CH_2{=}CH—$	-14	0.911	16	1.493	56	2.037
$CH_2{=}CHCH_2—$	45	0.938	71	1.398	103	
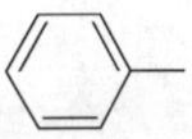	132	1.106	156	1.495	188.5	1.832
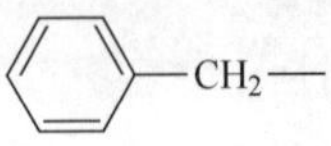	179	1.102	201	1.438		1.734
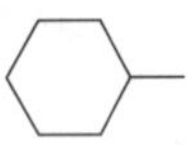	143	1.000	166.2	1.336	180(分解)	1.6244

【讲述】从表中我们可以总结出常温下卤代烃中除少数为气体外，大多数为液体或固体。纯净卤代烃均无色，卤代烃不溶于水，可溶于大多数有机溶剂，某些卤代烃自身就是很好的有机溶剂。

【提问】卤代烃的密度、沸点与相应的烃相比为什么差距那么大呢？现在请同学们从卤素相对原子质量以及C—X键的极性来考虑一下原因是什么。

【讲述】由于卤素原子的相对原子质量比氢原子大，所以卤代烃比相应的烃的密度大；又由于卤素原子的非金属性强，卤代烃分子的极性比烃大，分子间的范德华力大，所以卤代烃的沸点也比相应的烃高。从表格中的数据我们可以看出，与烃的物理性质递变规律一样，卤代烃的物理性质（如密度）也随碳原子的增加而增加；沸点也随碳原子数的增加而升高。

【小结】所以我们可以总结出卤代烃的密度、沸点均大于相应的烃，一般液态卤代烃密度比水大（除一氟代物、一氯代物等部分卤代烃）。卤代烃的密度一般随着烃基中碳原子数的增加而减小；沸点随碳原子数的增加而升高。不溶于水，能溶于乙醚、苯、环已烷等有机溶剂。

【过渡】卤代烃分子中，卤素原子是官能团。C—X键的极性也就决定了卤代烃的化学性质，下面我们就以最具代表性的溴乙烷为例，一起来探究卤代烃的主要化学性质。

2. 溴乙烷

【投影】溴乙烷的球棍模型和比例模型

比例模型

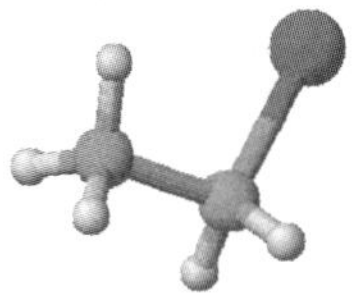

球棍模型

【讲述】我们之前学习过了多种分子的表示方式，现在我们来看溴乙烷的球棍模型和比例模型并试着写出溴乙烷的分子式、结构式、结构简式、键线式和电子式。

【投影】溴乙烷的分子式、结构式、结构简式、键线式和电子式

	分子式	结构式	结构简式	键线式	电子式
溴乙烷	C_2H_5Br	H H | | H—C—C—H | | H Br	CH_3CH_2Br		H H H:C:C:Br: H H

【提问】根据老师刚才的讲解，现在请同学们推测溴乙烷的物理性质是怎样的？

【讲述】溴乙烷是无色液体，沸点 38.4℃，密度比水大，难溶于水，溶于多种有机溶剂。

【提问】烃的衍生物种类很多，但卤代烃性质较烃活泼，易发生多种化学反应转化为各种类型的化合物。根据溴乙烷结构分析，能否发生加成反应或取代反应？溴乙烷分子中哪个原子或原子团最易被取代？依据什么原理？

【讲述】我们可以根据结构分析性质。溴乙烷分子中无不饱和碳原子，只能发生取代反应。由于溴原子吸引电子能力强，C—Br 键易断裂，使溴原子易被取代，同时溴原子对相邻碳原子上的氢原子产生一定的影响。因此在官能团（—Br）的作用下，溴乙烷的化学性质比乙烷活泼，能发生许多化学反应。

【提问】我们知道 CH_3CH_3 与氢氧化钠溶液不能反应，CH_3CH_2Br 能否与氢氧化钠溶液反应呢？若反应，可能有什么物质产生？同学们可以大胆的猜测一下。

【讲述】溴乙烷分子的 C—Br 键为极性键，容易断裂，溴原子易被其他原子或原子团取代。如溴乙烷与 NaOH 溶液共热时，溴乙烷分子中的溴原子被水分子中的羟基取代，该反应类型是水解反应（或取代反应），溴乙烷的水解反应是可逆反应，而且反应速度很慢，为了提高产率和增加反应速率，常常将溴乙烷和 NaOH 或 KOH 的水溶液共热，NaOH 的作用是作催化剂，同时中和生成的 HBr，平衡右移使反应比较彻底。

【探究】刚才我们通过讨论从理论上知道了溴乙烷在 NaOH 水溶液中会发生取代反应，那我们如何设计实验来证明溴乙烷确实发生了取代反应呢？请大家参照科学探究实验一小组设计不同的实验方案进行科学探究实验。

【提问】溴乙烷中直接加硝酸银溶液是否可以，为什么？加入 NaOH 溶液加热，冷却后直

接加 $AgNO_3$ 是否可以？为什么？检验卤代烃中含有卤元素的如何？

【讲述】有的小组在溴乙烷中加入 HNO_3 酸化了的 $AgNO_3$ 溶液，观察到了淡黄色沉淀生成；有的小组直接在溴乙烷中加入 $AgNO_3$ 溶液，观察到了棕黑色沉淀生成；刚才大家通过设计不同的实验方案，观察到了不同的实验现象，现在我们大家一起来观看检验卤代烃中含有卤元素的演示实验。

【实验】实验原理：$CH_3CH_2Br + NaOH \xrightarrow[\triangle]{水} CH_3CH_2OH + NaBr$

实验操作：（1）取一支洁净的试管，依次加入 1mL 溴乙烷、2mL 20%的 KOH 水溶液，水浴加热，观察实验现象。

（2）待溴乙烷水解完全后，充分振荡，将试管口棉花取出。

（3）取试管中反应后的溶液少量于另一试管，向该试管中加入稀硝酸至溶液呈酸性，滴加几滴硝酸银溶液，观察实验现象。

实验装置：

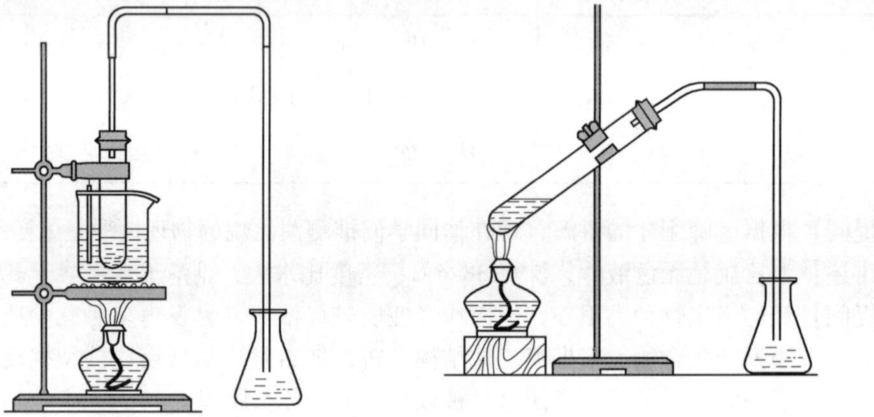

【讲解】通过刚才的视频演示实验，我们看到溴乙烷中溴以原子形式存在。只有 Br^- 与 Ag^+ 才会产生 AgBr 沉淀。直接加 $AgNO_3$ 会与 NaOH 作用生成棕黑色沉淀。因此，正确的程序是在溴乙烷中加入 HNO_3 酸化了的 $AgNO_3$ 溶液，观察是否有淡黄色沉淀生成。溴乙烷水解反应中，C—Br 键断裂，溴以 Br^- 形式离去，故带负电的原子或原子团如 OH^-、HS^- 等均可取代溴乙烷中的溴。

【讲述】下面我们一起总结卤代烃中卤原子的检验方法。检验卤代烃中的卤素，一般是先将其转化成卤素离子，再进行检验。检验卤代烃 R—X 中卤素原子的实验操作如图所示。

【投影】检验卤代烃 R—X 中卤素原子的实验操作流程。

[取少量R—X 加入试管中] $\xrightarrow[\triangle]{\text{加入 NaOH水溶液}}$ [R—OH NaX] $\xrightarrow{\text{冷却后，加入 稀}HNO_3\text{酸化}}$ [R—OH HX] $\xrightarrow{\text{加入 }AgNO_3\text{溶液}}$ [AgX]

【讲解】其中需要注意的是加热的目的是加快水解反应速率，因为不同的卤代烃水解难易程度不同；加入稀硝酸酸化的目的有两个：一是为了中和过量的 NaOH，防止 NaOH 与 $AgNO_3$ 反应干扰实验；二是检验生成的沉淀是否溶于稀硝酸。生成的 AgX 沉淀若为白色，则 X 为氯元素；若为淡黄色，则 X 为溴元素；若为黄色，则

X 为碘元素。

【提问】若上述卤代烃 R—X 为 $CH_3CH_2CH_2Br$，请大家写出检验溴元素的化学方程式。

【投影】①$CH_3CH_2CH_2Br + NaOH \xrightarrow[\triangle]{水} CH_3CH_2CH_2OH + NaBr$

②$HNO_3 + NaOH \xlongequal{} NaNO_3 + H_2O$

③$AgNO_3 + NaBr \xlongequal{} AgBr\downarrow + NaNO_3$

【提问】刚才我们探究的是溴乙烷在 NaOH 水溶液中加热时的化学反应，若我们现在将反应条件变为 NaOH 的乙醇溶液，其余条件不变，大家猜想下，反应结果还一样吗?

【讲述】NaOH 水溶液易产生 OH^-，而其醇溶液不易电离出 OH^-，抑制了卤代烃的水解。下面我们通过演示实验来探究在 NaOH 醇溶液加热条件下，溴乙烷究竟发生了什么反应。

【实验】实验原理：$CH_3CH_2Br + NaOH \xrightarrow[\triangle]{乙醇} CH_2 = CH_2\uparrow + NaBr + H_2O$

实验操作：取一支洁净的大试管，依次加入 3mL 溴乙烷、5mL 饱和 KOH 乙醇溶液，塞紧带有导管的单孔胶塞，将导管伸入另一装有稀溴水的试管中，水浴加热，观察实验现象。

实验现象：溴乙烷减少，有气泡产生，酸性高锰酸钾溶液褪色。

实验装置：

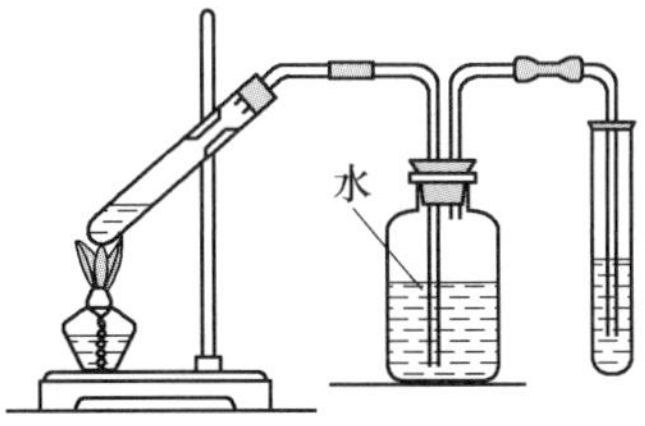

【提问】刚才的演示实验中，我们看见有气泡产生，那这种气泡究竟是什么物质呢，请大家结合课本“科学探究”实验二，分组进行探究实验。

【讲述】酸性 $KMnO_4$ 溶液在气体通入后颜色褪去；该气体还能使溴的 CCl_4 溶液褪色。刚才大家的实验现象能说明该气体为我们之前学过的乙烯，对比溴乙烷与乙烯的分子式，我们可以看到溴乙烷比乙烯多了一个溴化氢分子，这种有机化合物在一定条件下，从一个分子中脱去一个或几个小分子（如 H_2O、HX 等），而生成含不饱和键化合物的反应，叫做消去反应。下面请大家试着写一下这个反应的方程式，老师请一位同学上黑板来写，其余同学在自己草稿本上书写。

【提问】现在老师问大家几个问题：为什么不用 NaOH 水溶液而用醇溶液？乙醇在反应中起到了什么作用？检验乙烯气体时，为什么要在气体通入 $KMnO_4$ 酸性溶液前加一个盛有水的试管？起什么作用？

【讲述】用 NaOH 水溶液反应将朝着水解的方向进行，乙醇在反应中做溶剂，使溴乙烷充分溶解。试管中的水是为了除去 HBr 和乙醇，因为 HBr 和乙醇也能使酸性 $KMnO_4$ 溶液褪色。

【提问】现在老师想问是否一卤代烃都可以发生消去反应？若不能，什么样的一卤代烃不能发生消去反应？请大家看下面这两个反应，试着书写一下反应方程式。

【投影】试着书写以下两个方程式

$CH_3Br + NaOH \xrightarrow{\text{醇、}\triangle} ?$

$(CH_3)_2C=CHBr + NaOH \xrightarrow{\text{醇、}\triangle} ?$

【讲解】经过大家的思考是不是写不出以上两个化学方程式，因为卤代烃中无相邻 C 或相邻 C 原子上无 H 的都不能发生消去反应。

【讲解】在有机合成中，利用卤代烃的消去反应可以形成不饱和键，能得到烯烃、炔烃等；利用卤代烃的取代反应可以形成 C—O、C—C 等；此外，卤代烃还可以与金属反应，形成金属有机化合物。由此可以看出，卤代烃在有机合成中起着重要的桥梁作用。

【提问】既然卤代烃在有机合成中作用如此重要，那么引入卤素原子常常是改变分子性能的第一步反应，请大家总结我们之前学习到的知识，归纳出在有机分子结构中引入卤原子的方法。

【投影】在有机分子结构中引入卤原子的方法：

1. 不饱和烃的加成反应，如：$CH_2=CH_2 + Br_2 \longrightarrow CH_2BrCH_2Br$

$$CH\equiv CH + HCl \xrightarrow{\text{催化剂}} CH_2=CHCl$$

2. 取代反应，如：$CH_4 + Cl_2 \xrightarrow{\text{光}} CH_3Cl + HCl$

$$C_2H_5OH + HBr \xrightarrow{\triangle} C_2H_5Br + H_2O$$

【练习】1. 欲证明某一卤代烃为溴代烃，甲、乙两同学设计了如下方案。甲同学：取少量卤代烃，加入 NaOH 的水溶液，加热，冷却后加入 $AgNO_3$ 溶液，若有淡黄色沉淀生成，则为溴代烃。乙同学：取少量卤代烃，加入 NaOH 的乙醇溶液，加热，冷却后，用硝酸酸化，加入 $AgNO_3$ 溶液，若有淡黄色沉淀生成，则为溴代烃。甲、乙两位同学的实验正确的是（　　）。

A. 甲同学的方案可行

B. 乙同学的方案可行

C. 甲、乙两位同学的方案都有局限性

D. 甲、乙两位同学的实验所涉及的卤代烃的性质一样

【讲解】此题答案为 C。甲同学让卤代烃水解，在加热冷却后没有用稀硝酸酸化，由于 OH^- 也会与 Ag^+ 作用生成褐色的 Ag_2O，会掩盖 AgBr 的淡黄色，不利于观察现象，所以甲同学的实验有局限性；乙同学是利用消去反应让卤代烃中的卤素原子变成离子，但不是所有的卤代烃都能发生消去反应，所以此法也有局限性。

【练习】2. 下图表示 4-溴环已烯发生的 4 个不同反应，其中，产物只含有一种官能团的反应是（　　）。

A. ①②　　B. ②③　　C. ③④　　D. ①④

【讲解】此题答案为 C。溴与 NaOH 乙醇溶液共热，发生消去反应后，所得产物中只含有碳碳双键一种官能团；溴与 HBr 发生加成反应所得产物中只含一种官能团：—Br。

环节三：归纳总结

【总结】本节课大家和老师一起探讨了卤代烃的化学性质，重点探究了溴乙烷的取代反应与消去反应以及卤代烃在有机合成中的作用，希望大家下课后认真复习相关内容。有关卤代烃相关性质的运用及其在有机合成中的运用，请大家下去查阅相关资料，我们将在下一课题中探究。最后，请同学们课后完成课本 43 页的第 3 题，并预习下一节课的内容。

卤代烃的消去反应与水解反应的比较

反应类型	消去反应	水解（取代）反应
反应条件	NaOH 醇溶液、加热	NaOH 水溶液、加热
卤代烃的断键规律	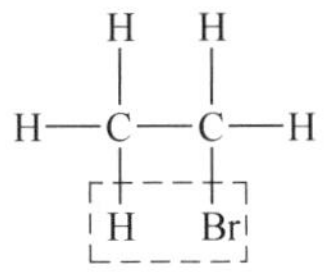	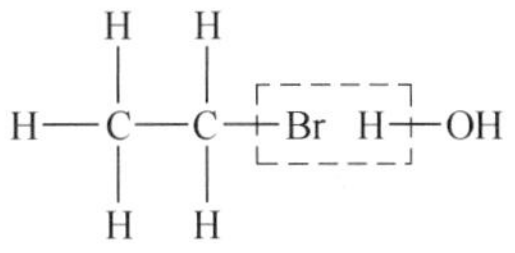
结构特点	与 X 相连的 C 的邻位 C 上有 H 原子	含 C—X 键即可
产物特征	消去 HX，引入碳碳双键或碳碳三键	在碳上引入—OH，生成含—OH 的有机物（醇）

五、板书设计

2.3　卤代烃

一、卤代烃

1. 定义：烃分子中的氢原子被卤素原子取代后生成的化合物
2. 分类：按卤原子数目：一卤、二卤、多卤代烃
   按卤素不同：R—X（X = 卤素）表示
   按分子中卤原子所连烃基类型：卤代烷、卤代烯等
3. 物理性质：常温下，少数为气体，大多数为液体或固体
   无色，不溶于水，可溶于大多数有机溶剂

二、溴乙烷

（一）物理性质：无色液体，密度比水大

分子式 C_2H_5Br，结构简式 CH_3CH_2Br

（二）化学性质：1. 取代反应：$CH_3CH_2Br + NaOH \xrightarrow{水、\triangle} CH_3CH_2OH + NaBr$

2. 消去反应：$CH_3CH_2Br + NaOH \xrightarrow{醇、\triangle} CH_2{=}CH_2\uparrow + NaBr + H_2O$

消去反应条件：卤代烃中连接卤素的 C 有相邻 C 且相邻 C 上有 H

三、卤代烃在有机合成中的运用

（一）桥梁作用：烯烃、炔烃 $\xleftarrow{消去反应}$ 卤代烃 $\xrightarrow{取代反应}$ C—O、C—C

卤代烃 ↓金属 金属有机化合物

（二）引入卤原子的方法：1. 不饱和烃的加成反应

2. 取代反应

六、真题链接

（2014 海南—15）卤代烃在生产生活中具有广泛的应用，回答下列问题：

（1）多氯代甲烷常为有机溶剂，其分子结构为正四面体的是________，工业上分离这些多氯代物的方法是________。

（2）三氟氯溴乙烷（$CF_3CHClBr$）是一种麻醉剂，写出其所有同分异构体的结构简式________（不考虑立体异构）。

（3）聚氯乙烯是生活中常用的塑料，工业生产聚氯乙烯的一种工艺路线如下：

乙烯 $\xrightarrow[①]{Cl_2}$ 1，2-二氯乙烷 $\xrightarrow[②]{480\sim530℃}$ 氯乙烯 $\xrightarrow{聚合}$ 聚氯乙烯

反应①的化学方程式为________，反应类型为________，反应②的反应类型为________。

第三章　烃的含氧衍生物

本章知识框架

生命中的基础有机化学物质

- 醇
  - 定义：羟基（—OH）与烃基或苯环侧链上的碳原子相连的化合物称为醇
  - 醇的物理性质
    - 沸点：随碳原子数目增加，相对分子质量增大，沸点升高；相对分子质量相近的醇和烷烃相比，醇的沸点远远高于烷烃
    - 溶解度：甲醇、乙醇、丙醇、乙二醇、丙三醇等低级醇可与水以任意比例互溶；随碳原子的数目增多，醇的溶解性减小
  - 醇的化学性质：与金属钠反应；消去反应；取代反应；氧化反应
- 酚
  - 定义：羟基（—OH）与苯环直接相连的化合物称为酚
  - 苯酚的物理性质
    - 色、味、态：苯酚是无色有特殊气味的晶体，长时间放置呈粉红色
    - 溶解性：易溶于乙醇等有机物，室温下，在水中的溶解度是 9.3g，当温度高于 65℃时，能与水混合
  - 酚的化学性质
    - 酸性：苯酚具有酸性，俗称石炭酸
    - 取代反应：苯酚可以和溴水发生取代反应
    - 显色反应：苯酚与 $FeCl_3$ 水溶液作用能显示紫色。该反应可以用来检验苯酚或 Fe^{3+} 的存在
    - 氧化反应：苯酚在空气中长时间放置容易被氧化成粉红色物质
- 醛
  - 定义：由烃基与醛基相连而构成的化合物
  - 物理性质：除甲醛为气体外，其余均为无色液体或固体
  - 醛的化学性质
    - 加成反应：能与氢气发生加成反应
    - 氧化反应：①乙醛在空气中被氧化；②能发生燃烧反应
    - 银镜反应：与银氨溶液发生反应
    - 与新制氢氧化铜反应：与新制 $Cu(OH)_2$ 悬浊液反应生产 Cu_2O
- 羧酸
  - 定义：羧酸是由烃基与羧基相连构成的有机化合物
  - 通式：R—COOH，一元饱和羧酸的通式为 $C_nH_{2n}O_2$（$n\geqslant1$）
  - 羧酸的物理性质
    - 碳链越长，沸点越高，在水中的溶解度越小，酸性越弱
    - 典型代表物乙酸：强烈刺激性气味的液体，沸点 117.9℃，熔点 16.6℃，易溶于水和乙醇
  - 化学性质
    - 弱酸性：羧酸在水中可以电离出 H^+，表现出酸的通性
    - 酯化反应：羧酸可以和醇发生酯化反应
- 酯
  - 定义：酯是酸与醇发生酯化反应后生成的产物
  - 通式：RCOOR′，一元饱和羧酸酯的通式为 $C_nH_{2n}O_2$（$n\geqslant2$）
  - 酯的物理性质：低聚酯是具有芳香气味的液体，密度一般比水小，并且难溶于水，易溶于有机溶剂
  - 酯的化学性质：在酸性和碱性条件下均能发生水解

第一节　醇　　酚

【教材分析】

本节内容选自人教版高中《化学（选修5）》第三章“烃的含氧衍生物”第一节“醇酚”。依据课程标准“认识醇、酚的组成和结构特点、性质、转化关系及其在生产、生活中的重要应用”的要求，本节内容安排了“醇的分类”、“醇的化学性质”和“苯酚的化学性质”等教学内容。

教科书中首先介绍了醇的定义，然后通过“资料卡片”介绍了醇的命名，最后介绍了醇的分类。在“思考与交流”栏目，列举了几种相对分子质量相近的醇与烷烃的沸点，让学生对表格中的数据进行分析并交流，以此引入新的知识。教科书还列举某报的一篇关于某厂发生一起严重化学事故的报道，引出乙醇与钠的反应，从而进一步引出醇的化学性质。教科书中通过四个实验分别对醇和酚的化学性质进行了探究。醇与酚具有相同的官能团，名称不同，自然结构与性质存在明显差异。以结构决定性质，性质反映结构的化学学科思想为指导，基于苯基和羟基的结构和化学性质，从宏观辨识与微观探析、证据推理与模型认知、实验探究与创新意识三个维度研究醇和酚的化学性质，让学生独立证实有机物基团之间存在着相互影响，在对比实验中感受到分子结构与化学性质之间的辩证关系，为学生今后研究陌生物质提供了新的方法与视角。

本部分内容在整本教科书中起着承上启下的作用。“承上”是指在本书前两章已经初步介绍了有机化合物的命名及卤代烃的相关知识；“启下”是指通过学习醇和酚的相关知识，学生基本能掌握分析数据和处理数据的能力、学习和研究问题的一般方法和思维过程，为后续学习其他烃的含氧衍生物及基础有机化学物质奠定基础，引导学生学以致用。

【学情分析】

在上这节课之前，学生在第二章“烃和卤代烃”的第二节“芳香烃”一节中，对甲苯的化学性质受甲基与苯环的相互影响的事实印象深刻。除此之外，学生初步掌握了有机化学的学习方法。但大部分学生利用分子的空间结构思考问题的能力以及形象思维能力还有待进一步培养和提高。本节课的内容，要求学生掌握乙醇的组成、结构和主要化学性质，醇类的取代反应、消去反应和氧化反应的原理，并能够了解醇类的结构特征、一般通性和几种典型醇的用途。通过让学生自行分析表格的数据，使学生学会利用曲线图分析有关数据并且得出正确的结论，找出相关的规律；培养学生分析数据和处理数据的能力，从而使学生了解学习和研究问题的一般方法和思维过程，进一步激发学生学习的兴趣和求知欲望。

在高考中常用酚类作为原料合成其他物质，尤其是酚的检验及苯环和酚羟基的互相影响造成苯环和羟基氢原子的活性增强，更是高考命题的热点。

第 1 课时 醇

一、教学目标

核心知识	（1）了解醇的结构、醇的分类及其物理性质。 （2）掌握醇的取代反应、消去反应及氧化反应原理
核心能力	（1）通过分析表格的数据，使学生学会利用曲线图分析有关数据并且得出正确的结论，找出相关的规律。 （2）培养学生分析数据和处理数据的能力
核心品质	（1）使学生了解学习和研究化学问题的一般方法和思维过程，进一步激发学生学习的兴趣和求知欲望。 （2）通过结构决定性质的分析，培养唯物主义的思维观点和思维方法

二、教学重点和难点

（1）教学重点：醇的取代反应、消去反应、氧化反应原理。

（2）教学难点：醇的催化氧化、消去反应原理。

三、知识结构

醇
- 定义：羟基（—OH）与烃基或苯环侧链上的碳原子相连的化合物
- 醇的分类
  - 按羟基数目：一元醇、二元醇、多元醇
  - 按烃基是否饱和：饱和醇、不饱和醇
  - 按烃基类别：脂肪醇、芳香醇
- 醇的物理性质
  - 沸点：随碳原子数目增加，相对分子质量增大，沸点升高；相对分子质量相近的醇和烷烃相比，醇的沸点远远高于烷烃；含有相同碳原子的醇，羟基越多沸点越高
  - 溶解度：甲醇、乙醇、丙醇、乙二醇、丙三醇等低级醇可与水以任意比例互溶；随碳原子的数目增多，醇的溶解性减小
- 醇的化学性质
  - 与金属钠反应、消去反应
  - 取代反应、氧化反应

四、教学过程

环节一：导入新课

【导入】据我国《周礼》记载，早在周朝就有酿酒和制醋作坊，可见人类制造和使用有机物有很长的历史。从结构上看，酒、醋、苹果酸、柠檬酸等有机物，可以看作是烃分子里的氢原子被含有氧原子的原子团取代衍生而成的，它们被称为烃的含氧衍生物。我们在必修 1 就接触过乙醇、乙醛、乙酸和乙酸乙酯等，在这一章中我们主要学习醇、酚等烃的含氧衍生物，首先先进一步了解我们比较熟悉的有机物——乙醇及醇类。

【板书】见板书。

环节二：展开新课

1. 醇的定义及分类

【提问】我们在第二章第三节学习了卤代烃，卤代烃是烃分子中的氢原子被卤素原子取代而产生的化合物。那么如果是烃分子中的氢原子被羟基取代而衍生出的含羟基化合物，又叫什么呢？

【讲解】羟基与烃基或苯环侧链上的碳原子相连的化合物叫做醇，或者说烃分子中饱和碳原子上的氢原子被羟基取代所形成的化合物叫做醇，—OH 就是醇类物质的官能团。

【投影】常见的醇

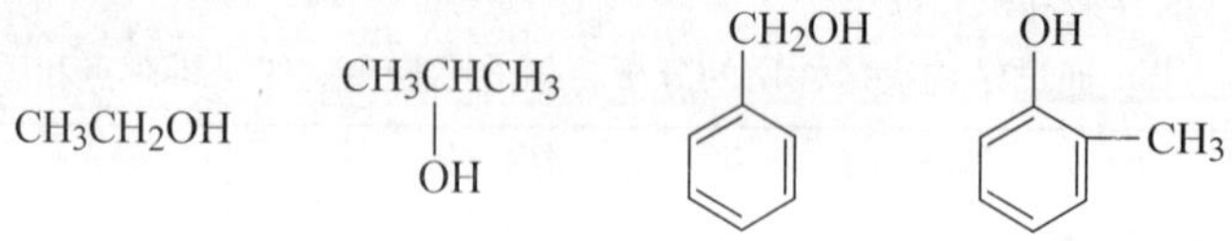

乙醇　　2-丙醇　　苯甲醇　　邻甲基苯酚

【板书】见板书。

【讲述】我们根据醇分子中所含羟基的数目，可以将醇分为一元醇、二元醇和多元醇。分子中只含有一个羟基的，叫做一元醇，如甲醇、乙醇等，它们的通式为 $C_nH_{2n+1}O$，可简写为 R—OH。分子里含有两个羟基的，叫二元醇，分子中含有两个以上羟基的醇叫多元醇。

【板书】见板书。

【讲解】除了上述分类方法外，我们还可以按烃基是否饱和，将醇分为饱和醇和不饱和醇，也可以按烃基的类别分为脂肪醇和芳香醇。

【板书】见板书。

2. 醇的性质

【提问】请仔细阅读对比教科书第 49 页表 3-1、表 3-2 中的数据，你能得出什么结论或作出什么解释？分析较多数据的最好方法就是在同一坐标系中画出数据变化的曲线图来。同学们不妨试试用表 3-1 中数据作图并进行分析。

【投影】教科书第 49 页表 3-1、表 3-2

表 3-1　相对分子质量相近的醇与烷烃的沸点比较

名　称	结构简式	相对分子质量	沸点/℃
甲醇	CH_3OH	32	64.7
乙烷	CH_3CH_3	30	-88.6
乙醇	CH_3CH_2OH	46	78.5
丙烷	$CH_3CH_2CH_3$	44	-42.1
丙醇	$CH_3CH_2CH_2OH$	60	97.2
丁烷	$CH_3(CH_2)_2CH_3$	58	-0.5

表 3-2 一些醇的沸点

名 称	分子中的羟基数目	沸点/℃
乙醇	1	78.5
乙二醇	2	197.3
1-丙醇	1	97.2
1,2-丙二醇	2	188
1,2,3-丙三醇	3	259

【讲解】从表格中的数据可知，相对分子质量相近的醇和烷烃相比，醇的沸点远远高于烷烃；饱和一元醇随着碳原子个数即相对分子质量的增加，沸点逐渐升高。除此之外，对于含有相同碳原子的醇，羟基越多沸点也会越高。这是由于醇分子中的羟基氧原子与另一醇分子的羟基氢原子间存在着相互吸引作用，这种吸引作用称为氢键。甲醇、乙醇均可以与水任意比例混溶，正是因为甲醇、乙醇、丙醇与水形成了氢键。

【投影】醇分子间形成氢键示意图

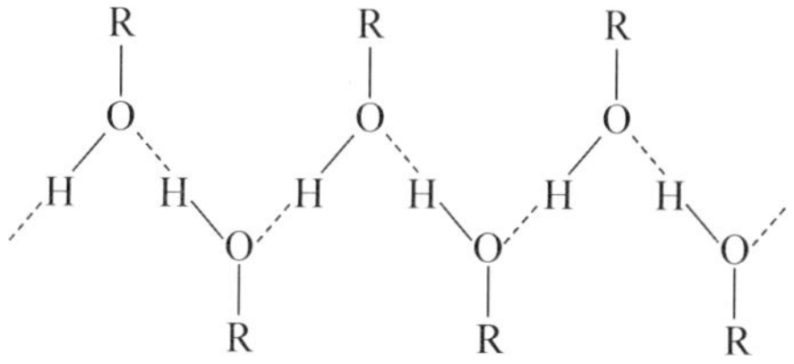

【板书】见板书。

【提问】上面列举的甲醇、乙醇、丙醇均含 3 个碳原子，那么请同学们猜想一下随着碳原子数目的升高，相应的醇的溶解度将会如何变化？

【讲解】当醇所含碳原子个数在 4～11 之间时，醇为油状液体，能部分溶于水；当醇所含碳原子个数在 12 个以上时，醇为无色无味的蜡状固体，很难溶于水。

【板书】见板书。

【思考】阅读教科书第 49 页“思考与交流”。我们知道金属钠的化学性质很活泼，能与空气中的氧气或与水发生剧烈反应，而乙醇与钠反应却较为平缓，请同学们尝试写出乙醇与金属钠反应的化学方程式。

【投影】乙醇与金属钠反应的化学方程式

$$2CH_3CH_2O—H + 2Na \longrightarrow 2CH_3CH_2ONa + H_2\uparrow$$

【板书】见板书。

【讲解】通过反应我们可以发现乙醇的性质主要是由其官能团羟基（—OH）体现出来的。在乙醇中 O—H 键和 C—O 键都容易断裂。醇在起反应时，当 O—H 键断裂时，氢原子可被取代，如乙醇和钠反应；当 C—O 键断裂时，羟基能被脱去或取代，如乙醇的消去反应和取代反应。

【讲述】乙醇在浓硫酸的作用下，加热到 170℃时生成乙烯。

【投影】乙醇发生消去反应

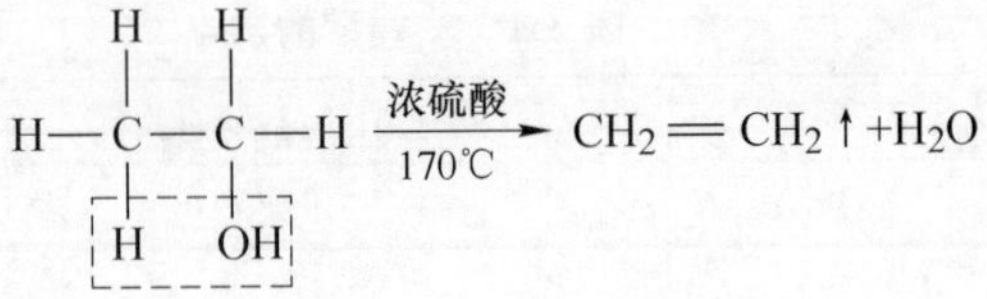

【板书】见板书。

【讲述】乙醇与浓氢溴酸混合加热会发生取代反应，生成溴乙烷。

【投影】乙醇发生取代反应

$$C_2H_5—OH + H—Br \xrightarrow{\triangle} C_2H_5—Br + H_2O$$

【讲解】在上述反应中乙醇分子中的C—O键断裂，羟基被溴原子取代，这是制备溴乙烷的一种方法。

【板书】见板书。

【讲述】大多数醇能燃烧生成CO_2和H_2O，除此之外乙醇在加热和有催化剂，如Cu或Ag存在的条件下，可以被氧化生成乙醛，同样醇也能被$KMnO_4$酸性溶液或$K_2Cr_2O_7$酸性溶液氧化，其氧化过程为两个阶段。

【投影】氧化过程的两个阶段

$$\underset{乙醇}{CH_3CH_2OH} \xrightarrow{氧化} \underset{乙醛}{CH_3CHO} \xrightarrow{氧化} \underset{乙酸}{CH_3COOH}$$

【板书】见板书。

【练习】关于乙醇的说法中正确的是（　　）。

A. 乙醇结构中有—OH，所以乙醇溶解于水，可以电离出OH^-而显碱性

B. 乙醇燃烧生成二氧化碳和水，说明乙醇具有氧化性

C. 乙醇与钠反应可以产生氢气，所以乙醇显酸性

D. 乙醇与钠反应非常平缓，所以乙醇羟基上的氢原子不如水中的氢原子活泼

【解析】A项乙醇结构中有—OH，能与水形成氢键，所以乙醇溶解于水，但不能电离出OH^-，故A错误；B项乙醇燃烧生成二氧化碳和水，乙醇作燃料，是还原剂，具有还原性，故B错误；C项乙醇与钠反应可以产生氢气，但乙醇不能电离出氢离子，不显酸性，故C错误；D项水是弱电解质，乙醇是非电解质，乙醇与钠反应非常平缓，所以乙醇羟基上的氢原子不如水中的氢原子活泼，故D正确。

环节三：归纳总结

【总结】乙醇是联系烃和烃的衍生物的性质的桥梁，它在有机物的相互转化中处于核心地位。学好本节课的内容对学习其他烃的衍生物的性质具有指导性作用。我们在烃的衍生物的学习中，要抓住官能团的结构和性质这一中心，确认结构决定性质这一普遍性规律，既巩固前面学习的烃的知识，又为后面其他烃的衍生物的学习打下坚实的基础。因此本节内容在本章的教学中起到了承上启下的作用，是本章的重点内容之一，请同学们课后完成54页的第1、2题，并预习下节课的内容。

五、板书设计

3.1.1 醇

一、醇的定义及分类

（一）醇的定义：羟基与烃基或苯环侧链上的碳原子相连的化合物

（二）醇的分类

1. 按羟基数目

（1）一元醇：分子里含有一个羟基

（2）二元醇：分子里含有两个羟基

（3）多元醇：分子里含有两个以上羟基

2. 按烃基是否饱和

（1）饱和醇；（2）不饱和醇

3. 按烃基类别

（1）脂肪醇；（2）芳香醇

二、醇的物理性质

（一）沸点

1. 相对分子质量相近的醇和烷烃相比，醇的沸点远远高于烷烃，因为醇分子之间形成了氢键

2. 饱和一元醇随着碳原子个数即相对分子质量的增加，沸点逐渐升高

3. 含有相同碳原子的醇，羟基越多沸点越高

（二）溶解性：甲醇、乙醇、丙醇、乙二醇、丙三醇等低级醇可与水以任意比例互溶；随碳原子的数目增多，醇的溶解性减小

三、醇的化学性质

（一）与金属钠的反应

1. 现象：钠块未融化，先沉于乙醇底部，后浮于液面，并慢慢消失，无明显声音，有无色、无味气体生成，点燃时有爆鸣声

2. 化学方程式：$2CH_3CH_2O—H+2Na \longrightarrow 2CH_3CH_2ONa+H_2\uparrow$

（二）消去反应

乙醇在浓硫酸的作用下，加热到170℃时生成乙烯

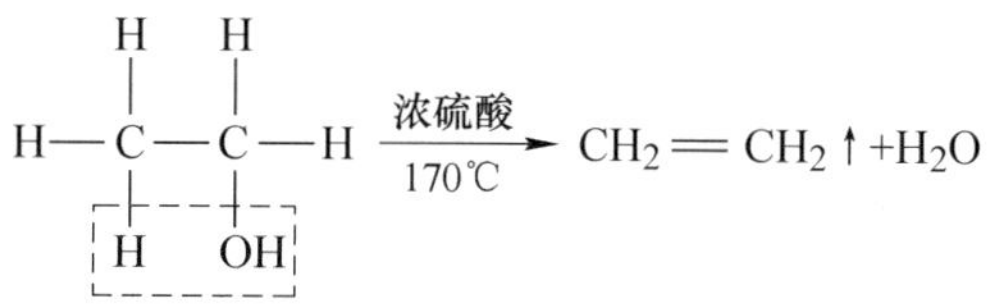

（三）取代反应

乙醇与浓氢溴酸混合加热发生取代反应，生成溴乙烷

$$C_2H_5—OH + H—Br \xrightarrow{\triangle} C_2H_5—Br + H_2O$$

（四）氧化反应

乙醇能被重铬酸钾酸性溶液氧化

$$\underset{乙醇}{CH_3CH_2OH} \xrightarrow{氧化} \underset{乙醛}{CH_3CHO} \xrightarrow{氧化} \underset{乙酸}{CH_3COOH}$$

六、真题链接

1. (2015 海南—5）分子式为 $C_4H_{10}O$ 并能与金属钠反应放出氢气的有机物有（不含立体异构）(　　)。

A. 3 种　　B. 4 种　　C. 5 种　　D. 6 种

2. (2017 北京—25）羟甲香豆素是一种治疗胆结石的药物，合成路线如下图所示：

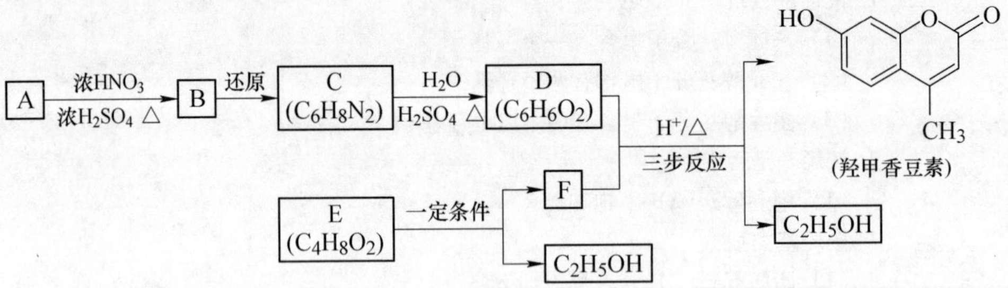

E（$C_4H_8O_2$）属于脂类。仅以乙醇为有机原料，选用必要的无机试剂合成 E，写出有关化学方程式：____________________。

第 2 课时 酚

一、教学目标

核心知识	（1）掌握苯酚的分子结构特征、重要性质，了解苯酚的用途，掌握苯酚的检验方法，从苯酚的结构和性质迁移到酚类的结构和性质。 （2）对比苯与醇的性质，理解苯基和羟基之间的相互影响，掌握酚的化学性质
核心能力	（1）以醇和苯的化学性质为依据，预测苯酚的化学性质，运用实验探究的方法研究苯酚的化学性质。 （2）通过羟基与苯基的相互影响研究，掌握运用对比分析和证据推理的方法
核心品质	（1）通过证据推理与实验探究，体会结构决定性质，性质反映结构的化学学科思想观点。 （2）展示酚类物质的用途，感受化学与生活的紧密联系、知识的社会价值

二、教学重点和难点

（1）教学重点：苯酚的化学性质和结构特征。

（2）教学难点：苯酚的化学性质。

三、知识结构

酚
- 定义：羟基（—OH）与苯环直接相连形成的化合物
- 苯酚的物理性质
  - 色、味、态：苯酚是无色有特殊气味的晶体，长时间放置容易被氧化，呈粉红色
  - 熔点：43℃
  - 溶解性：易溶于乙醇等有机物，室温下，在水中的溶解度是 9.3g，当温度高于 65℃时，能与水混合
- 酚的化学性质
  - 酸性：苯酚具有酸性，俗称石炭酸
  - 取代反应：苯酚分子中苯环上的氢原子很容易被溴原子等取代
  - 显色反应：苯酚与 $FeCl_3$ 水溶液作用能显示紫色。该反应可以用来检验苯酚或 Fe^{3+} 的存在
  - 氧化反应：苯酚在空气中长时间放置容易被氧化成粉红色物质
- 苯酚的应用：苯酚是一种重要的化工原料，可用来制造酚醛塑料（俗称电木）、合成纤维（如锦纶）、医药、染料、农药等。粗制的苯酚可用于环境消毒。纯净的苯酚可配成洗剂和软膏，有杀菌和止痛效用，药皂中也会掺入少量的苯酚

四、教学过程

环节一：导入新课

【导入】在 19 世纪初，医院的设备很差，那时缺少麻醉药和消毒剂，许多病人死于手术后的伤口感染。在英国的爱丁堡有一家医院，一名叫李斯特的外科医生，发现在化工厂附近的排污沟里，水竟然很清澈，浮在水面上的草根很少腐烂。原来，就是

从化工厂流出的石炭酸（苯酚）混杂在沟水里，石炭酸是化工厂提炼煤焦油时排出的“废弃物”。李斯特用石炭酸对手术器械、纱布等一系列用品进行消毒，病人手术后伤口化脓、感染的现象立即减少了，由此，爱丁堡医院手术伤口感染率一度成为全世界外科医院中最低的。李斯特也就成为了全世界著名的外科医生。上一节课我们介绍了含有羟基的一类有机化合物——醇。这节课我们继续以代表物来学习另一种烃的含氧衍生物——酚。

【板书】见板书。

环节二：展开新课

1. 酚的定义及物理性质

【提问】同学们已经学过乙烷分子中一个氢原子被羟基取代后就是乙醇，那么苯环上的一个氢原子被羟基取代后属于哪类物质呢？是否含有羟基的有机物都属于醇类呢？

【讲解】通过上一节的学习，我们把羟基与烃基或苯环侧链上的碳原子相连的化合物叫做醇，而羟基（—OH）与苯环直接相连的化合物称为酚。这节课我们以代表物苯酚来学习酚的性质。

【板书】见板书。

【讲述】苯酚是酚类化合物中最简单的一元酚，其分子式为 C_6H_5OH，结构简式如投影所示。

【投影】苯酚的结构简式

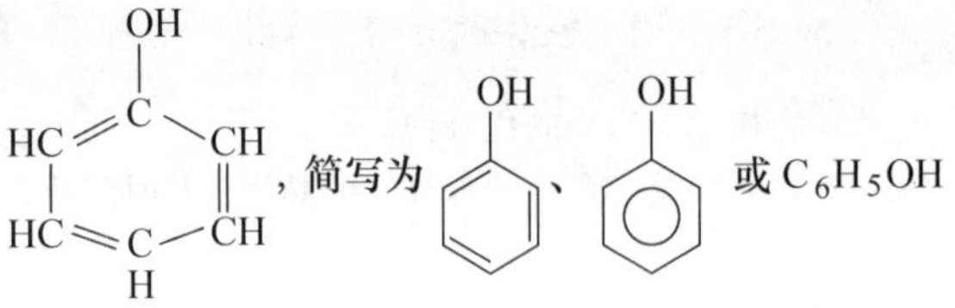

【板书】见板书。

【提问】从结构简式分析，乙醇和苯酚的结构有什么相似和不同之处？

【投影】乙醇和苯酚

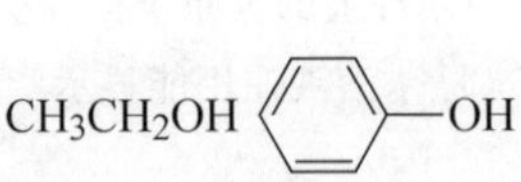

【讲述】观察乙醇和苯酚的结构，我们可以发现，它们的相同点是它们都有羟基，都由烃基和羟基组成；不同点是烃基不同，乙醇分子里是链烃基（乙基），苯酚分子里是芳烃基（苯基）。

【实验】完成实验，并填写表格

实验 1	观察苯酚的色、味、态，然后取少许苯酚放入试管中，滴加 1~2mL 水，振荡，观察现象；然后放入热水中水浴加热，观察现象；最后让液体冷却，观察现象	实验现象：

【讲述】苯酚是一种无色晶体，有特殊气味，常温下苯酚在水中的溶解度为 9.3g，当温度高于 65℃时，能与水互溶，苯酚还易溶于有机溶剂。长时间放置的苯酚呈粉红色，这是由于部分苯酚被空气中的氧气氧化所致。另外，苯酚有毒，对皮肤具有

腐蚀性，使用苯酚要小心，如果不慎沾到皮肤上，应立即用酒精洗涤。

【投影】苯酚的物理性质总结

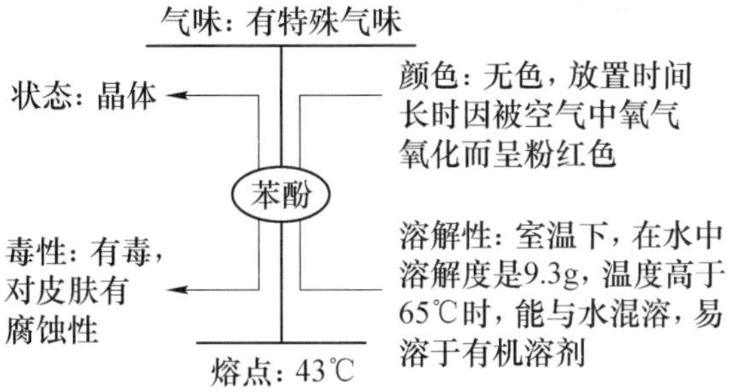

【板书】见板书。

2. 苯酚的化学性质

【实验】

实　　验	现　　象	现象解释
向盛有少量苯酚的试管中逐滴加入5%的NaOH溶液并振荡试管	溶液由浑浊变澄清	苯酚的羟基显示出了酸性
再向试管中加入稀盐酸	溶液再次浑浊	苯酚的酸性弱于盐酸

【讲解】由于苯酚中的羟基和苯环直接相连，苯环与羟基之间的相互作用，使酚羟基在性质上与醇羟基有显著差异：酚羟基比醇羟基更活泼。苯酚的羟基在水溶液中能够发生电离，显示酸性，能与NaOH反应。

【投影】苯酚与NaOH反应方程式

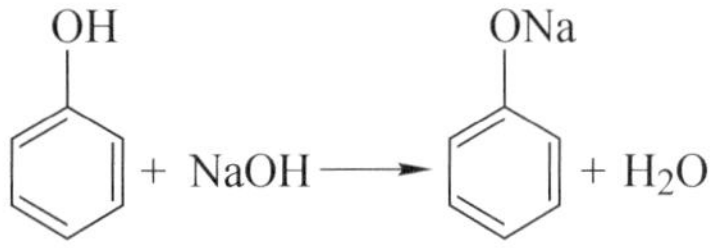

【板书】见板书。

【讲解】向苯酚钠的溶液中滴加少量盐酸，苯酚钠又重新生成了苯酚，证明苯酚的酸性弱于盐酸。

【投影】苯酚钠与盐酸反应方程式

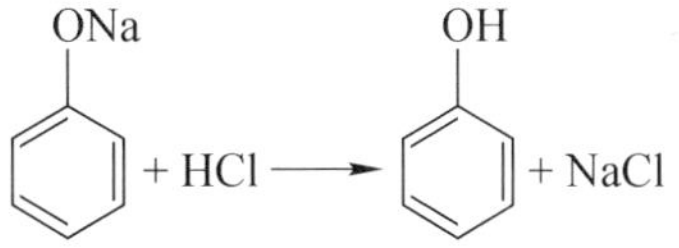

【板书】见板书。

【讲述】如果向澄清的苯酚钠溶液中通入二氧化碳气体，可以看到澄清的苯酚钠溶液又变浑浊。这是因为易溶于水的苯酚钠在碳酸的作用下，又重新生成苯酚，说明苯酚的酸性比碳酸弱。

【投影】苯酚钠溶液与二氧化碳反应方程式

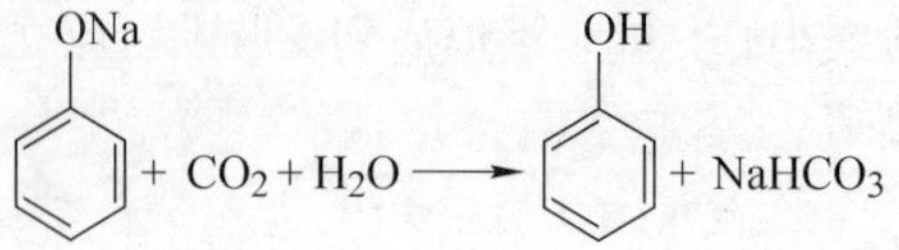

【板书】见板书。

【实验】

实　验	现　象	现象解释
向盛有少量苯酚稀溶液的试管里逐滴加入饱和溴水，边加边震荡	有白色沉淀生成	发生了取代反应

【讲解】苯酚分子中苯环上的氢原子很容易被溴原子取代，生成2，4，6-三溴苯酚。

【投影】苯酚溶液与Br_2反应方程式

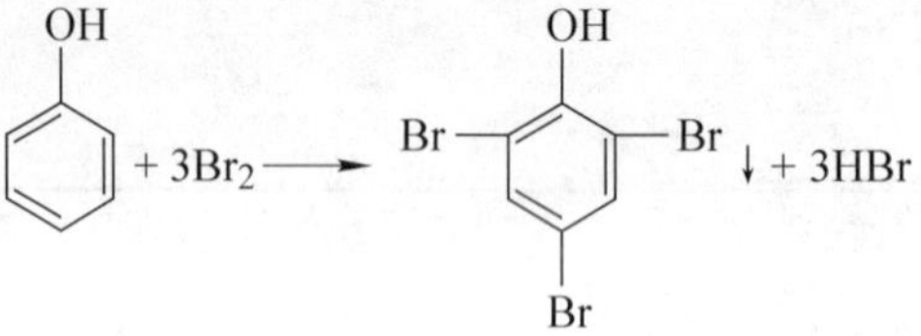

【讲述】苯酚与溴的反应很灵敏，可以用于苯酚的定性检验和定量测定。除此之外，检验苯酚的存在也可利用苯酚的显色反应：向盛有少量苯酚溶液的容器中滴加几滴$FeCl_3$溶液，可以看到溶液呈紫色。

【板书】见板书。

【练习】苯在催化剂存在下与液溴反应，而苯酚与溴水反应不用加热也不需要催化剂，原因是（　　）。

A. 苯环与羟基相互影响，但苯环上的氢原子活泼性不变

B. 苯环与羟基相互影响，但羟基上的氢原子变活泼

C. 羟基影响了苯环，使苯环上的氢原子变得活泼

D. 苯环影响羟基，使羟基变活泼

【解析】苯酚中苯环和羟基相互影响，使得二者的氢原子更活泼，但苯酚与溴水的取代反应更易发生，说明是羟基使苯环上的氢原子变得更活泼。故选C。

【讲解】苯酚是一种重要的化工原料，可用来制造酚醛塑料（俗称电木）、合成纤维（如锦纶）、医药、染料、农药等。粗制的苯酚可用于环境消毒；纯净的苯酚可配成洗剂和软膏，有杀菌和止痛效用，药皂中也会掺入少量的苯酚。

【板书】见板书。

【练习】某有机物结构如下图所示：

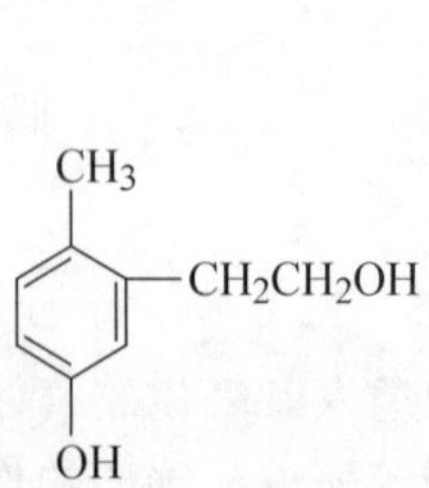

关于该有机物下列说法正确的是（　　）。

A. 它是苯酚的同系物

B. 1mol 该物质能与溴水反应，消耗 2mol Br_2，发生取代反应

C. 1mol 该有机物能与足量金属钠反应生成 0.5mol H_2

D. 1mol 该有机物能与 2mol NaOH 反应

E. 该物质在加热条件下可以与铜反应生成一种具有醛基的化合物

【解析】（1）首先分析该有机物的结构，可以发现在该分子中既有醇羟基又有酚羟基，因而能表现醇的性质，又能表现酚类的性质；

（2）根据同系物的定义可以看出它不属于苯酚的同系物；

（3）与钠反应时两类羟基都能参加反应，但是只有酚羟基可以与 NaOH 溶液反应，醇羟基不可与 NaOH 溶液反应；

（4）与 Br_2 发生取代反应时，按照规律，只与酚羟基的邻、对位有关，而对位已被甲基占有，只能在两个邻位反应；

（5）与醇羟基相连碳原子上有 2 个氢原子，所以可以发生催化氧化反应生成含醛基的化合物。因此 B、E 为本题正确选项。

环节三：归纳总结

【总结】本节课是在大家已学习了苯、乙醇知识的基础上，对衍生物酚的进一步学习。在学习甲苯的性质时，曾对有机物分子中原子团性质的相互影响有一定的认识。本节课要求大家能够了解苯酚的主要物理性质，掌握苯酚的结构特点和主要的化学性质并能体会苯酚结构中羟基与苯环的相互影响，了解苯酚的用途。通过本课的学习，希望能对大家实验操作、观察、分析能力的提高有所帮助，并加深对分子中原子团相互影响的认识，树立辩证唯物主义观点，激发同学们学习化学的兴趣。请同学们课后完成 54 页的第 3、4 题，并预习下节课的内容。

五、板书设计

3.1.2　酚

一、酚的定义：羟基与苯环直接相连的化合物

二、苯酚

（一）苯酚的结构

1. 分子式：C_6H_6O

2. 结构简式：C_6H_5OH

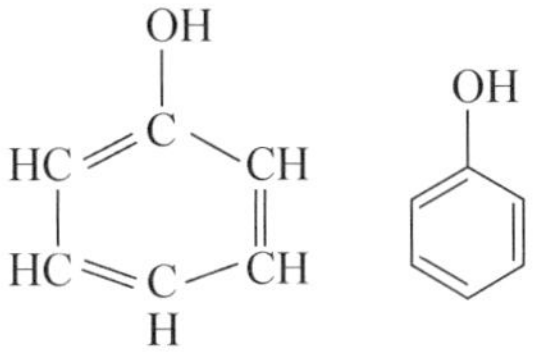

（二）苯酚的物理性质

苯酚是无色有特殊气味的晶体，长时间放置容易被氧化，呈粉红色；熔点为 43℃，易溶于乙醇等有机物，室温下在水中的溶解度是 9.3g，当温度高于 65℃时，能与水混合

（三）苯酚的化学性质

1. 苯酚的酸性

苯酚具有酸性，俗称石炭酸，由于苯酚中羟基与苯环直接相连，苯环与羟基之间具有相互作用，使酚羟基比醇羟基更活泼

苯酚与 NaOH 反应方程式：

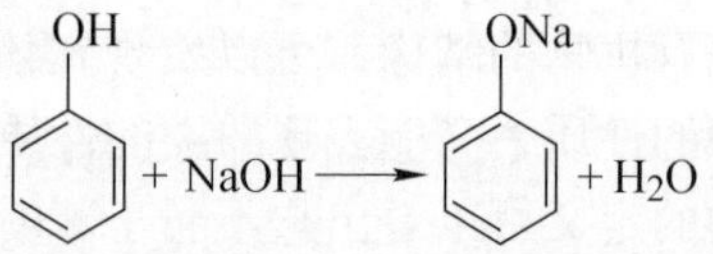

苯酚钠与盐酸反应方程式：

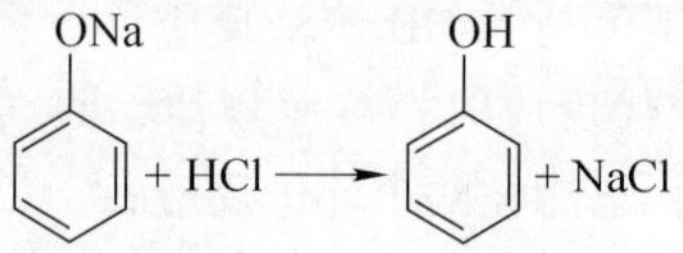

苯酚钠溶液与二氧化碳反应方程式：

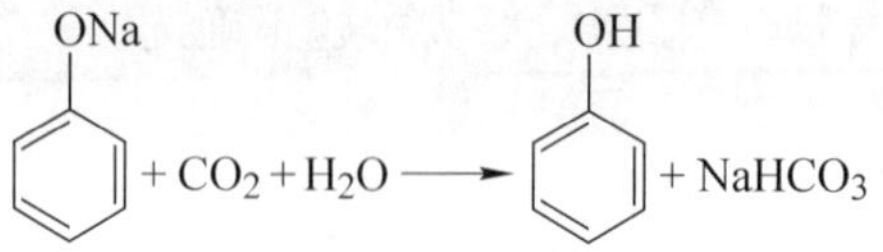

2. 取代反应

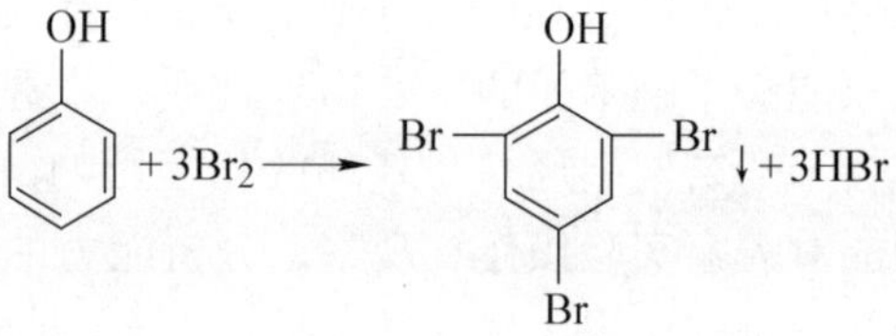

3. 显色反应

苯酚与 $FeCl_3$ 水溶液作用能显示紫色。该反应可以用来检验苯酚或 Fe^{3+} 的存在

4. 氧化反应

苯酚在空气中长时间放置容易被氧化成粉红色物质

（四）苯酚的应用

苯酚是一种重要的化工原料，可用来制造酚醛塑料（俗称电木）、合成纤维（如锦纶）、医药、染料、农药等。粗制的苯酚可用于环境消毒。纯净的苯酚可配成洗剂和软膏，有杀菌和止痛效用，药皂中也会掺入少量的苯酚

六、真题链接

1. （2017 江苏—13）根据下列实验操作和现象所得到的结论正确的是（　　）。

选项	实验操作和现象	实验结论
A	向苯酚溶液中滴加少量浓溴水、振荡，无白色沉淀	苯酚浓度小
B	向久置的 Na_2SO_3 溶液中加入足量 $BaCl_2$ 溶液，出现白色沉淀；再加入足量稀盐酸，部分沉淀溶解	部分 Na_2SO_3 被氧化
C	向 20%蔗糖溶液中加入少量稀 H_2SO_4，加热；再加入银氨溶液；未出现银镜	蔗糖未水解
D	向某黄色溶液中加入淀粉 KI 溶液，溶液呈蓝色	溶液中含 Br_2

2.（2017 天津—2）汉黄芩素是传统中草药黄芩的有效成分之一，对肿瘤细胞的杀伤有独特作用。下列有关汉黄芩素的叙述正确的是（ ）。

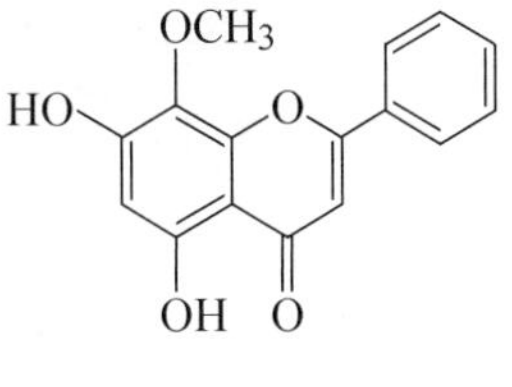

A. 汉黄芩素的分子式为 $C_{16}H_{13}O_5$

B. 该物质遇 $FeCl_3$溶液显色

C. 1mol 该物质与溴水反应，最多消耗 1mol Br_2

D. 与足量 H_2发生加成反应后，该分子中官能团的种类减少 1 种

第二节　醛

【教材分析】

本节内容选自人教版高中《化学（选修5）》有机化学基础第三章“烃的含氧衍生物”第二节“醛”。根据新课标“认识卤代烃、醇、醛、羧酸、酯、酚的组成和结构特点、性质、转化关系及其在生产、生活中的重要应用，知道醚、酮、胺和酰胺的结构特点及其应用”的要求，本节课安排了“乙醛的性质”、“甲醛和丙酮”等内容。

醛是有机化合物中一类重要的衍生物，由于醛基很活泼，醛可以发生多种化学反应，在有机合成中起着重要作用，是各种含氧衍生物相互转化的中心环节，也是后面学习糖类知识的基础。乙醛是醛类的代表物。教科书在简单介绍了乙醛的分子结构和物理性质之后，从结构引出乙醛的两个重要化学反应：乙醛的加成反应和乙醛的氧化反应，通过乙醛的加氢还原，把乙醛与乙醇联系起来，从有机化学的反应特点出发，定义还原反应；通过乙醛的氧化反应，把乙醛和乙酸联系起来，同时结合乙醛的氧化，给出有机化学中的氧化反应定义，从而使学生对无机化学中所学的氧化还原反应的定义和范围在这里得到了扩展和延伸。

学好乙醛的性质，明确乙醛和乙醇、乙酸之间的相互转化关系，能更好地掌握醛类及其与醇类、羧酸的关系，建立有机知识网络。因此本节课在这一章中起着承上启下的作用。进行教学时，要注意研究醛基官能团的结构特点及其化学性质；要注意对比羟基和醛基、乙醇和乙醛的结构和性质的差别；要注意乙醇和乙醛之间的联系，培养学生学会用变化的观点去思考问题，掌握醇和醛之间官能团转化的基本规律；要注意从乙醛的结构和性质迁移到醛类化合物，培养学生的迁移能力。

【学情分析】

在初中化学中，已经简单地介绍了乙醇和乙酸的用途，虽然没有从组成和结构角度认识其性质和用途，但是由于上节课我们已经学习了醇和酚，对乙醇的组成、结构、性质、用途已经有所了解。对于学生建立“（组成）结构决定性质，性质决定用途”的有机物学习模式已经具备了一定的知识基础。通过上节课的学习已经知道乙醇可以催化氧化得到乙醛，所以本节课的导入比较容易；并且通过分组探究实验学生也能比较轻松地得出乙醛的化学性质。只是乙醛与银氨溶液、新制氢氧化铜反应的化学方程式的书写，学生要想在这节课中掌握好难度比较大。

一、教学目标

核心知识	（1）了解乙醛的物理性质、用途和危害，掌握乙醛的结构式、官能团的书写。 （2）掌握乙醛的加成反应和氧化反应，银镜反应实验的探究方法

续表

核心能力	（1）通过实验、观察、分析、对比等方法，进一步提升综合运用所学知识解决问题的能力。 （2）通过物质的结构、性质、用途三者之间的关系，提高形成规律性认识的能力
核心品质	（1）通过对乙醛在工农业生产、日常生活中的广泛应用的学习，增强求知欲，培养实验能力，树立环保意识。 （2）培养学生的科学探究精神，提高学生对有机化学的学习兴趣

二、教学重点和难点

（1）教学重点：乙醛的分子结构、化学性质及有关化学方程式的正确表示，实验现象的探究。

（2）教学难点：醛的氧化反应和还原反应。

三、知识框架

- 醛
  - 乙醛的物理性质
    - 物理性质：乙醛是无色、具有刺激性气味的液体，密度比水小，沸点 20.8℃，易挥发，易燃烧，能和水、乙醇、乙醚、氯仿等互溶
    - 乙醛的表示方法：

分子式	结构式	结构简式	电子式	官能团
C_2H_4O	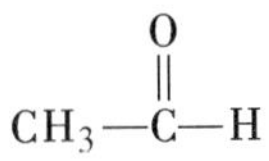	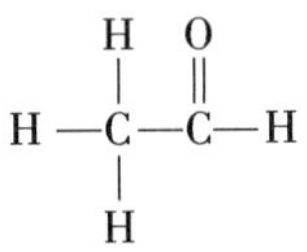	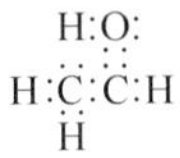	—CHO 或 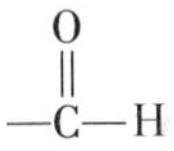（醛基）

  - 乙醛的化学性质
    - 加成反应
    - 氧化反应：①乙醛在空气中被氧化；②乙醛完全燃烧的化学方程式；③银镜反应；④与新制氢氧化铜反应
  - 甲醛
    - 银镜反应
    - 与新制 $Cu(OH)_2$ 悬浊液反应
    - 性质用途：无色有刺激性气味的气体，易溶于水，35%~40%的甲醛水溶液又称福尔马林
  - 丙酮
    - 性质：是最简单的饱和酮，为无色透明液体，有特殊的辛辣气味；易溶于水和甲醇、乙醇、乙醚、氯仿等有机溶剂；易燃、易挥发，化学性质较活泼
    - 鉴别：丙醛和丙酮的鉴别是与银氨溶液反应，能生成银镜的是丙醛，不能生成银镜的是丙酮，或者与新制 $Cu(OH)_2$ 悬浊液反应也同样可以鉴别

四、教学过程

环节一：导入新课

【引入】（投影）在日常生活中我们都会有这样的疑问，为什么有的人喝酒“千杯万杯都不醉”，而有的人喝一点酒就面红耳赤，情绪激动甚至酩酊大醉？那么同学们想

知道这到底是为什么吗？

【讲解】人的酒量大小与酒精在人体内的代谢产物和过程有很大关系。乙醇进入人体内，首先在乙醇脱氢酶的作用下氧化为乙醛，接着生成的乙醛又在酶的作用下被氧化为乙酸，最后转化为 CO_2和 H_2O。如果人体内这两种酶的含量都很多的话，酒精的代谢速度就很快。但如果人体内这两种酶的含量不够多，特别是如缺少将乙醛氧化成乙酸的酶，饮酒后就会引起体内乙醛积累，导致血管扩张而脸红，同时作用于人的神经系统，因此人就会醉。

环节二：展开新课

1. 乙醛的性质

【讲述】那么我们一起来学习乙醛。乙醛是怎样的一种物质呢？下面我们具体地来认识一下。

【展示】一瓶纯净的乙醛溶液，打开瓶盖，观察乙醛溶液的色、态及嗅一下气味。

【讲述】通过大家的观察对乙醛应该有个初步的认识，乙醛是无色、具有刺激性气味的液体，密度比水小，沸点 20.8℃，易挥发，易燃烧，能和水、乙醇、乙醚、氯仿等互溶。

【板书】见板书。

【提问】现在同学们思考一下：乙醛、苯、CCl_4均为无色液体，如何用最简便的方法鉴别？

【讲述】最简单的方法就是用水来验证，水与乙醛互溶，苯的密度比水小而 CCl_4密度比水大，这样就可以很简单地区分这三种物质了。

【提问】下面我们观看乙醛的球棍模型、比例模型以及核磁共振氢谱，试着书写一下乙醛的分子式、结构式、结构简式、电子式。

【投影】乙醛的球棍模型、比例模型以及核磁共振氢谱图

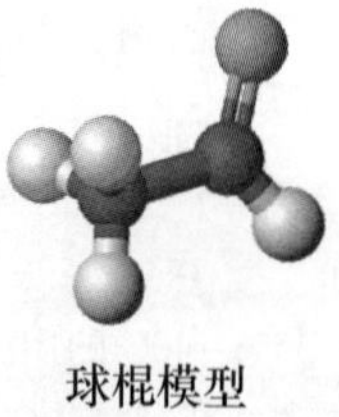

球棍模型

比例模型

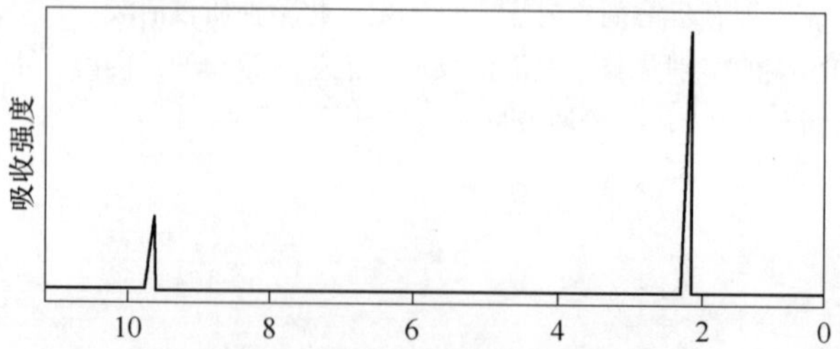

乙醛(C_2H_4O)的核磁共振氢谱图

【投影】乙醛的分子式、结构式、结构简式、电子式

分子式	结构式	结构简式	电子式	官能团
C_2H_4O	$CH_3—\overset{\overset{\displaystyle O}{\parallel}}{C}—H$	$H—\underset{\underset{\displaystyle H}{\vert}}{\overset{\overset{\displaystyle H}{\vert}}{C}}—\overset{\overset{\displaystyle O}{\parallel}}{C}—H$	H:O: H:C:C:H H	—CHO 或 $—\overset{\overset{\displaystyle O}{\parallel}}{C}—H$（醛基）

【板书】见板书。

【提问】有些同学将乙醛的结构简式写成 CH_3COH，这样写可以么？

【投影】—CHO 与—COH 的区别

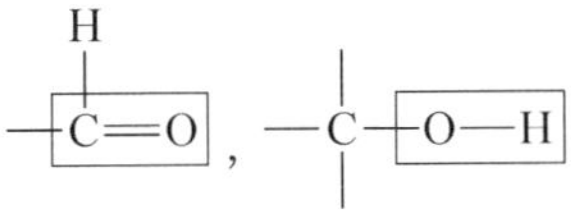

【讲述】因为在乙醛的分子结构中不含有羟基，所以不能写成—COH。

【过渡】从结构上分析可知，乙醛分子中含有官能团—CHO，它对乙醛的化学性质起着决定性的作用。试推测乙醛应有哪些化学性质。

【提问】在前面我们学过碳碳双键，大家可以回忆一下碳碳双键具有的性质，碳碳双键能使酸性高锰酸钾溶液褪色，能发生加成反应。乙醛中也有双键，它是否也能使酸性高锰酸钾溶液褪色呢？

【实验】在乙醛溶液中滴加酸性高锰酸钾溶液。

现象：观察到酸性高锰酸钾溶液褪色了。

【提问】既然乙醛能使酸性高锰酸钾溶液褪色，那它也应该能与氢气发生加成反应。乙烯和氢气发生加成反应时应如何进行呢？请一位同学到黑板上写出化学方程式。通过类比的方法请同学写出乙醛与氢气加成的反应方程式。

【投影】乙醛与氢气反应

化学反应方程式：$CH_3CHO + H_2 \xrightarrow[\triangle]{\text{催化剂}} CH_3CH_2OH$

【板书】见板书。

【讲解】乙醛除了能与氢气加成外，还能和 HCN 加成。在有机化学中，可以用此反应增加主链上碳的个数。乙醛的加成反应和乙烯的加成反应很类似，但由于碳氧双键有极性，碳碳双键没有极性，故存在一定的差异，比如乙醛难与 Br_2 等加成。

【讲解】根据前面所学的有机物的氧化反应和还原反应的特点可知，乙醛的催化加氢也是它的还原反应。在有机化学中，把有机物分子中的加入氢原子或失去氧原子的反应叫还原反应。

【提问】在刚才的实验结论中可以得出，乙醛具有还原性，能被氧化剂氧化。常见的氧化剂除了高锰酸钾以外，还有哪些呢？

【讲述】硝酸、重铬酸钾、过氧化氢、氯气、氧气等都是常见的氧化剂，都可以氧化乙醛。

【提问】我们知道大多数有机物都是可以燃烧的，当然乙醛也可以，现在请同学们书写一下乙醛燃烧的反应方程式。

【投影】乙醛燃烧

化学方程式：$2CH_3CHO + 5O_2 \xrightarrow{点燃} 4CO_2 + 4H_2O$

【板书】见板书。

【讲述】前面我们学习了乙醇与氧气的氧化反应除了发生燃烧反应以外，在有催化剂存在的条件下还能发生催化氧化。乙醛也一样，在有催化剂条件下也能被催化氧化生成乙酸。

【投影】乙醛催化氧化

化学方程式：$2CH_3CHO + O_2 \xrightarrow[\triangle]{催化剂} 2CH_3COOH$

【板书】见板书。

【提问】刚才我们学习了乙醛与氢气加成是还原反应，那么有机化学中的氧化是怎样的呢？

【讲述】在有机化学反应中，通常把有机物分子中加入氧原子或失去氢原子的反应叫做氧化反应。

【投影】醇、醛、酸的相互转化关系

$$醇 \underset{与 H_2 加成反应}{\overset{还原反应}{\rightleftharpoons}} 醛 \xrightarrow{氧化反应} 羧酸$$

【讲述】要注意烃的含氧衍生物衍变关系：醇→ 醛→羧酸，醛既有氧化性又有还原性。氧气和高锰酸钾都是强氧化剂，那乙醛能与弱氧化剂发生反应吗？下面我们用实验进行探究。

【实验】实验步骤：①取一支洁净试管，加入 2mL 2%的 $AgNO_3$溶液，再逐滴滴入 2%的氨水，边滴加边振荡试管，至生成的沉淀恰好溶解。②在配好的上述银氨溶液中滴入 3 滴乙醛溶液，振荡混合均匀，然后把试管放在热水浴中静置。

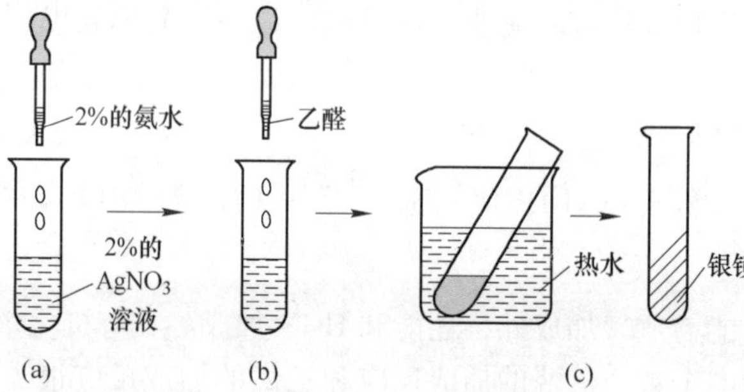

实验现象：反应生成的银附着在试管壁上形成光亮的银镜。

【板书】见板书。

【提问】试管壁上有一层光亮的银镜生成。这说明了乙醛与银氨溶液发生反应生成了银镜。那它们是怎样发生反应的呢？也就是说它们反应的原理是什么？

【讲述】乙醛分子被氧化生成乙酸，同时 Ag^+被还原成 Ag，银氨配离子释放出 NH_3，碱性环境中乙醛最终转化为乙酸铵，而 NH_3极易溶于水难放出气体。

【讲述】乙醛在反应中得到 1 个氧原子，碳原子被氧化成 2 价，$Ag^+ \rightarrow Ag$ 被还原降 1 价，根据电子转移守恒，故 $Ag(NH_3)_2OH$ 计量数配 2，4 个 NH_3分子有 1 个成盐，剩 3 个 NH_3分子，2 个 OH^-提供一个氧原子给醛成酸，剩 2 个氢原子，1 个氧原子组成

1 分子水。这样就可以让学生在利用氧化还原原理分析的过程中科学地掌握一个有机化学中很难的化学方程式，避免了死记硬背。

【投影】银镜反应原理

化学方程式：$AgNO_3 + NH_3 \cdot H_2O = AgOH\downarrow + NH_4NO_3$

$$AgOH + 2NH_3 \cdot H_2O = Ag(NH_3)_2OH + 2H_2O$$

$$CH_3CHO + 2Ag(NH_3)_2OH \xrightarrow{\triangle} CH_3COONH_4 + 2Ag\downarrow + 3NH_3 + H_2O$$

【板书】见板书。

【提问】那么这个实验我们需要注意些什么呢？

【讲述】配制银氨溶液时，应防止加入过量的氨水，而且随配随用，不可久置。配制银氨溶液是向稀 $AgNO_3$溶液中逐滴加入稀氨水，直到最初生成的沉淀恰好溶解为止。滴加溶液的顺序不能颠倒，否则最后得到的溶液不是银氨溶液。银镜反应的实验条件是水浴加热，不能直接加热煮沸。制备银镜时，玻璃要光滑洁净。玻璃的洗涤一般要先用热的 NaOH 溶液洗，再用水洗净。

【提问】那么现在老师想问大家，能发生银镜反应的有机物是不是都属于醛类？

【讲述】有机物只要含有醛基就能发生银镜反应，但能发生银镜反应的不一定都是醛类，可能是其他含有醛基的有机物，如甲酸、葡萄糖等。

【讲述】由于生成的银附着在试管壁上，形成银镜，所以这个反应又叫做银镜反应。银镜反应常用来检验醛基的存在，工业上可利用这一反应原理，把银均匀地镀在玻璃上制镜或保温瓶胆。

【过渡】乙醛除了能被银氨溶液氧化以外，还能被另一种弱氧化剂——新制 $Cu(OH)_2$溶液氧化。

【实验】实验原理：

① $2NaOH + CuSO_4 = Cu(OH)_2\downarrow + Na_2SO_4$

② $CH_3CHO + 2Cu(OH)_2 + NaOH \xrightarrow{\triangle} CH_3COONa + Cu_2O\downarrow + 3H_2O$

实验操作：①配制新制的 $Cu(OH)_2$悬浊液：在 2mL 10%NaOH 溶液中滴入 2%$CuSO_4$溶液 4~8 滴，振荡。②在上述蓝色浊液中加入 0.5mL 乙醛，用酒精灯进行加热。

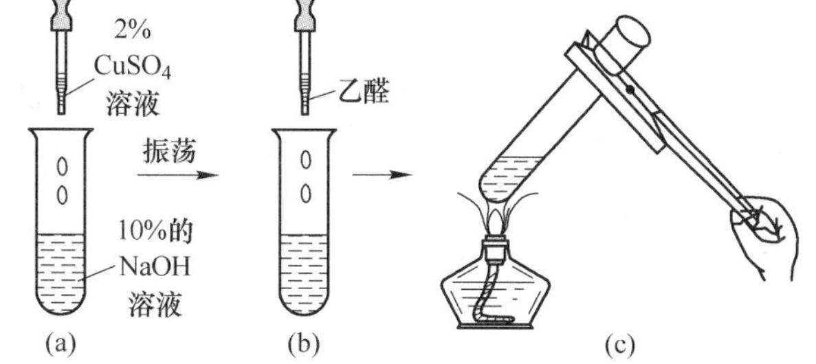

实验现象：(a) 中溶液出现蓝色絮状沉淀，滴入乙醛，加热至沸腾后，(c) 中溶液有红色沉淀产生。

【板书】见板书。

【提问】乙醛与新制氢氧化铜的反应，可用于在实验室检验醛基的存在，在医疗上检测尿糖。分析上述两个实验的共同点是什么？说明乙醛有什么性质？如何检验醛基？

【讲述】乙醛能被弱氧化剂氧化，有还原性，是还原剂。可用银氨溶液或新制的氢氧化铜检验醛基的存在。此两个反应需要在碱性条件下进行。

【提问】乙醛与新制 $Cu(OH)_2$悬浊液反应时的注意事项有哪些？

【讲述】制备 $Cu(OH)_2$悬浊液时必须确保碱过量，即保证溶液呈碱性；$Cu(OH)_2$悬浊液必须现用现配；该反应必须加热煮沸。

【练习】1. 使用哪组试剂可鉴别在不同试剂瓶内的 1-己烯、甲苯和丙醛（　　）。

A. 酸性 $KMnO_4$溶液和溴的 CCl_4溶液　　B. 银氨溶液和溴的 CCl_4溶液

C. $FeCl_3$溶液和银氨溶液　　D. 银氨溶液和酸性 $KMnO_4$溶液

【讲解】此题答案为 B。选项 A 中的酸性 $KMnO_4$溶液与三种物质均反应而褪色，溴的 CCl_4溶液仅能够鉴别出不褪色的甲苯，故选项 A 错；选项 B 中的银氨溶液可以鉴别出发生银镜反应的丙醛，而溴的 CCl_4溶液又可以鉴别出发生加成反应而褪色的 1-己烯，不反应的为甲苯，故选项 B 正确；选项 C 中的试剂只有银氨溶液可以鉴别出丙醛，故不正确；选项 D 中的银氨溶液可以鉴别出丙醛，而酸性 $KMnO_4$溶液和另外两种物质均反应而褪色，故无法鉴别。

【练习】2. 香草醛又名香兰素，是食品和药品的重要原料，其结构简式如下所示：

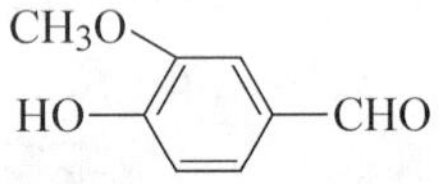

下列有关香草醛的说法中不正确的是（　　）。

A. 香草醛可以发生银镜反应

B. 在一定条件下 1mol 香草醛可以与 4mol H_2反应

C. 香草醛遇 $FeCl_3$溶液可变色

D. 香草醛可与 NaOH 溶液反应，也可与 $NaHCO_3$溶液反应

【讲解】此题答案为 D。香草醛分子中含有醛基，可以发生银镜反应，A 项正确；分子中含有一个苯环（与 3 个 H_2加成），一个醛基（与 1 个 H_2加成），B 项正确；$FeCl_3$遇苯酚显紫色，遇其他酚类不一定显紫色，但肯定变色，C 项正确；酚羟基能和 NaOH 溶液反应，但不与 $NaHCO_3$溶液反应（酚的电离能力比 H_2CO_3弱，酚的酸性弱于 H_2CO_3），D 项不正确，故正确答案为 A。

2. 甲醛和丙酮

【提问】乙醛的分子式及结构简式为 C_2H_4O 和 CH_3CHO，那么结构简式为 CH_3CH_2CHO、$CH_3CH_2CH_2CHO$ 的应叫什么名称？你能否概括出什么是醛吗？

【讲述】分子里由烃基和醛基相连而构成的化合物就是醛。

【板书】见板书。

【提问】那么饱和一元脂肪醛的结构通式应如何表示？醛类的分子式通式又如何表示呢？

【讲述】醛类的结构式通式为：$R-\overset{\overset{\displaystyle H}{|}}{C}=O$，或简写为 RCHO。分子式通式可表示为 $C_nH_{2n}O$。醛类分子中都含有官能团醛基，它对醛类物质的主要化学性质起决定作用。据此我们可以推测出醛类物质可能和氢气发生加成反应，与银氨溶液及新制的氢氧化铜反应。

【讲述】在醛类物质中还有另一种比较重要的醛即甲醛，我们现在来学习一下甲醛的结构及性质。

【提问】通过刚才的学习大家能不能写出甲醛分子式及结构式？

【讲述】甲醛又称蚁醛，常温下是无色有刺激性气味的气体，易溶于水，35%~40%的甲醛水溶液又称福尔马林。甲醛的分子式为 CH_2O，结构式为 $\mathrm{H{-}\overset{\overset{\displaystyle O}{\|}}{C}{-}H}$，其分子可以看成含两个醛基。

【板书】见板书。

【投影】甲醛分子可以看成含两个醛基

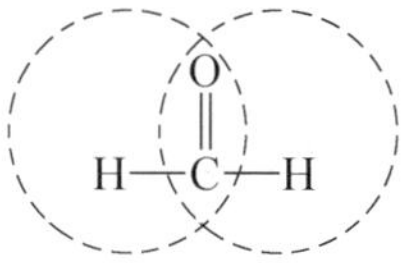

醛基　醛基

【提问】既然甲醛分子可以看成含两个醛基，那么与新制氢氧化铜溶液是怎么反应的呢？与新制银氨溶液又怎么反应呢？试着写一写。

【投影】甲醛发生银镜反应的化学方程式为

$$HCHO + 4Ag(NH_3)_2OH \xrightarrow{\triangle} (NH_4)_2CO_3 + 4Ag\downarrow + 6NH_3 + 2H_2O$$

甲醛与新制 $Cu(OH)_2$悬浊液反应的化学方程式：

$$HCHO + 4Cu(OH)_2 + 2NaOH \xrightarrow{\triangle} Na_2CO_3 + 2Cu_2O\downarrow + 6H_2O$$

【板书】见板书。

【提问】现在请同学们写出分子式为 C_3H_8O 的两种醇催化氧化反应的化学方程式。

【投影】

$$2CH_3CH_2CH_2OH + O_2 \xrightarrow{\triangle} 2CH_3CH_2CHO + 2H_2O$$

$$2CH_3\underset{\underset{\displaystyle OH}{|}}{CH}CH_3 + O_2 \xrightarrow{\triangle} 2CH_3\underset{\underset{\displaystyle O}{\|}}{C}CH_3 + 2H_2O$$

【板书】见板书。

【讲述】上述两个反应中有机产物分子结构上的相同点是都含有 $\gt C{=}O$，因此它们都能与氢气发生加成反应生成醇。上述第二个有机产物中的分子不含有醛基，其物质类别是酮，该物质名称是丙酮，是一种无色液体，能跟水、乙醇等互溶。因此鉴别丙醛和丙酮的方法是与银氨溶液反应，能生成银镜的是丙醛，不能生成银镜的是丙酮。或者与新制氢氧化铜悬浊液反应也同样可以鉴别。

环节三：归纳总结

【总结】这节课学习一种新的物质——乙醛。乙醛的官能团是醛基，—CHO 中的 C ═ O 键和 C—H 键都能断裂。在乙醛和氢气的加成反应中，是 C ═ O 键断裂；在乙醛被氧化的反应中是 C—H 键断裂。通过学习乙醛的性质，我们也知道了有机反应中加氧或去氢称为氧化反应，加氢或去氧称为还原反应，虽然和无机化学中对氧化还原反应的定义不同，但本质是一样的。甲醛在工业上可制备酚醛树脂，合成纤维、生产维尼纶等，也用于制福尔马林。丙酮的官能团是羰基，主要化学性质：可催化加氢生成醇，但不能被银氨溶液、新制的 $Cu(OH)_2$ 等弱氧化剂氧化。请同学们课后完成59页的第1、2题，并预习下节课的内容。

含醛基的有机物的特征反应及检验方法

	与新制 $Ag(NH_3)_2OH$ 溶液反应	与新制 $Cu(OH)_2$ 悬浊液反应
反应原理	$RCHO+2Ag(NH_3)_2OH \xrightarrow{\triangle} RCOONH_4+3NH_3+2Ag\downarrow+H_2O$	$RCHO+2Cu(OH)_2+NaOH \xrightarrow{\triangle} RCOONa+Cu_2O\downarrow+3H_2O$
反应现象	产生光亮的银镜	产生红色沉淀
量的关系	$RCHO\sim2Ag$ $HCHO\sim4Ag$	$RCHO\sim2Cu(OH)_2\sim Cu_2O$ $HCHO\sim4Cu(OH)_2\sim2Cu_2O$
注意事项	（1）试管内壁必须洁净； （2）银氨溶液随用随配，不可久置； （3）水浴加热，不可用酒精灯直接加热； （4）乙醛用量不宜太多，一般加3滴； （5）银镜可用稀 HNO_3 浸泡洗涤除去	（1）新制 $Cu(OH)_2$ 悬浊液要随用随配，不可久置； （2）配制新制 $Cu(OH)_2$ 悬浊液时，所用NaOH必须过量； （3）反应液直接加热煮沸

五、板书设计

3.2　醛

一、乙醛

（一）乙醛的物理性质

1. 物理性质：乙醛是无色、具有刺激性气味的液体，密度小于水，沸点为20.8℃。乙醛易挥发，易燃烧，能与水、乙醇、氯仿等互溶

2. 乙醛的分子式、结构式、结构简式、电子式

分子式	结构式	结构简式	电子式	官能团
C_2H_4O	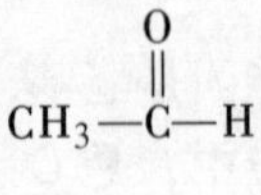	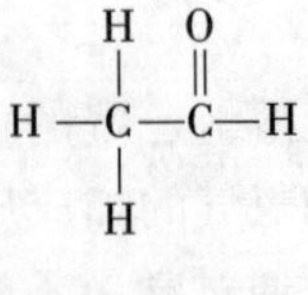	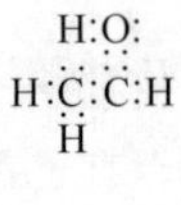	—CHO 或 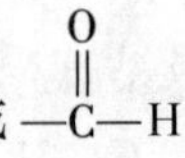（醛基）

（二）乙醛的化学性质

1. 乙醛的加成反应：$CH_3-\overset{\overset{\displaystyle O}{\|}}{C}-H + H_2 \xrightarrow[\triangle]{催化剂} CH_3CH_2OH$

2. 氧化反应：

①乙醛在空气中被氧化：$2CH_3CHO + O_2 \xrightarrow[\triangle]{催化剂} 2CH_3COOH$

②乙醛完全燃烧的化学方程式为：$2CH_3CHO + 5O_2 \xrightarrow{点燃} 4CO_2 + 4H_2O$

3. 银镜反应涉及的方程式：

$AgNO_3 + NH_3 \cdot H_2O = AgOH\downarrow + NH_4NO_3$

$AgOH + 2NH_3 \cdot H_2O = Ag(NH_3)_2OH + 2H_2O$

$CH_3CHO + 2Ag(NH_3)_2OH \xrightarrow{\triangle} CH_3COONH_4 + 2Ag\downarrow + 3NH_3 + H_2O$

4. 乙醛与新制氢氧化铜反应涉及的方程式：

$2NaOH + CuSO_4 = Cu(OH)_2\downarrow + Na_2SO_4$

$CH_3CHO + 2Cu(OH)_2 + NaOH \xrightarrow{\triangle} CH_3COONa + Cu_2O\downarrow + 3H_2O$

二、甲醛和丙酮

（一）醛的概念

1. 概念：由烃基与醛基相连而构成的化合物

2. 通式：$C_nH_{2n}O$（n=1，2，3，…）

（二）甲醛

1. 银镜反应：$HCHO + 4Ag(NH_3)_2OH \xrightarrow{\triangle} (NH_4)_2CO_3 + 4Ag\downarrow + 6NH_3 + 2H_2O$

2. 与新制 $Cu(OH)_2$悬浊液反应：

$HCHO + 4Cu(OH)_2 + 2NaOH \xrightarrow{\triangle} Na_2CO_3 + 2Cu_2O\downarrow + 6H_2O$

3. 性质用途：甲醛常温下是无色有刺激性气味的气体，易溶于水，35%~40%的甲醛水溶液又称福尔马林

（三）丙酮

1. 结构式：$CH_3\underset{\underset{\displaystyle O}{\|}}{C}CH_3$

2. 性质：是最简单的饱和酮，为无色透明液体，有特殊的辛辣气味；易溶于水和甲醇、乙醇、乙醚、氯仿等有机溶剂；易燃、易挥发，化学性质较活泼

3. 鉴别：丙醛和丙酮的鉴别方法是与银氨溶液反应，能生成银镜的是丙醛，不能生成银镜的是丙酮，或者与新制 $Cu(OH)_2$悬浊液反应也同样可以鉴别

六、真题链接

1. （2018 天津—7）用 Mg 制成的格氏试剂（RMgBr）常用于有机合成，例如制备醇类化合物的合成路线如下：

$$\mathrm{RBr} \xrightarrow[\text{无水乙醚}]{\mathrm{Mg}} \mathrm{RMgBr} \xrightarrow[2)\ \mathrm{H_3O^+}]{1)\ \mathrm{R'\overset{O}{\overset{\|}{C}}H}} \mathrm{R\overset{OH}{\overset{|}{C}}HR'}$$ (R：烃基；R′：烃基或 H)

依据上述信息，写出制备 $\mathrm{CH_3CH_2\overset{OH}{\overset{|}{C}}HCH_3}$ 所需醛的可能结构简式：________。

2. （2016 上海—49）写出一种满足下列条件的丁醛的同分异构体的结构简式：________

①不含羰基

②含有 3 种不同化学环境的氢原子

第三节　羧酸、酯

【教材分析】

本节内容选自人教版高中《化学（选修5）》第三章“烃的含氧衍生物”第三节“羧酸 酯”。依据课程标准“认识羧酸、酯的组成和结构特点、性质、转化关系及其在生产、生活中的重要应用”和“掌握必做实验乙酸乙酯的制备与性质”的要求，本节内容安排了“羧酸”、“酯”等教学内容。

教科书首先介绍了羧酸的概念和分类，又介绍了羧酸在自然界和日常生活中广泛存在，是重要的化工原料。然后教科书中以乙酸为例，展开对乙酸的物理性质及化学性质的介绍，通过展示乙酸分子比例模型，让学生更好地认识乙酸的结构。教科书中还通过“科学探究”栏目，验证乙酸、碳酸和苯酚溶液的酸性强弱；又通过探究乙酸与乙醇的酯化反应过程中脱水情况，引入羧酸的化学性质与乙酸相似，主要取决于羧基官能团，并介绍可以使用同位素示踪法验证酯化反应过程中的断键情况。教科书还通过“资料卡片”栏目介绍了自然界中的有机酸，以提高学生的学习兴趣。教科书中对酯的介绍更贴近于现实生活，因为日常中的饮料、水果、糖果等中均含有酯类物质。同样通过“科学探究”栏目，让学生设计实验，讨论乙酸乙酯在中性、酸性和碱性溶液中，以及不同温度下的水解速率。由于乙酸乙酯在酸性条件下的水解是可逆反应，所以在“思考与交流”中提出在制取乙酸乙酯的实验中要想提高乙酸乙酯的产率应该采取哪些措施。

烃的含氧衍生物种类很多，教科书安排对烃的含氧衍生物的学习是以类别的概念出现，都是通过对典型代表物的组成和结构特点的学习，掌握各类含氧衍生物的组成、性质和应用，所以学生具备了先通过代表物的研究上升到对一类化合物的组成、结构和性质的认识的学习方法。

【学情分析】

本节内容是在学习了第 1 章“认识有机化合物”、第 2 章“烃和卤代烃”、第 3 章“醇酚醛”以及必修 2《有机化合物》的基础上，进一步学习的两种很重要的烃的含氧衍生物。通过对含氧衍生物“羧酸、酯”的学习，可以进一步建立并巩固有机物结构决定其性质，且分子中基团之间存在着相互影响的观念，从而掌握有机物的学习方法，加深认识加成、取代、消去和氧化还原反应。本节课是本章的重点之一，也是有机化学知识的重点之一，同时本节课既是前面内容的延伸又是后续内容的基础，如酯化反应是后续内容中油脂水解反应及油脂的氢化、葡萄糖、麦芽糖的性质、聚酯的合成的基础，因此本节课具有承前启后的作用。学完本节知识，能综合运用烃及烃的衍生物知识解决一些常见的热点问题，提高学生综合运用知识的能力和创新意识。

第1课时　羧酸

一、教学目标

核心知识	（1）认识乙酸的分子组成及结构特点，了解其物理性质。 （2）掌握乙酸的化学性质及酯化反应。 （3）了解酯的分子结构、物理化学性质和应用
核心能力	（1）设计实验并动手操作，探究乙酸、苯酚、碳酸的酸性及酯化反应的反应原理。 （2）通过探究能列举事实说明有机分子中基团之间存在相互影响。 （3）培养学生观察实验能力、归纳思维能力及分析思维能力
核心品质	（1）通过乙酸在生活和生产中的应用，了解有机物与日常生活和生产的紧密联系，渗透化学重要性的教育。 （2）充分认识结构决定性质的规律，学会以辩证的观点看待问题，养成求真务实的学习态度

二、教学重点和难点

（1）教学重点：乙酸的化学性质。

（2）教学难点：乙酸的结构对性质的影响。

三、知识结构

羧酸
- 定义：羧酸是由烃基与羧基相连构成的有机化合物
- 通式：R—COOH，一元饱和羧酸的通式为 $C_nH_{2n}O_2(n\geqslant1)$
- 羧酸的分类
  - 按羧基数目：一元羧酸、二元羧酸、多元羧酸
  - 按烃基是否饱和：饱和羧酸、不饱和羧酸
  - 按物质中是否具有苯环：脂肪羧酸、芳香羧酸
  - 按分子里碳原子数目：低级脂肪酸、高级脂肪酸
- 羧酸的物理性质
  - 碳链越长，沸点越高，在水中的溶解度越小（乙酸易溶，苯甲酸微溶），酸性越弱
  - 典型代表物乙酸：强烈刺激性气味的液体，沸点117.9℃，熔点16.6℃
- 羧酸的化学性质
  - 弱酸性：羧酸在水中可以电离出 H^+，表现出酸的通性
  - 酯化反应：羧酸可以和醇发生酯化反应

四、教学过程

环节一：导入新课

【导入】乙酸又名醋酸，是食醋的主要成分，是日常生活经常接触的一种有机酸。自然界的许多动植物中含有与乙酸性质相似的有机酸，如蚁酸、安息香酸、草酸等。这些有机物具有怎样的性质？这就是本节课我们要研究的问题。

【板书】见板书。

环节二：展开新课

1. 羧酸的定义及分类

【提问】厨师在烧鱼时常加醋并加点酒，这样鱼的味道就变得不腥、香醇、特别鲜美。回顾我们已学习过的知识，大家想想这其中发生了哪种化学反应？

【讲解】醋中含有醋酸，酒中含有醇，我们已学习过乙酸与乙醇发送酯化反应，生成乙酸乙酯。这就是厨师在烧鱼时加醋加酒使得鱼的味道香醇、鲜美的奥秘所在。

【提问】乙酸是人类最熟悉的羧酸，通过观察乙酸的结构简式，同学们能不能尝试给羧酸下个定义？

【讲解】羧酸是由烃基与羧基相连构成的有机化合物。根据与羧基相连的烃基不同，羧酸可以分为芳香酸（如苯甲酸 C_6H_5COOH）和脂肪酸（如乙酸、硬脂酸 $C_{17}H_{35}COOH$）等；根据羧酸分子中羧基的数目，羧酸可以分为一元羧酸（如油酸 $C_{17}H_{33}COOH$）、二元羧酸（如乙二酸 HOOC—COOH）和多元羧酸等。

【投影】羧酸的分类

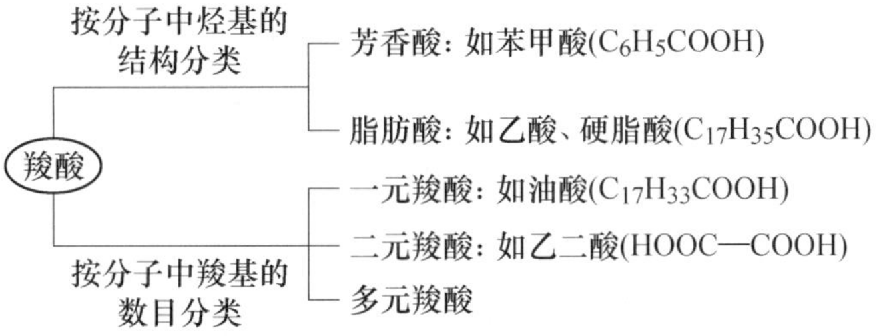

【板书】见板书。

【讲述】羧酸在自然界和日常生活中广泛存在，是重要的化工原料。其通式为 R—COOH，一元饱和羧酸的通式为 $C_nH_{2n}O_2(n \geqslant 1)$。

【板书】见板书。

【讲述】除了上述分类方法外，还可以按烃基是否饱和将羧酸分为饱和羧酸和不饱和羧酸，也可以按羧酸分子里碳原子数目分为低级脂肪酸、高级脂肪酸。

【板书】见板书。

2. 羧酸的性质

【讲述】乙酸是我们最熟悉的羧酸，是具有强烈的刺激性气味的液体，沸点 117.9℃，熔点 16.6℃，易溶于水和乙醇。当温度低于熔点时，乙酸凝结成类似冰一样的晶体，所以纯净的乙酸又称为冰醋酸。

【投影】乙酸分子比例模型

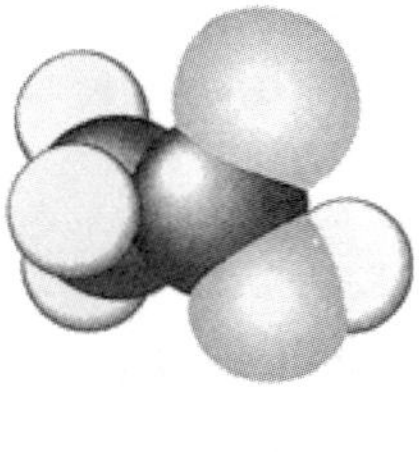

【讲述】羧酸的碳链越长，沸点越高，在水中的溶解度越小，例如乙酸易溶，苯甲酸微溶。

【板书】见板书。

【实验】利用投影中所示仪器和药品，设计一个简单的一次性完成的实验装置，验证乙酸、碳酸和苯酚溶液的酸性强弱。

【投影】仪器和药品

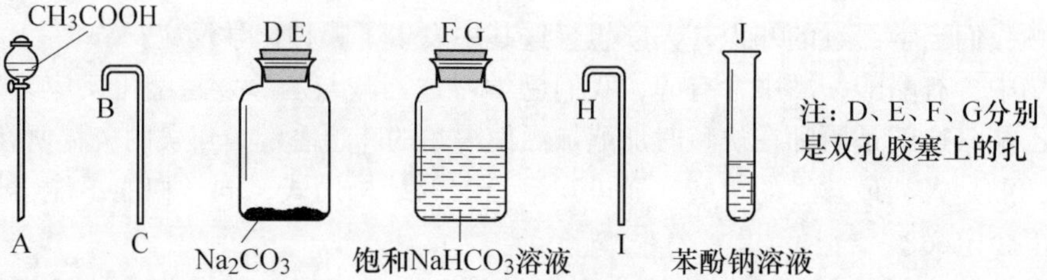

【投影】两种实验方案

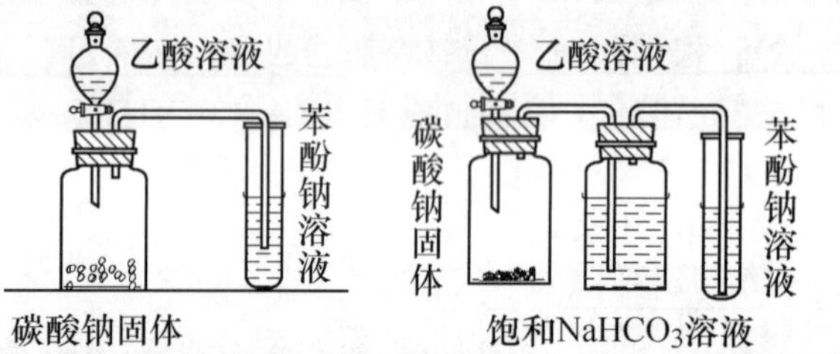

【讲解】（1）在碳酸钠溶液中加醋酸有二氧化碳气体生成，说明醋酸的酸性比碳酸强。

（2）在苯酚钠溶液里通二氧化碳能析出苯酚。说明碳酸比石炭酸的酸性强，由于析出物苯酚溶解度小，故溶液变浑浊。

由以上结论可以推论：三者的酸性由强到弱的顺序是：醋酸>碳酸>苯酚。

【板书】见板书。

【提问】我们已学习过乙酸与乙醇的酯化反应，从形式上看酯化反应是羧基与羟基之间脱去一个水分子，生成乙酸乙酯。如投影所示，该反应过程中脱水时有两种可能方式，那么究竟是哪种方式呢？

【投影】酯化反应过程中脱水的两种可能方式

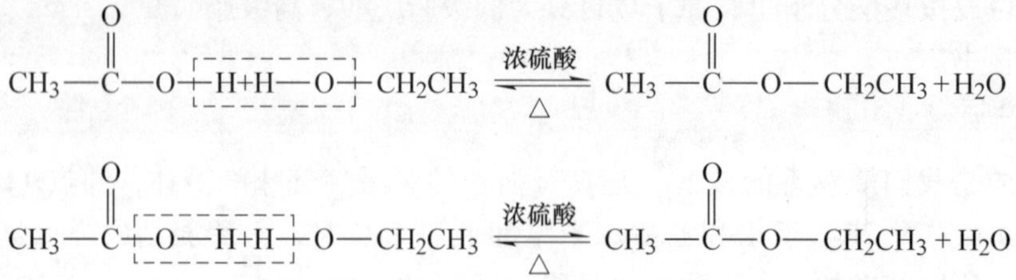

【讲解】羧酸的化学性质与乙酸相似，主要取决于羧基官能团。在羧基的结构中，如幻灯片所示的两个部位的键容易断裂。

【投影】

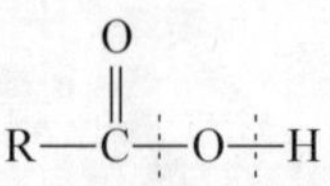

【讲解】当O—H键断裂时，容易电离出H^+，使得羧基具有酸性，如乙酸的酸性；当C—

O 键断裂时，羧基中的—OH 易被其他基团取代，如乙酸的酯化反应。在乙酸与乙醇的酯化反应中，可以使用同位素示踪法证实其反应过程是乙酸分子羧基中的羟基与乙醇分子中的氢原子结合成水，其余部分互相结合成乙酸乙酯。

【投影】同位素示踪法验证乙酸与乙醇的酯化反应中的断键情况

$$CH_3-\overset{\overset{O}{\|}}{C}-\boxed{OH+H}-{}^{18}O-C_2H_5 \underset{\triangle}{\overset{\text{浓硫酸}}{\rightleftharpoons}} CH_3-\overset{\overset{O}{\|}}{C}-{}^{18}OC_2H_5+H_2O$$

【板书】见板书。

【练习】下列关于乙酸的说法正确的是（　　）。

A. 乙酸是有刺激性气味的液体

B. 乙酸分子中含有 4 个氢原子，它不是一元羧酸

C. 乙酸在常温下能发生酯化反应

D. 乙酸酸性较弱，不能使石蕊试液变红

【解析】乙酸是具有强烈刺激性气味的液体，A 正确；尽管其分子中含有 4 个氢原子，但在水中只有羧基上的氢原子能发生部分电离，因此，乙酸是一元酸，B 项错误；乙酸在浓硫酸存在条件下加热，可与醇类发生酯化反应，在常温下乙酸不能发生酯化反应，C 项错误；乙酸酸性较弱，但比碳酸酸性强，它可使石蕊试液变红，D 项错误。

环节三：归纳总结

【总结】本节课我们学习了羧酸的定义、分类、物理性质以及化学性质，并以羧酸的典型代表物乙酸为例重点学习了羧酸的化学性质，即羧酸的弱酸性和酯化反应。在学习酯化反应过程中学习利用同位素示踪法证实其反应过程。请同学们课后完成 63 页的第 1、2 题，并预习下一节课的内容。

五、板书设计

3.3.1　羧酸

一、羧酸的定义及分类

（一）羧酸的定义：羧酸是由烃基与羧基相连构成的有机化合物，通式：R—COOH，一元饱和羧酸的通式为 $C_nH_{2n}O_2(n\geqslant1)$

（二）羧酸的分类

1. 按羧基数目

（1）一元羧酸：分子里只含有一个羧基

（2）二元羧酸：分子里只含有两个羧基

（3）多元羧酸：分子里只含有两个以上羧基

2. 按羧基是否饱和

（1）饱和羧酸；（2）不饱和羧酸

3. 按羧基类别

（1）脂肪羧酸；（2）芳香羧酸

4. 按分子里碳原子数目

（1）低级脂肪酸；（2）高级脂肪酸

二、羧酸的物理性质

碳链越长，沸点越高，在水中的溶解度越小（乙酸易溶，苯甲酸微溶）

典型代表物乙酸：强烈刺激性气味的液体，沸点 117.9℃，熔点 16.6℃，易溶于水和乙醇

三、羧酸的化学性质

（一）弱酸性

羧酸中的 O—H 键断裂时，容易电离出 H^+，使得羧基具有酸性，乙酸、碳酸和苯酚溶液的酸性强弱：醋酸>碳酸>苯酚

（二）酯化反应

当羧酸中的 C—O 键断裂时，羧基中的—OH 易被其他基团取代，如乙酸的酯化反应。在乙酸的酯化反应中，可以使用同位素示踪法证实其反应过程是乙酸分子羧基中的羟基与醇分子中的氢原子结合成水，其余部分互相结合成乙酸乙酯

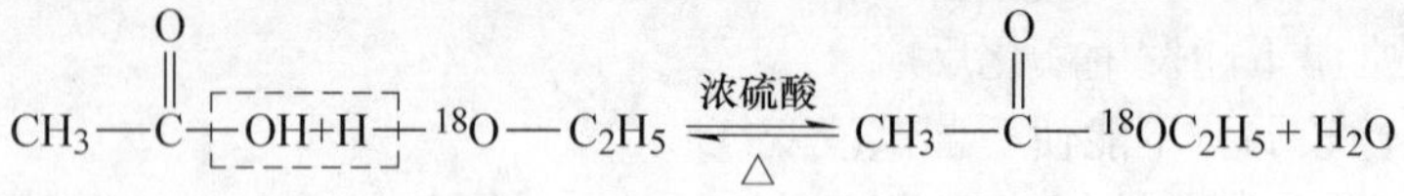

六、真题链接

1. （2018 海南—11）实验室常用乙酸与过量乙醇在浓硫酸催化下合成乙酸乙酯，下列说法正确的是（　　）。

A. 该反应的类型为加成反应

B. 乙酸乙酯的同分异构体共有三种

C. 可用饱和碳酸氢钠溶液鉴定体系中是否有未反应的乙酸

D. 该反应为可逆反应，加大乙醇的用量可提高乙酸的转化率

2. （2015 山东—9）分枝酸可用于生化研究。其结构简式如图：

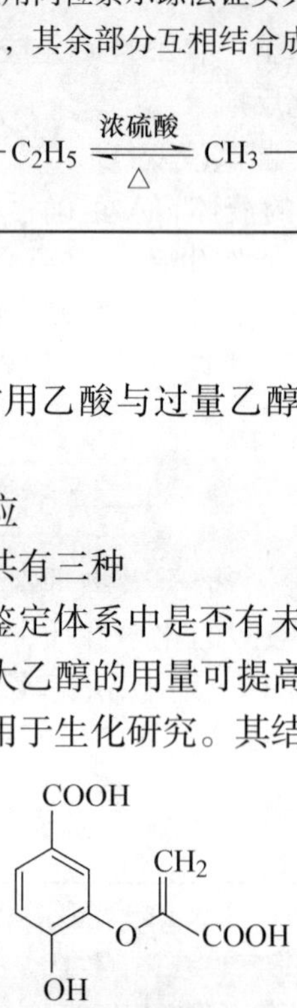

分枝酸

下列关于分枝酸的叙述正确的是（　　）。

A. 分子中含有 2 种官能团

B. 可与乙醇、乙酸反应，且反应类型相同

C. 1mol 分枝酸最多可与 3mol NaOH 发生中和反应

D. 可使溴的四氯化碳溶液、酸性高锰酸钾溶液褪色，且原理相同

3. （2015 新课标Ⅱ—11）分子式为 $C_5H_{10}O_2$ 并能与饱和 $NaHCO_3$，溶液反应放出气体的有机物有（不含立体结构）（　　）。

A. 3 种　　B. 4 种　　C. 5 种　　D. 6 种

第2课时　酯

一、教学目标

核心知识	（1）认识酯类典型代表物的组成和结构特点。 （2）根据酯的组成和结构的特点，掌握酯的水解反应
核心能力	（1）培养学生用已知条件设计实验及观察、描述、解释实验现象的能力。 （2）培养学生对知识的分析归纳、概括总结的思维能力与表达能力
核心品质	（1）通过设计实验，激发学习兴趣，培养探索、创新、合作的优良品质。 （2）介绍同位素示踪法在化学研究中的使用，通过酯化反应过程分析、推理、研究，培养学生从现象到本质、从宏观到微观、从实践到理论的科学思维方法

二、教学重点和难点

（1）教学重点：酯的组成和结构特点。

（2）教学难点：酯的水解反应。

三、知识结构

酯

- 定义：酯是酸与醇发生酯化反应后生成的产物。
- 通式：RCOOR′，一元饱和羟酸酯的通式为 $C_nH_{2n}O_2$（$n \geqslant 2$）
- 酯的命名
  - 脂类根据生成酯的酸和醇的名称命名，为某酸某酯
  - 如：乙酸与乙醇发生酯化反应生成的酯叫乙酸乙酯
- 酯的物理性质：低级酯是具有芳香气味的液体，密度一般比水小，并且难溶于水，易溶于有机溶剂。酯类广泛存在于自然界中，如苹果中含有戊酸戊酯
- 酯的化学性质
  - 酸性条件下水解：
    $$CH_3COOC_2H_5 + H_2O \underset{\triangle}{\overset{稀硫酸}{\rightleftharpoons}} CH_3COOH + C_2H_5OH$$
  - 碱性条件下水解：
    $$CH_3COOC_2H_5 + NaOH \xrightarrow{\triangle} CH_3COONa + C_2H_5OH$$

四、教学过程

环节一：导入新课

【导入】 同学们，我们在前面的学习中，已经知道了酸和醇在一定条件下可以发生酯化反应生成酯，其实酯在我们生活中无处不在，必不可少。今天我们一起来学习酯的相关知识。

【板书】 见板书。

环节二：展开新课

1. 酯的定义及分类

【提问】 在上一节课的学习中，对于乙酸与乙醇的酯化反应，我们通过介绍同位素示踪法，使大家进一步熟悉酯化反应，掌握这一反应类型的反应机理，即“酸脱羟基醇脱氢”的规律，那么请大家书写一下乙酸与乙醇反应生成乙酸乙酯的化学反应方程式，并观察乙酸乙酯的结构简式，尝试给酯下一个定义。

【投影】 乙酸与乙醇发生酯化反应方程式

$$CH_3—\overset{\overset{\large O}{\|}}{C}—O—H + H—O—CH_2CH_3 \underset{\triangle}{\overset{浓硫酸}{\rightleftharpoons}} CH_3—\overset{\overset{\large O}{\|}}{C}—O—CH_2CH_3 + H_2O$$

【讲解】 酯是羧酸分子羧基中的—OH 被—OR′取代后的产物，简写为 RCOOR′，其中 R 和 R′可以相同，也可以不同，饱和一元酯的通式为 $C_nH_{2n}O_2(n \geqslant 2)$。酯广泛存在于自然界中。例如，乙酸乙酯、乙酸异戊酯存在于草莓、香蕉、梨等水果中，乙酸丁酯和异戊酸异戊酯存在于成熟的香蕉中，苯甲酸甲酯存在于丁香油中等。相对分子质量较小（分子里碳原子数较少）的酯，通常是具有芳香气味的液体，相对分子质量较大（分子里碳原子数较多）的酯通常是固体，不一定有芳香气味。

【投影】 苹果、菠萝、香蕉中含有的酯

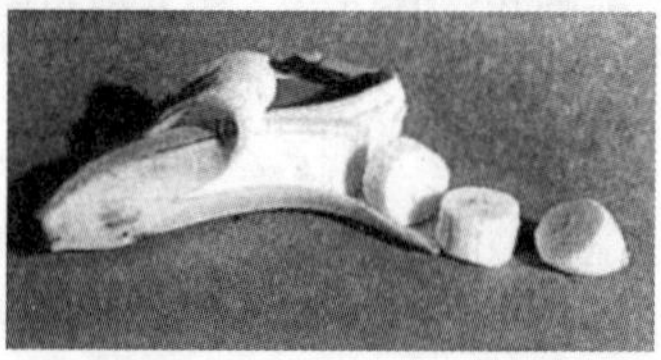

$$CH_3(CH_2)_3\overset{\overset{\large O}{\|}}{C}—O—CH_2(CH_2)_3CH_3 \qquad CH_3CH_2CH_2\overset{\overset{\large O}{\|}}{C}—O—CH_2CH_3 \qquad CH_3\overset{\overset{\large O}{\|}}{C}—O—CH_2CH_2\overset{\overset{\large CH_3}{|}}{C}HCH_3$$

【板书】 见板书。

【提问】 请同学们回顾一下，乙酸和乙醇发生酯化反应生成的酯我们称为什么？那别的酸和醇发生酯化反应生成的酯又该如何命名？

【讲解】 酯类的命名通常是根据生成酯的酸和醇的名称命名为某酸某酯，如：乙酸与乙醇发生酯化反应生成的酯叫乙酸乙酯。

【板书】 见板书。

【讲述】 酯可以分为无机酸酯和有机酸酯，常见的无机酸酯有硝酸乙酯、三硝酸丙三酯；常见的有机酸酯有饱和一元酯（如甲酸乙酯 $HCOOCH_2CH_3$）、饱和二元酯（如二甲酸乙二酯，乙二酸二乙酯）、环酯等。

【板书】 见板书。

2. 酯的性质

【实验】大家做一下乙酸乙酯的合成实验，注意观察一下生成的乙酸乙酯的状态、气味等实验现象。

【投影】生成乙酸乙酯的反应

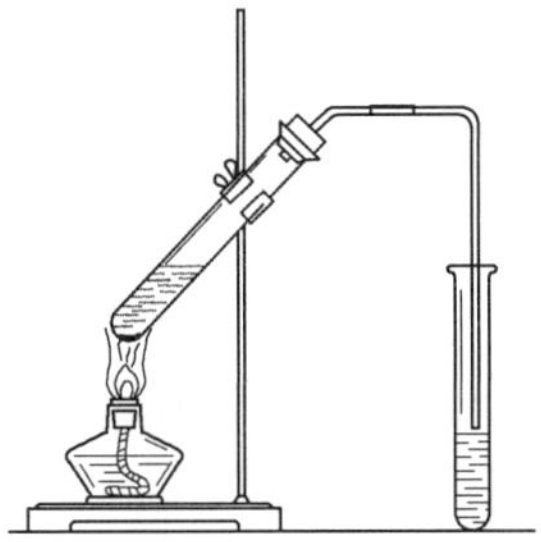

【讲解】从实验过程中可以观察到液体分层，饱和碳酸钠溶液的液面上有无色透明的油状液体生成，且能闻到香味（乙酸乙酯），震荡后油层变薄。饱和碳酸钠溶液能够中和乙酸，溶解乙醇，降低乙酸乙酯的溶解度，故震荡后油层变薄，只剩下了有芳香气味的乙酸乙酯。同学们来看乙酸乙酯的分子比例模型。

【投影】乙酸乙酯的分子比例模型

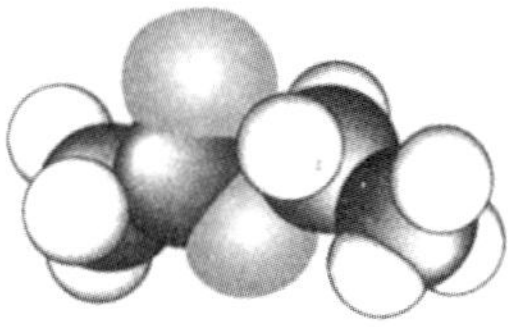

【讲解】低级酯是具有芳香气味的液体，密度一般比水小，并难溶于水，易溶于有机溶剂。

【板书】见板书。

【讲述】酯的重要化学性质之一是可以发生水解反应，生成相应的酸和醇。

【实验】请同学们设计实验探究乙酸乙酯在中性、酸性和碱性溶液中的水解情况。

试管编号	1	2	3
实验步骤	向试管内加入 6 滴乙酸乙酯，再加蒸馏水 5.5mL，振荡均匀	向试管内加 6 滴乙酸乙酯，再加稀硫酸 0.5mL，蒸馏水 5.0mL，振荡均匀	向试管内加入 6 滴乙酸乙酯，再加入 NaOH 溶液 0.5mL、蒸馏水 5.0mL，振荡均匀
实验步骤	将三支试管同时放入 70~80℃的水浴加热几分钟（一般以 5min 为宜），闻一下各试管里乙酸乙酯的气味		
实验现象	乙酸乙酯的气味很浓	略有乙酸乙酯气味	无乙酸乙酯的气味
实验结果	乙酸乙酯未发生水解	乙酸乙酯大部分已水解	乙酸乙酯全部水解

【讲解】通过实验探究，我们发现乙酸乙酯在水中不水解，在酸性条件中部分水解，在碱性条件中全部水解。

【投影】酯水解的化学方程式

$$CH_3COOC_2H_5 + H_2O \underset{\triangle}{\overset{稀硫酸}{\rightleftharpoons}} CH_3COOH + C_2H_5OH$$

$$CH_3COOC_2H_5 + NaOH \xrightarrow{\triangle} CH_3COONa + C_2H_5OH$$

【板书】见板书。

【提问】酸性条件下乙酸乙酯的水解是可逆反应；而碱性条件下由于生成乙酸钠，水解反应是不可逆的。那么在制取乙酸乙酯的实验中如果要提高乙酸乙酯的产率，你认为应当采取哪些措施？

【讲解】酯化反应是一个可逆反应。为了提高酯的产量，必须尽量使反应向有利于生成酯的方向进行，所以一般加入过量的乙醇或乙酸。另外，利用蒸馏不断将乙酸乙酯从反应器皿中蒸馏出来，这样使得产物浓度降低，使反应向产物浓度增加方向进行，从而可提高乙酸乙酯的产量。

环节三：归纳总结

【总结】本节课我们首先学习了酯的定义、命名与分类；然后通过乙酸与乙醇制取乙酸乙酯的实验，引入对酯的物理性质的学习；最后通过设计实验探究乙酸乙酯在中性、酸性和碱性溶液中的水解情况，展开对酯的化学性质的学习，本节课的重点是酯的水解反应。请同学们完成课后63页的第3、4题，并预习下一节课的内容。

五、板书设计

3.3.2　酯

一、酯的定义、命名及分类

（一）酯的定义：酯是酸与醇发生酯化反应后生成的产物

通式：RCOOR′，一元饱和羧酸酯的通式为 $C_nH_{2n}O_2(n \geqslant 2)$

（二）酯的命名：根据生成酯的酸和醇的名称命名为某酸某酯，如：由乙酸与乙醇生成的酯叫乙酸乙酯

（三）酯的分类：酯可以分为无机酸酯和有机酸酯，常见的无机酸酯有硝酸乙酯、三硝酸丙三酯；常见的有机酸酯有饱和一元酯（如甲酸乙酯 $HCOOCH_2CH_3$）、饱和二元酯（如二甲酸乙二酯，乙二酸二乙酯）、环酯等

二、酯的物理性质

（一）存在：酯广泛存在于自然界中。例如，乙酸乙酯、乙酸异戊酯存在于草莓、香蕉、梨等水果中，乙酸丁酯和异戊酸异戊酯存在于成熟的香蕉中，苯甲酸甲酯存在于丁香油中等

（二）物理性质：相对分子质量较小（分子里碳原子数较少）的酯，通常是具有芳香气味的液体；相对分子质量较大（分子里碳原子数较多）的酯通常是固体，不一定有芳香气味。低级酯是具有芳香气味的液体，密度一般比水小，并难溶于水，易溶于有机溶剂

三、酯的化学性质：

（一）酯的重要化学性质之一是可以发生水解反应，生成相应的酸和醇

乙酸乙酯在水中不水解，在酸性条件中部分水解，在碱性条件中全部水解

$$CH_3COOC_2H_5 + H_2O \underset{\triangle}{\overset{稀硫酸}{\rightleftharpoons}} CH_3COOH + C_2H_5OH$$

$$CH_3COOC_2H_5 + NaOH \xrightarrow{\triangle} CH_3COONa + C_2H_5OH$$

（二）酸性条件下乙酸乙酯的水解是可逆反应；而碱性条件下由于生成乙酸钠，水解反应是不可逆的。酯化反应是一个可逆反应

（三）为了提高酯的产量，必须尽量使反应向有利于生成酯的方向进行，所以一般加入过量的乙醇或乙酸。另外，利用蒸馏不断将乙酸乙酯和水从反应器皿中蒸馏出来，这样使得产物溶浓度降低，使反应向产物浓度增加方向进行，从而提高乙酸乙酯的产量

六、真题链接

1.（2016 江苏—1）化合物 X 是一种医药中间体，其结构简式如图所示：

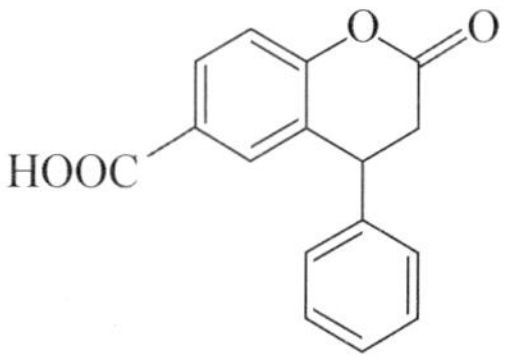

化合物X

下列有关物质 X 的说法正确的是（　　）。

A. 分子中两个苯环一定处于同一平面

B. 不能与饱和 Na_2CO_3溶液反应

C. 在酸性条件下水解，水解产物只有一种

D. 1mol 化合物 X 最多能与 2mol NaOH 反应

2.（2015 新课标Ⅱ—8）某羧酸酯的分子式为 $C_{18}H_{26}O_5$，1mol 该酯完全水解可得到 1mol 羧酸和 2mol 乙醇，该羧酸的分子式为（　　）。

A. $C_{14}H_{18}O_5$　　B. $C_{14}H_{16}O_4$　　C. $C_{16}H_{22}O_5$　　D. $C_{16}H_{20}O_5$

第四节　有机合成

【教材分析】

本节内容选自人教版高中《化学（选修5）》第三章“烃的含氧衍生物”第四节“有机合成”。依据课程标准“认识有机合成的关键是碳骨架的构建和官能团的转化，了解设计有机合成路线的一般方法，能综合应用有关知识完成推断有机化合物、检验官能团、设计有机合成路线等任务。体会有机合成在创造新物质、提高人类生活质量及促进社会发展方面的重要贡献”的要求，本节内容安排了“有机合成的过程”、“逆合成分析法”等教学内容。

有机合成指利用简单、易得的原料，通过有机反应生成具有特定结构和功能的有机化合物的过程。教科书为了更好地引入有机合成的概念和有机合成过程，首先介绍了19世纪20年代人类开始进行有机合成的研究以来取得的一些成果，并强调正是由于有机合成化学的迅速发展，使以染料合成和药物合成为重点的有机合成化学工业得以兴起，煤焦油和石油天然资源的综合利用得到了迅猛的发展。教科书通过“思考与交流”栏目引入了有机合成的思路，介绍了引入碳碳双键的3种方法、引入卤原子的3种方法以及引入羟基的4种方法等。通过“资料卡片”介绍了诺贝尔化学奖获得者科里对有机合成的贡献，以加强学生对学习化学的兴趣。

【学情分析】

在上这节课之前，学生基本掌握了常见官能团的性质，知道了一些官能团的引入及碳链增减的方法，但不够熟练。可以完成一些简单的熟悉的官能团转化任务；需要进一步加强对官能团性质与官能团转化关系的认识。有机合成题是全国各地高考命题的必考点，主要考查合成路线的设计或由合成路线推断中间产物的结构简式、化学性质、同分异构体等，同时综合考查考生的分析、解决问题的能力，迁移应用新信息的能力。本节课要求学生能够掌握烃及烃的衍生物性质及官能团相互转化的一些方法以及逆向合成法在有机合成中的应用，并能够了解有机合成的基本过程和基本原则。

有机合成实质是利用有机物的性质，进行必要的官能团反应。学生需要熟练掌握好各类有机物的组成、结构、性质、相互衍生关系以及重要官能团的引入和消去等基础知识。在前三节的学习中，学生掌握了醇、酚、醛、羧酸、酯等含氧衍生物的结构特点、物理性质、化学性质以及用途等方面的知识，学生的逻辑思维能力以及信息迁移能力有了显著提高。通过本节课的学习，学生将认识到合成的有机物与人们生活的密切关系，同时渗透热爱化学、热爱科学的思想教育；通过有机物逆合成分析法的推理，进一步培养学生的逻辑思维能力以及信息的迁移能力。

一、教学目标

核心知识	（1）掌握烃及烃的衍生物性质及官能团相互转化的常用方法。 （2）了解有机合成的基本过程和基本原则。 （3）掌握逆向合成法在有机合成中的应用
核心能力	（1）通过有梯度的与生活实际相关的有机合成的训练，培养学生的逆合成分析法的逻辑思维能力。 （2）通过设计情景问题，培养学生在有机合成中应用逆合成分析法解决问题的能力
核心品质	（1）通过逆合成分析法的研究，并结合生产实际选择适当的合成路线，培养学生逻辑思维的能力。 （2）通过有机合成中原料的选择，使学生关注某些有机物对环境和健康可能产生的影响，关注有机物的安全生产，培养学生科学的价值观

二、教学重点和难点

（1）教学重点：卤代烃、醇、酚、醛、羧酸、酯典型代表物的转化关系。

（2）教学难点：有机合成中常用的分析思路。

三、知识结构

- 有机合成
  - 有机合成任务
    - 构建碳骨架
      - 增长碳链
      - 减短碳链
      - 成环或开环
    - 官能团的引入
      - 引入卤素原子：如烯烃、炔烃的加成等
      - 引入碳碳双键：如醇、卤代烃的消去等
      - 引入羟基：如醛、酮加 H_2
      - 引入羰基：如醇的催化氧化等
  - 有机合成路线
    - 正合成分析
    - 逆合成分析法
      - 以目标化合物为起点，向前步步地推出基础原料
      - 其思路为：目标化合物→中间体……→中间体→基础原料
    - 综合分析法

四、教学过程

环节一：导入新课

【导入】公元前1500年古埃及人用柳树的叶子来止痛。科学证实柳叶中含有的水杨酸具有解热镇痛作用。1897年德国化学家霍夫曼对水杨酸做出改进，合成出阿司匹林，被评为改变世界的101项发明之一，因为用它治愈的疾病可能比其他任何药物都

多。阿司匹林的问世可谓是有机合成带给人类的福音之一。下面我们就循着科学家的脚步一起来体验一下如何进行有机合成，感受化学的魅力。

【板书】见板书。

环节二：展开新课

1. 有机合成的过程

【讲述】从远古时代，人类就一直依靠自然资源生存。在实践中，人类逐渐学会了对自然资源进行加工和转化。例如，通过酿酒、制药等以满足人类生活的需要。但自然资源是有限的，所以 19 世纪 20 年代人类便开始进行有机化合物的研究，通过有机合成不仅可以制备天然药物，以弥补自然资源的不足，还可以对天然药物进行局部改造和修饰，使其性能更加完美，甚至可以合成具有特定性质的、自然界并不存在的有机物，以满足人类的特殊需要。

【提问】请同学们阅读教科书 64 页第 3 段内容，回答下面 3 个问题：

【投影】思考交流

1. 什么是有机合成？
2. 有机合成的任务有哪些？
3. 用示意图表示出有机合成过程。

【讲解】有机合成是利用简单、易得的原料，通过有机反应，生成具有特定结构和功能的有机化合物；有机合成的任务包括目标化合物分子骨架构建和官能团的转化。

【投影】有机合成过程示意图

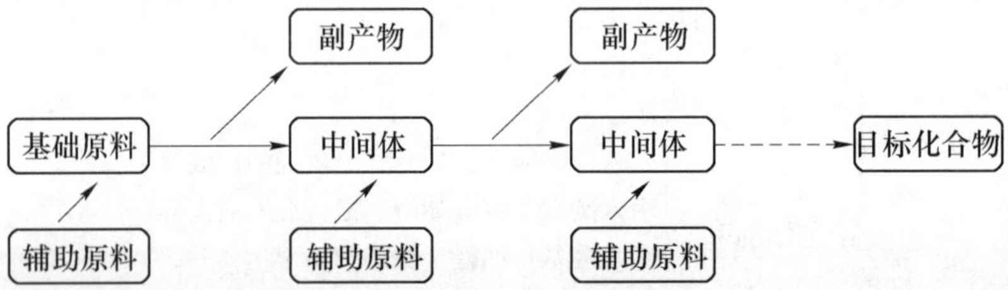

【板书】见板书。

【讲述】有机合成的过程是利用简单的试剂作为基础原料，通过有机反应链接官能团或一段碳链，得到一个中间体；在此基础上利用中间体上的官能团，加上辅助原料，进行第二步反应，合成第二个中间体，经过多步反应，按照目标化合物的要求，合成具有一定碳原子数目、一定结构的目标化合物。

【板书】见板书。

【讲解】有机合成的思路就是：通过有机反应构建目标分子的骨架，引入或转化所需的官能团。

【提问】通过前面的学习，请同学们思考并交流一下常见官能团的引入方法有哪些？

【投影】官能团的引入方法

官能团的引入	引入—OH	烯烃与水加成，醛、酮加氢，卤代烃水解，酯的水解
	引入—X	烃与 X_2 取代，不饱和烃与 HX 或 X_2 加成，醇与 HX 取代
	引入 C═C	某些醇和卤代烃的消去，炔烃加氢
	引入—CHO	某些醇氧化，烯氧化，炔水化，糖类水解
	引入—COOH	醛氧化，苯的同系物被强氧化剂氧化，羧酸盐酸化，酯酸性水解
	引入—COO—	酯化反应

【板书】见板书。

【讲解】除了官能团的引入，也可通过反应消除官能团，主要包括以下方法：通过有机物加成可消除不饱和键；通过消去、还原或酯化可消除羧基；通过消去或取代可消除卤原子等。

【提问】有机合成的关键是碳骨架的构建，即增长碳链，缩短碳链，成环或开环等。那么如何增长碳链？如何缩短碳链？

【讲解】增长碳链的反应有加成反应、卤代烃和 NaCN 反应等。缩短碳链的反应有水解反应、氧化反应，如丁烷可直接氧化成乙酸，苯的同系物氧化成苯甲酸等。

【板书】见板书。

【讲述】有机合成题是全国各地高考命题的必考点，有机合成的解题思路是：首先要正确判断需合成的有机物的类别，它含有哪种官能团，与哪些知识信息有关；其次是根据现有原料、信息和有关反应规律，尽可能合理地把目标化合物分成若干片段，或寻找官能团的引入、转换、保护方法，或设法将各片段拼凑衍变，尽快找出合成目标化合物的关键；最后将正向推导和逆向推导得出的若干个合成路线加以综合比较，选择出最佳的合成方案。

2. 逆合成分析法

【讲解】有机合成的方法包括正向合成分析法和逆向合成分析法。正向合成分析法是从已知的原料入手，找出合成所需要的直接或间接的中间体，逐步推向合成的目标有机物；逆向合成分析法是在设计复杂化合物的合成路线时常用的方法，它是将目标化合物倒退一步寻找上一步反应的中间体，该中间体同辅助原料反应可以得到目标化合物，而这个中间体，又可以由上一步的中间体得到，依次类推，最后确定最适宜的基础原料和最终的合成路线。

【投影】逆合成分析法示意图

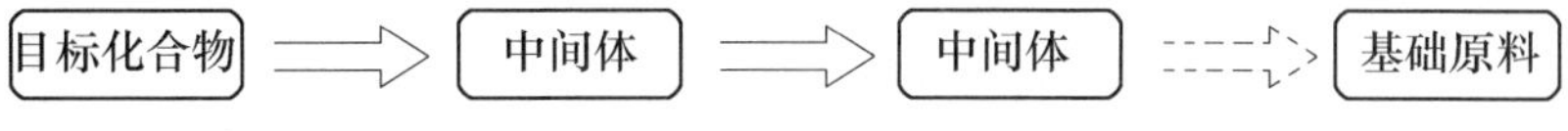

【板书】见板书。

【讲解】逆合成分析法运用过程中，所确定的合成路线的各步反应的条件必须比较温和，并具有较高的产率，所使用的基础原料和辅助原料应该是低毒性、低污染、易得和廉价的。

【投影】解题思路：

1. 剖析要合成的物质（目标分子），选择原料，路线（正向，逆向思维）；
2. 合理的合成路线由什么基本反应完成，目标分子骨架；
3. 目标分子中官能团引入。

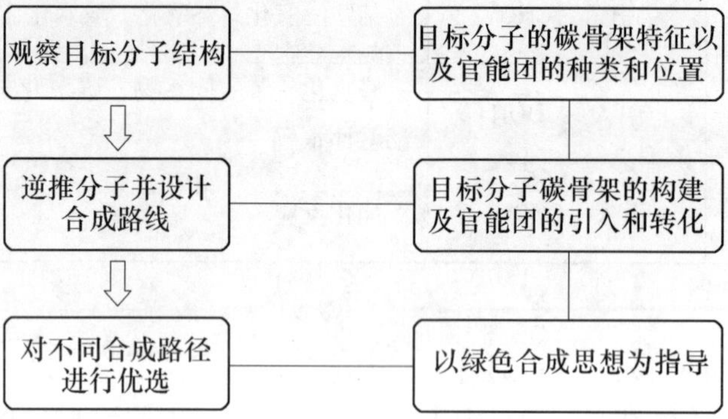

【板书】见板书。

【讲解】有机合成应遵循的原则：所选择的每个反应的副产物应尽可能少，主产物的产率应尽可能高且易于分离，避免采用副产物多的反应。发生反应的条件要适宜，反应的安全系数要高，反应步骤尽可能少而简单。要按一定的反应顺序和规律引入官能团，不能臆造不存在的反应事实，必要时应采取一定的措施保护已引入的官能团，所选用的合成原料要易得、经济。

【板书】见板书。

【讲述】下面我们以草酸二乙酯的合成为例，说明“逆合成分析法”在有机合成中的应用。

【讲解】第一步：分析草酸二乙酯的结构，我们发现其分子中含有两个酯基，按照酯化反应的规律我们可以将酯基断开，可以得到草酸（乙二酸）。说明目标化合物可由两分子的乙醇和一分子草酸通过酯化反应得到。

【投影】

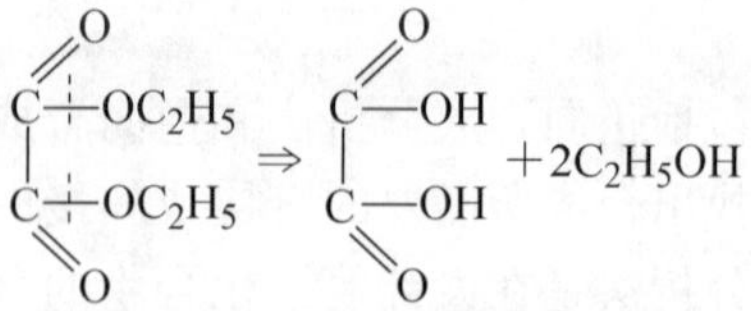

【讲解】第二步：根据学过的知识，羧酸可以由醇氧化得到，草酸的前一步的中间体应该是乙二醇。

【投影】

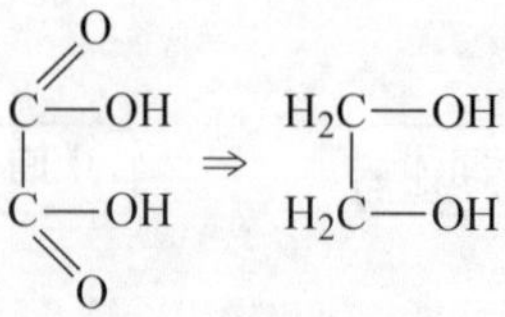

【讲解】第三步：乙二醇的前一步中间体是1,2-二氯乙烷。1,2-二氯乙烷可以通过乙烯的加成反应而得到。

【投影】

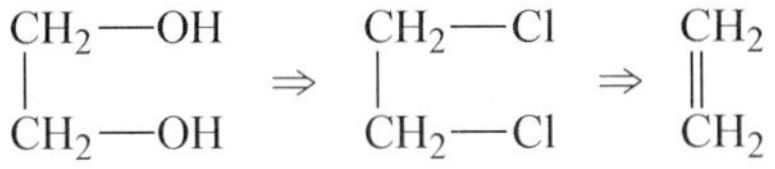

【讲解】第四步：乙醇可以通过乙烯与水的加成得到。

【讲述】根据以上逆合成分析，可以确定合成草酸二乙酯的基础原料为乙烯，通过以下五步反应合成：

【投影】合成过程

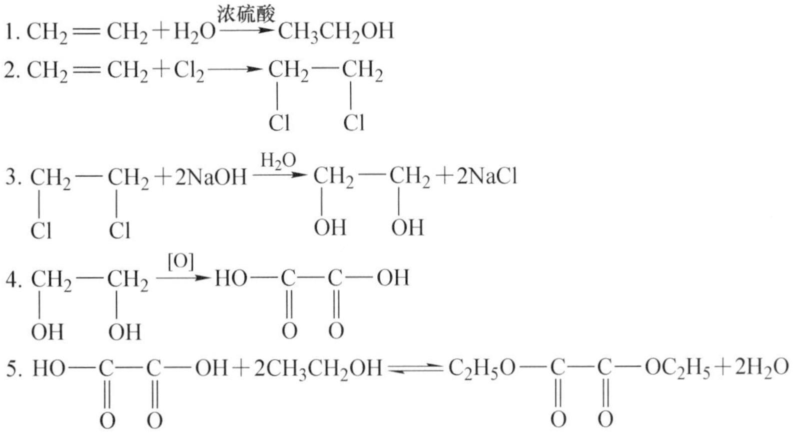

【练习】有机化合物分子中能引入卤原子的反应是（　　）。

①在空气中燃烧　②取代反应　③加成反应　④加聚反应

A. ①②　　　　B. ①②③

C. ②③　　　　D. ③④

【解析】有机物在空气中燃烧，是氧元素参与反应；由烷烃、苯等可与卤素单质发生取代反应，引入卤素原子；由不饱和烃与卤素单质或卤化氢加成，可引入卤素原子；加聚反应仅是含不饱和键物质的聚合。故答案为C。

环节三：归纳总结

【总结】本节课我们学习了有机合成的过程和方法，也了解到了有机合成的迅速发展对人类的深远影响。现代有机合成之父伍德沃德有句名言："在上帝创造的自然界旁边，化学家又创造了另一个世界"。有机合成发展100多年来，取得了令人瞩目的成果，人类利用有机合成，制备出了天然存在的物质，以弥补自然资源的不足，对天然物质进行结构改造和修饰，使其性能更加完美，甚至根据人们的需要，合成出了大量具有特定性质的、自然界中不存在的物质，如"超级炸药"。"神奇出自平凡，创新源自思考和需求"，这就是有机合成的魅力。请同学们课后完成67页的第1~3题，并预习下节课的内容。

五、板书设计

3.4　有机合成

一、有机合成的过程

（一）有机合成的定义：有机合成是利用简单、易得的原料，通过有机反应，生成具有特定结构和功能的有机化合物

（二）有机合成的任务：有机合成的任务包括目标化合物分子骨架构建和官能团的转化

（三）有机合成的过程：有机合成的过程是利用简单的试剂作为基础原料，通过有机反应链接官能团或一段碳链，得到一个中间体；在此基础上利用中间体上的官能团，加上辅助原料，进行第二步反应，合成第二个中间体，经过多步反应，按照目标化合物的要求，合成具有一定数目碳原子、一定结构的目标化合物

（四）有机合成的思路：通过有机反应构建目标分子的骨架，引入或转化所需的官能团

（五）常见官能团的引入

官能团的引入	引入—OH	烯烃与水加成，醛、酮加氢，卤代烃水解，酯的水解
	引入—X	烃与 X_2 取代，不饱和烃与 HX 或 X_2 加成，醇与 HX 取代
	引入 C═C	某些醇和卤代烃的消去，炔烃加氢
	引入—CHO	某些醇氧化，烯氧化，炔水化，糖类水解
	引入—COOH	醛氧化，苯的同系物被强氧化剂氧化，羧酸盐酸化，酯酸性水解
	引入—COO—	酯化反应

二、逆合成分析法

（一）逆向合成分析法的定义

逆向合成分析法是在设计复杂化合物的合成路线时常用的方法。它是将目标化合物倒退一步寻找上一步反应的中间体，该中间体同辅助原料反应可以得到目标化合物，而这个中间体，又可以由上一步的中间体得到，依次类推，最后确定最适宜的基础原料和最终的合成路线

（二）逆合成分析法示意图

目标化合物 ⇒ 中间体 ⇒ 中间体 ⇢ 基础原料

（三）有机合成应遵循的原则

所选择的每个反应的副产物应尽可能少，主产物的产率应尽可能高且易于分离，避免采用副产物多的反应。发生反应的条件要适宜，反应的安全系数要高，反应步骤尽可能少而简单。要按一定的反应顺序和规律引入官能团，不能臆造不存在的反应事实，必要时应采取一定的措施保护已引入的官能团，所选用的合成原料要易得、经济

（四）解题思路

1. 剖析要合成的物质（目标分子），选择原料，路线（正向，逆向思维）
2. 合理的合成路线由什么基本反应完成，目标分子骨架
3. 目标分子中官能团的引入

六、真题链接

（2018 江苏—17）丹参醇是存在于中药丹参中的一种天然产物。合成丹参醇的部分路线如下：

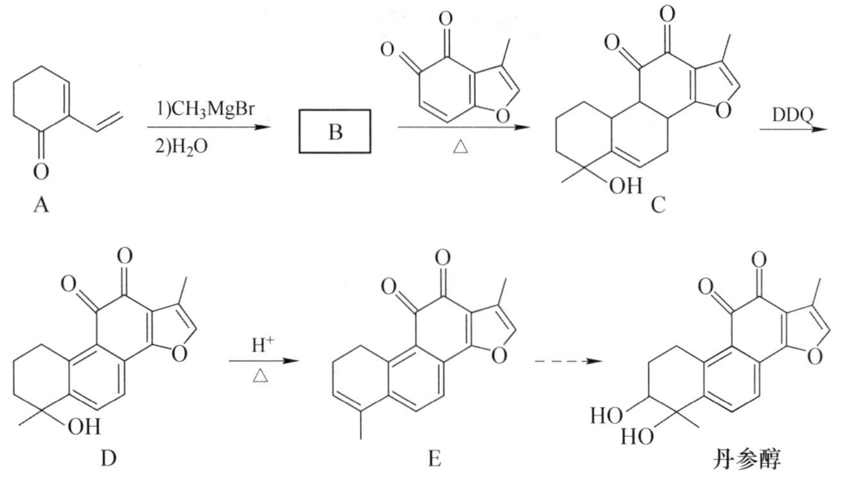

已知：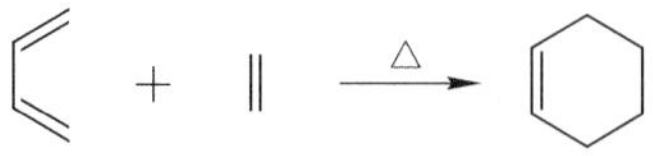

（1）A 中的官能团名称为__________________。（写两种）

（2）D ⟶E 的反应类型为__________________。

（3）B 的分子式为 $C_9H_{14}O$，写出 B 的结构简式：__________________。

（4）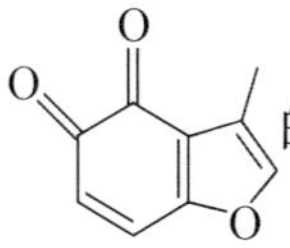的一种同分异构体同时满足下列条件，写出该同分异构体的结构简式：__________。

①分子中含有苯环，能与 $FeCl_3$溶液发生显色反应，不能发生银镜反应；

②碱性条件水解生成两种产物，酸化后分子中均只有 2 种不同化学环境的氢。

（5）写出以和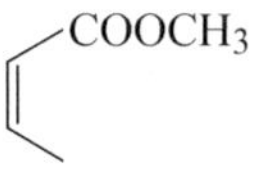为原料制备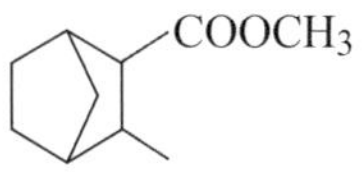的合成路线流程图。（无机试剂和乙醇任用，合成路线流程图示例见本题题干）

第四章　生命中的基础有机化学物质

本章知识框架

- 生命中的基础有机化学物质
  - 油脂
    - 结构：高级脂肪酸甘油酯
    - 分类：按常温下状态分为油和脂肪：根据烃基的种类分为简单甘油酯和混合甘油酯
    - 物理性质：密度比水小，难溶于水，易溶于汽油、乙醚、氯仿等有机溶剂
    - 化学性质：在酸性条件或酶的催化作用下会发生水解反应；可以与 H_2 发生加成反应
  - 糖类
    - 葡萄糖与果糖
      - 糖类的组成和分类
        - 定义：多羟基醛或多羟基酮，以及水解生成它们的物质
        - 糖类的组成：糖类化合物由 C、H、O 三种元素组成
        - 糖的分类：单糖、低聚糖、多糖
      - 葡萄糖
        - 葡萄糖的分子组成和结构特点：$CH_2OH—CHOH—CHOH—CHOH—CHOH—CHO$
        - 葡萄糖物理性质
        - 葡萄糖的化学性质及用途
      - 果糖
        - 果糖是无色晶体，易溶于水、乙醇和乙醚；果糖是最甜的糖
        - 广泛分布于植物中；果糖能发生酯化反应、加成反应
    - 二糖和多糖
      - 蔗糖与麦芽糖
        - 蔗糖：分子式是 $C_{12}H_{22}O_{11}$，自然界中分布最广的一种二糖
        - 蔗糖水解：$C_{12}H_{22}O_{11} + H_2O \xrightarrow{催化剂} C_6H_{12}O_6 + C_6H_{12}O_6$
        - 麦芽糖：蔗糖与麦芽糖的分子式相同，均为 $C_{12}H_{22}O_{11}$，有还原性
        - 麦芽糖水解：$C_{12}H_{22}O_{11} + H_2O \xrightarrow{催化剂} 2C_6H_{12}O_6$
      - 淀粉与纤维素
        - 淀粉：通式为（$C_6H_{10}O_5$）$_n$，遇碘变蓝，能发生水解反应。
        - 淀粉水解：$(C_6H_{10}O_5)_n + nH_2O \xrightarrow{酸或酶} nC_6H_{12}O_6$
        - 纤维素：通式为（$C_6H_{10}O_5$）$_n$，能发生水解反应和酯化反应
        - 纤维素水解：$(C_6H_{10}O_5)_n + nH_2O \xrightarrow{酸或酶} nC_6H_{12}O_6$
  - 氨基酸和蛋白质
    - 氨基酸
      - 结构：天然蛋白质水解产物均为 α-氨基酸
      - 代表物：常见氨基酸有甘氨酸、谷氨酸、丙氨酸、苯丙氨酸等
      - 性质：两性（既能与强酸反应，又能与强碱反应）；成肽反应
    - 蛋白质
      - 组成：主要元素：C、H、O、N、S 等
      - 基本单位：多种氨基酸
      - 性质：两性、水解反应、盐析、变性、颜色反应
    - 酶
      - 特殊的蛋白质
      - 催化作用的三个特点：条件温和、不需要加热，高度的专一性，高效性
    - 核酸
      - 定义：核酸是一类含磷的生物高分子化合物
      - 分类
        - 脱氧核糖核酸（DNA）
        - 核糖核酸（RNA）

第一节 油 脂

【教材分析】

本节内容选自人教版高中《化学（选修5)》第四章“生命中的基础有机化学物质”第一节“油脂”。依据课程标准“知道油脂的组成和主要性质，认识其在日常生活中的应用”的要求，本节内容安排了“油脂的组成和结构”、“油脂的水解反应”和“油脂的氢化”等教学内容。

本节课的内容为油脂的组成和结构、油脂的物理性质和化学性质。教科书首先通过介绍油脂及油脂的化学成分引入油脂的组成和结构，又由油脂的物理性质引入其化学性质。糖类、油脂、蛋白质是生命的基础有机化学物质，是人体需要的主要营养素，也是重要的工业原料。教科书通过资料卡片介绍了鱼油中的EPA和DHA是人体不可缺少的重要营养元素，选材来源于生活，吸引学生学习兴趣；其次通过“科学视野”栏目介绍了肥皂的去污原理及依据此原理研制出的各种各样的洗涤剂，突出了化学与我们的日常生活息息相关，对本部分内容的学习可以提高学生的科学素养、丰富生活常识，将所学知识运用到生活中解释一些现象，让学生体会到化学就在我们身边，从而加深对化学这门学科的学习兴趣。

在化学必修2中由于油脂的结构复杂，学生已有知识还不足以从结构角度认识油脂的性质，课标只要求从组成和性质上认识。本章安排在烃的衍生物之后，学生对烃的衍生物中各种官能团的结构和反应已经有了一定的认识和理解；同时，本节又是烃的衍生物知识的延续和发展，油脂的化学性质是这一节内容的重点，学生通过上节课的学习已经掌握了油脂的物理性质，也了解到有机化合物科学探究的基本思路和方法；知道学习有机物质不但要从物质的物理性质、化学性质出发，还需要从结构式等角度进行学习，为后续学习其他营养物质打好基础。

【学情分析】

生命中的基础有机化学物质把有机化学与生活紧密地联系起来，显示了化学在生活中的重要应用，在高考中一般以选择题形式呈现。尤其是油脂的组成和水解产物的判断，是高考命题的热点。

本节内容是在学习了醇、酸、酯等很多有机物知识的基础上进行的，学习过程中既复习和巩固了前面所学习的知识，加深了认识和理解，有助于对新知识的掌握，同时，由于本部分学习的油脂与人们生命、生活息息相关，可以激发学生学习的兴趣，从而可以更好地提高学习效率。但学生综合运用已经掌握的化学知识来建立起有机化学知识系统的综合能力还有待提高。

第 1 课时　油脂的组成和结构

一、教学目标

核心知识	（1）了解油脂的概念，并掌握油脂的组成和结构。 （2）引导学生结合日常生活中能接触到的油脂，利用所学知识与其结构联系起来，了解油脂的物理性质及用途
核心能力	（1）培养和提高自学能力、观察能力和理解能力。 （2）通过“结构决定性质”讲解油脂的性质和应用
核心品质	（1）在科学探究过程中，通过比较分析，不断地揭示问题和解决问题。 （2）让学生从问题中获得新知识，激发学生强烈的求知欲，同时开发学生的智力

二、教学重点和难点

（1）教学重点：掌握油脂的结构。

（2）教学难点：油脂的组成、结构。

三、知识结构

油脂的组成和结构
- 油脂概念：由高级脂肪酸和甘油形成的酯叫油脂
- 油脂的组成和结构
  - 组成：自然界中的油脂是多种物质的混合物，主要成分是一分子甘油、三分子高级脂肪酸脱水形成的酯
  - 结构
- 油脂的分类
  - 按常温下的状态：油和脂肪
  - 按油脂分子中烃基是否相同分为：单甘油脂、混甘油脂

四、教学过程

环节一：导入新课

【导入】夏天一到，减肥的女性又将多起来，为了能让自己的身材更苗条，女性用尽了各种办法，对于“入口”的食物十分苛刻，恨不能让一切带“油”和“脂”的食物都远离自己。其实那些“谈脂色变”的认识是不对的，在日常生活中一味地拒绝脂类，特别是人体必需的脂肪酸的摄入量不足，对人体是非常有害的。一些爱美的女性，为了减肥对脂肪深恶痛绝，采取各种办法减去身上的脂肪，结果人虽瘦了下来，身体的毛病却多起来了。众多的营养学家指出，迄今为止，最有效最安全的减肥是运动减肥，其他的方式大多干扰正常的脂质代谢，导致生理功能缺损。客观地说，脂肪有利也有弊。

通过学习本节课，同学们就会知道油脂是人类的主要食物之一，也是一种重要的工业原料。我们日常食用的猪油、牛油、羊油、花生油、豆油、棉子油等都是油脂。那么，什么是油脂？通常“油脂”两个字是连在一起出现的，那么“油”和

"脂"是同一层含义吗？他们的结构怎样？具有什么性质？我们这节课就带大家一起解答这些问题。

【板书】见板书。

环节二：展开新课

1. 油脂的概念

【讲述】首先我们来解答课前我们提到的第一个问题，究竟什么是油脂？

【板书】见板书。

【讲解】油脂是多种高级脂肪酸（如硬脂酸、软脂酸、油酸、亚油酸等）跟甘油形成的酯。属于酯类化合物。常温下呈液态的油脂叫做油，呈固态的油脂叫做脂肪，也就是说油脂是油和脂肪的统称。

【板书】见板书。

【提问】大家记不记得之前我们学习过的"酯"，那么上面提到的"脂"和我们之前学习过的"酯"有什么区别呢？

【投影】"脂"和"酯"的区别

	形成脂/酯的醇	形成脂/酯的酸	内　涵
脂	固定为甘油	高级脂肪酸	专指油脂
酯	任何醇或酚	任何酸	包含油脂

【讲述】油脂是油和脂肪的统称，其不但是人类主要营养物质和主要食物之一，也是一种重要的工业原料。刚刚我们学习了"酯"和"脂"的区别，那么油脂和矿物油又有什么区别和联系呢？

【投影】油脂和矿物油的区别和联系

	油　脂		矿物油
	油	脂肪	
组成	高级不饱和脂肪酸的甘油酯	高级饱和脂肪酸的甘油酯	多种烃（石油及其分馏产品）
状态	液态	固态	液态
存在	芝麻等油料作物	动物脂肪	石油
联系	油和脂肪统称为油脂		烃类

【练习】下列物质属于油脂的是（　　）。

A. 煤油　　B. 润滑油　　C. 凡士林　　D. 牛油

【讲解】油脂是油和脂肪的统称，生活中常见的油脂主要是植物油和动物油。

2. 油脂的组成和结构

【讲述】油脂不属于高分子化合物，都是混合物，天然油脂大多是混甘油酯。其主要成分是一分子的甘油与三分子的高级脂肪酸脱水形成的酯，称为甘油三酯。

【投影】油脂的结构

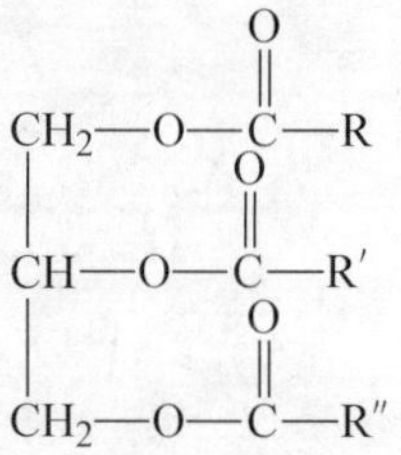

【板书】见板书。

【讲解】油脂结构中 R、R′、R″分别代表高级脂肪酸的烃基。组成油脂的高级脂肪酸种类较多，但多数为含偶数碳原子的直链高级脂肪酸，其中以含 16 和 18 个碳原子的高级脂肪酸最为常见，有饱和也有不饱和的。

【投影】油脂中常见的高级脂肪酸

饱和脂肪酸：	软脂酸（十六酸，棕榈酸）	$C_{15}H_{31}COOH$
	硬脂酸（十八酸）	$C_{17}H_{35}COOH$
不饱和脂肪酸：	油酸（9-十八碳烯酸）	$C_{17}H_{33}COOH$
	亚油酸（9,12-十八碳二烯酸）	$C_{17}H_{31}COOH$

【讲解】投影展示的是油脂中常见的高级脂肪酸。如果油脂结构中 R、R′、R″相同，我们就称其为简单甘油酯；如果 R、R′、R″不同，我们就称这样的油脂为混合甘油酯。天然油脂大多数都是混合甘油酯。

【板书】见板书。

【讲述】组成油脂的脂肪酸的饱和度，对油脂的熔点影响很大。植物油是含较多不饱和脂肪酸成分的甘油酯，在常温下一般呈液态；动物油是含有较多饱和脂肪酸成分的甘油酯，常温下一般呈固态。

【投影】植物油和动物油

3. 油脂的物理性质

【提问】请同学们思考并回答下面两个问题：平日家中做汤时放油，油浮在水面上还是溶于水中？衣服上的油渍怎样才能洗干净？

【实验】演示植物油在水、苯、汽油中的溶解性。

（1）取一支试管，注入 2 毫升水；滴入几滴食用油，振动试管，静置，观察现象。

（2）用汽油擦洗布片上的油渍，观察现象。

（3）振动盛有食用油的试剂瓶，观察现象。

（4）用手触摸食用油，可以感觉到________。

【实验记录】

实验编号	现　象	结　论
1		
2		
3		
4		

【讲述】 纯净的油脂是无色、无嗅、无味的物质，室温下可呈固态，也可呈液态，油脂的密度比水小，难溶于水，易溶于汽油、乙醚、氯仿等有机溶剂，因天然油脂是混合物，因而没有固定的熔点、沸点。

【板书】 见板书。

【练习】 下列关于油脂和乙酸乙酯的比较中，正确的是（　　）。

①脂和乙酸乙酯都是纯净物，在室温下都是液体

②油脂和乙酸乙酯都能水解生成羧酸和醇

③油脂和乙酸乙酯都不能使溴水褪色

④油脂和乙酸乙酯都不溶于水，而易溶于有机溶剂

A. ①②　　B. ②④　　C. ①④　　D. ③④

【解析】 油脂一般是混合物，乙酸乙酯是纯净物；油脂中有的在室温下呈固态（如硬脂酸甘油酯），有的在室温下呈液态（如油酸甘油酯）；油脂属于酯类，与乙酸乙酯相似，都能水解生成羧酸和醇；油脂中若含不饱和烃基，则能与溴水加成而使溴水褪色，乙酸乙酯与溴水不反应；油脂和乙酸乙酯都属于酯类，都不溶于水而易溶于有机溶剂。答案是 B。

环节三：归纳总结

【总结】 人类为了维持正常的生命活动和健康，保证正常的生长发育和从事各项劳动和运动，每天必须从食物中摄取一定数量的营养物质。脂类作为“六大营养素”之一，是维持正常生命活动不可缺少的。本节课我们初步学习了油脂的概念、分类、组成、结构以及物理性质，还学习了油脂与酯、矿物油的区别和联系。请同学们课后完成 78 页的第 1、2 题，并预习下一节课的内容。

五、板书设计

4.1.1　油脂的组成与结构

一、油脂

（一）概念：油脂是多种高级脂肪酸（如硬脂酸、软脂酸、油酸、亚油酸等）跟甘油形成的酯。属于酯类化合物

（二）分类：1. 按状态分：常温下呈液态的叫做油，呈固态的叫脂肪

2. 按油脂分子中烃基是否相同分：单甘油脂、混甘油脂

二、油脂的组成和结构

（一）组成：自然界中的油脂是多种物质的混合物，主要成分是一分子甘油、三分子高级脂肪酸脱水形成的酯

（二）结构：

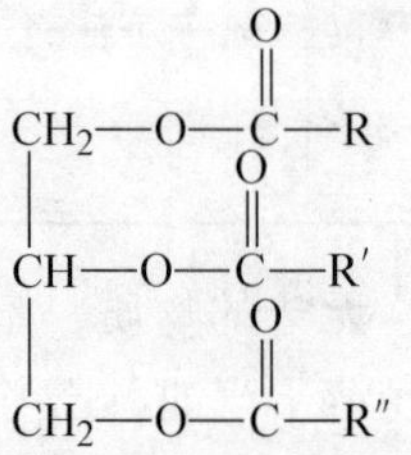

三、油脂的物理性质

纯净的油脂是无色、无嗅、无味的物质，室温下可呈固态，也可呈液态，油脂的密度比水小，难溶于水，而易溶于汽油、乙醚、氯仿等有机溶剂

六、真题链接

1. （2013 新课标Ⅱ—7）在一定条件下，动植物油脂与醇反应可制备生物柴油，化学方程式如下：

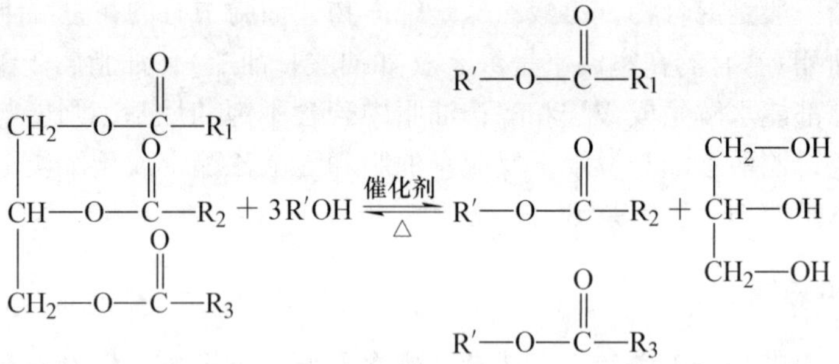

下列叙述错误的是（　　）。

A. 生物柴油由可再生资源制得

B. 生物柴油是不同酯组成的混合物

C. 动植物油脂是高分子化合物

D. “地沟油”可用于制备生物柴油

2. （2018 山西省实验中学模拟）下列说法正确的是（　　）。

A. 在紫外线、饱和 Na_2SO_4、$CuSO_4$ 溶液、福尔马林等作用下，蛋白质均会发生变性

B. 油脂属于高分子化合物，是混合物

C. 在一定条件下，氨基酸之间能发生反应，合成更加复杂的化合物

D. 检验淀粉在稀硫酸催化条件下水解产物的方法是：取适量水解液于试管中，加入少量新制 $Cu(OH)_2$ 悬浊液，加热，观察是否有红色沉淀

第 2 课时　油脂的化学性质

一、教学目标

核心知识	（1）掌握油脂的化学性质。 （2）了解肥皂、合成洗涤剂与人体健康等知识
核心能力	（1）培养学生的归纳、演绎能力，培养学生运用所学知识推理判断的思维能力。 （2）通过联系工业制取肥皂的工艺过程培养学生对知识的迁移能力和推理能力
核心品质	（1）通过对肥皂制取的探究，认识化学对日常生活的重要意义。 （2）让学生从问题中获得新知识，激发学生强烈的求知欲，同时开发学生的智力

二、教学重点和难点

（1）教学重点：油脂的化学性质。

（2）教学难点：油脂的皂化反应及工业制取肥皂的工艺过程。

三、知识结构

油脂的化学性质

- 水解反应
  - 在酸性或碱性条件下，油脂可水解生成相应的酸和甘油
  - 皂化反应：油脂在碱性条件下的水解反应叫皂化反应
- 油脂的氧化：天然油脂暴露在空气中会自发地进行氧化作用，发出酸臭和异味，称为酸败（变）
- 油脂的氢化：由于油脂是多种高级脂肪酸的甘油酯的混合物，而高级脂肪酸中，既有饱和的，又有不饱和的，因此有些油脂兼有酯类和烯烃的化学性质。油脂分子中烃基不饱和，可以与 H_2 发生加成反应

四、教学过程

环节一：导入新课

【导入】肥皂是我们在日常生活中经常会用到的一种生活用品，在很久很久以前，黄河流域的古人就开始使用皂荚来洗衣服。在欧洲关于肥皂起源的传说很多，传说古罗马的高卢人，每遇节日便将羊油和山毛榉树灰溶液搅成黏糊状，涂在头发上，梳成各种发型。一次，突遇大雨，发型淋坏了，人们却意外发现头发变干净了。又传说，罗马人在祭神时，烧烤的牛羊油滴落在草木灰里，形成了“油脂球”。妇女们洗衣时发现，沾了“油脂球”的衣服更易洗干净，这都说明了人们用动物脂肪与草木灰（碱）皂已有千年历史。今天我们学习油脂的化学性质，在学习油脂的化学性质的过程中还会带大家了解现在人们用的肥皂是怎么样制成的，以及肥皂的去污原理。

【板书】见板书。

环节二：展开新课

1. 油脂的水解反应

【讲述】在上一节课中，我们已经学习了油脂的结构，现在我们从“油脂的结构”特征分析它可能具有的化学性质。

【板书】见板书。

【讲解】油脂是多种高级脂肪酸（如硬脂酸、软脂酸、油酸、亚油酸等）跟甘油形成的酯，所以油脂属于酯类化合物，因此具有酯类的化学性质。

【提问】在必修 2 第三章第四节基本营养物质中我们就学习了糖类、油脂、蛋白质，虽然结构不同，但它们有共同的化学性质，请同学们回想一下，它们具有什么样的共同的化学性质呢?

【讲解】在必修 2 中我们学过糖类、油脂、蛋白质有一个共同的化学性质，就是都能发生水解反应。

【投影】糖类、油脂、蛋白质的水解小结

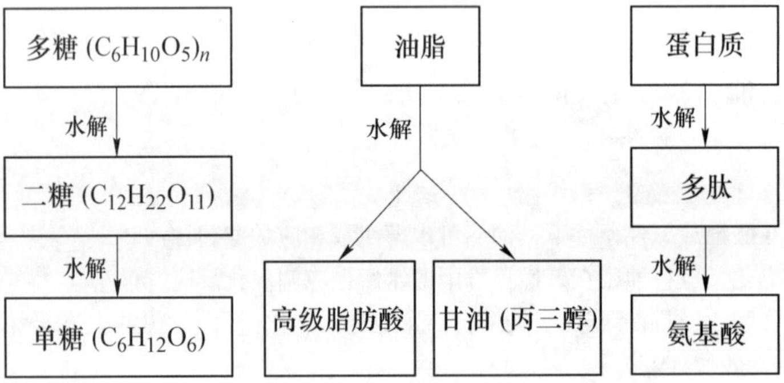

【讲解】今天我们重点学习油脂的水解，现在大家都知道油脂是人类的主要营养物质，而油脂在人体内的消化过程也是通过水解反应完成的。油脂在小肠内通过酶的催化发生水解反应，生成的高级脂肪酸和甘油作为人体的营养物质被小肠吸收。

【投影】油脂的消化

$$\text{油脂} \xrightarrow{\text{脂肪酶}} \text{水解} \xrightarrow{\text{吸收}} \text{酯化} \longrightarrow \text{脂肪储存}$$

【讲述】油脂除了在人体内通过酶催化能发生水解反应外，其在碱性溶液或酸性条件下也能发生水解，生成相应的酸和甘油。

【投影】（1）油脂在酸性条件下水解

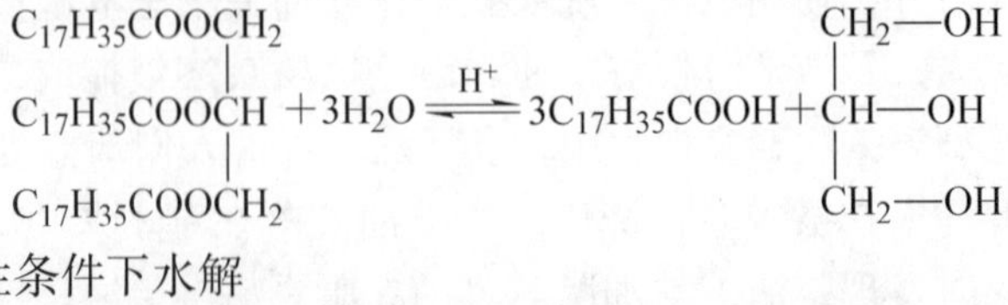

（2）油脂在碱性条件下水解

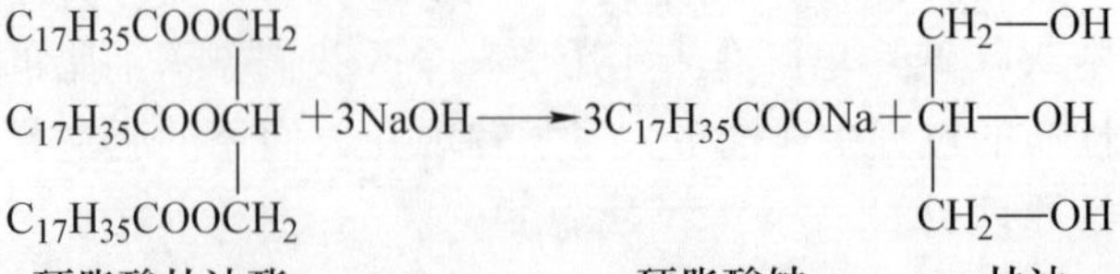

硬脂酸甘油酯　　　　硬脂酸钠　　　甘油

【板书】见板书。

【讲解】油脂在碱性（NaOH）条件下的水解反应中生成的高级脂肪酸的钠盐是肥皂的主要成分，所以将油脂在碱性条件下的水解反应称为皂化反应。

【板书】见板书。

【讲述】工业上就是利用油脂的皂化反应制取肥皂的，由高级脂肪酸钠盐制成的肥皂，称为钠肥皂，又称硬肥皂，就是生活中我们常用的普通肥皂。还有一种是由高级脂肪酸钾盐制成的肥皂，称为钾肥皂，又称软肥皂，多用于理发店、医院和汽车洗涤用的液体皂。

【讲解】工业上生产肥皂要经过皂化、盐析、洗涤、整理等步骤。那么接下来我们就根据工业上的工艺过程，利用家中的动物或植物油及碱制取肥皂。

【实验】（1）在小烧杯中加入约 5g 新鲜动物脂肪（如牛油）、6mL 95%乙醇，微热使脂肪完全溶解。

（2）在（1）的反应液中加入 6mL 40%氢氧化钠溶液，边搅拌边小心加热，直至反应液变成棕黄色黏稠状。用玻璃棒蘸取反应液，滴入装有热水的试管中，震荡，若无油滴浮在水面上，说明反应液中的油脂已经完全反应，否则要继续加热至反应完全。

（3）在（2）得到的反应液中加入 60mL 热的饱和食盐水，搅拌，观察浮在液面上的固体物质。用药匙将固体物质取出，用滤纸或纱布沥干，挤成块。

【投影】化学方程式

$$(C_{17}H_{35}COO)_3C_3H_5 + 3NaOH \xrightarrow{加热} 3C_{17}H_{35}COONa + C_3H_5(OH)_3$$

【提问】大家可以把自己制取的肥皂带回家中试试它的去污效果，那么肥皂的去污原理究竟是怎样的？

【讲述】请同学们阅读教科书 78 页“科学视野”栏目中内容，并回答肥皂的去污原理是什么。

【讲解】肥皂的主要成分是高级脂肪酸钠盐。极性羧酸盐部分易溶于水，叫做亲水基，而非极性的烃基——R 部分易溶于油，叫做憎水基，具有亲油性。当肥皂与油污相遇时，亲水基的一端溶于水中，而憎水基的一端溶于油污中，这就把原来互不相溶水和油结合起来，使附着在衣物表面的油污易被润湿，进而与衣物分开，经过揉搓作用，再经水漂洗后就可以达到去污的目的。

【投影】肥皂去污原理示意图

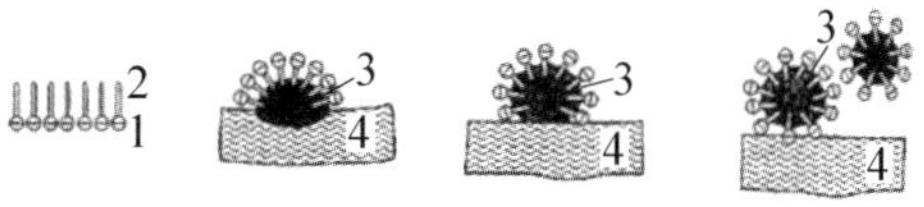

a. 亲水基　b. 憎水基　c. 油污　d. 纤维织品

肥皂去污原理示意图

2. 油脂的氧化

【讲述】天然油脂暴露在空气中会自发地进行氧化作用，产生酸臭和异味，称为酸败（变）。酸败的原因一方面是不饱和键被空气中的氧气氧化，生成过氧化物，过氧化物继续分解，生成低级醛及羧酸。

【投影】油脂的氧化

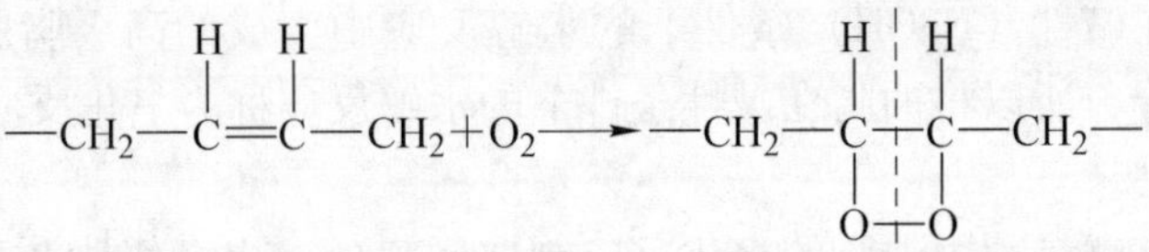

【板书】见板书。

【讲解】油脂酸败另一方面的原因是在微生物作用下，脂肪分解为甘油和脂肪酸，脂肪酸经一系列酶促作用后生成 β-酮酸，脱羧后成为具有苦味及臭味的低级酮类，如 PPT 所示。

【投影】

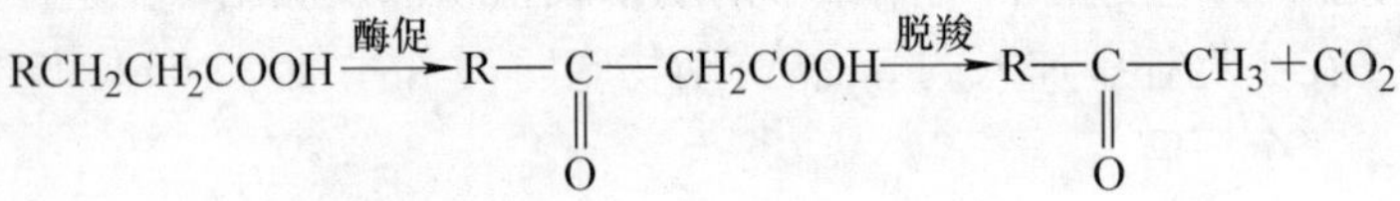

【讲解】同时甘油易被氧化成有特臭的 1,2-内醚丙醛。

【投影】氧化过程

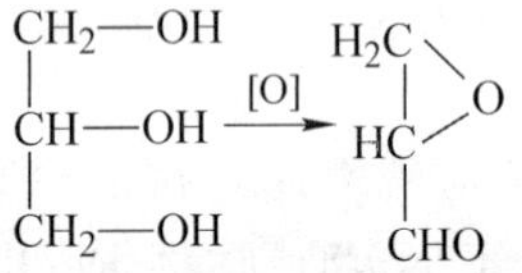

【讲解】油脂酸败对食品质量影响很大，不仅使食品风味变坏，而且营养价值降低。因为酸败不仅破坏脂肪酸，而且脂溶性维生素等也被破坏。长期食用酸败油脂对人体健康有害，轻者呕吐、腹泻，重者能引起肝脏肿大，造成核黄素（维生素 B_2）缺乏，引起各种炎症。

3. 油脂的氢化

【提问】上一节课的学习中，我们学习了油脂的物理性质，知道了油脂按状态分可以分为两种：常温下呈液态的油脂叫做油，呈固态的油脂叫做脂肪。请同学们想一想，它们之间可以相互转化吗?

【讲解】油是高级不饱和脂肪酸的甘油酯，呈液态，脂肪是高级饱和脂肪酸的甘油酯，可以通过改变其饱和度就可以使二者发生转化。不饱和程度高、熔点低的液态油，通过催化加氢，可提高其饱和度，转变为半固态的脂肪。由液态油转化为半固态脂肪的过程，称为油脂的氢化，也称油脂的硬化。

【投影】油脂的氢化

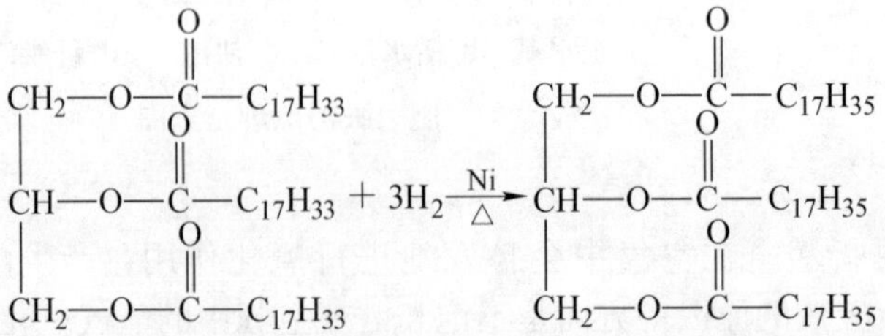

油酸甘油酯　　　　硬脂酸甘油酯

【板书】见板书。

【讲述】通过油脂的氢化制得的油脂叫人造脂肪，通常又称为硬化油。硬化油不易被空气氧化变质，便于储存和运输，可作为肥皂、人造黄油的原料。

【练习】下列关于皂化反应的说法中，错误的是（　　）。

A. 油脂经皂化反应后，生成的高级脂肪酸钠（钾）、甘油和水形成混合液

B. 加入食盐可以使肥皂析出，这一过程叫盐析

C. 加入食盐搅拌后，静置一段时间，溶液分成上下两层，下层是高级脂肪酸钠

D. 皂化反应后的混合溶液中加入食盐，可以通过过滤的方法分离提纯

【解析】油脂在碱溶液的作用下发生水解，叫皂化反应，生成的是高级脂肪酸钠（钾）、甘油和水形成的混合液，加食盐细粒，可发生盐析，上层是高级脂肪酸钠，下层是甘油和食盐水的混合溶液，可用过滤的方法分离提纯，故答案选 C。

环节三：归纳总结

【总结】本节课主要从油脂的水解反应、油脂的氧化、油脂的氢化等角度讲解油脂的化学性质，并联系生活、生产实际问题使学生认识化学对日常生活的重要意义，油脂不但在我们人体中发挥着重要作用，在工业生产中也有着重要作用，为了能更好地掌握本节课的知识，请同学们课后完成课本 78 页第 4 题。

五、板书设计

4.1.2 油脂的化学性质

一、水解反应

（一）在人体内：油脂在小肠内通过酶的催化发生水解反应，生成高级脂肪酸和甘油

（二）在酸性条件下水解：

$$\begin{array}{l} C_{17}H_{35}COOCH_2 \\ \qquad\qquad\quad | \\ C_{17}H_{35}COOCH \\ \qquad\qquad\quad | \\ C_{17}H_{35}COOCH_2 \end{array} + 3H_2O \underset{}{\overset{H^+}{\rightleftharpoons}} 3C_{17}H_{35}COOH + \begin{array}{l} CH_2—OH \\ | \\ CH—OH \\ | \\ CH_2—OH \end{array}$$

（三）油脂在碱性条件下水解：

$$\begin{array}{l} C_{17}H_{35}COOCH_2 \\ \qquad\qquad\quad | \\ C_{17}H_{35}COOCH \\ \qquad\qquad\quad | \\ C_{17}H_{35}COOCH_2 \end{array} + 3NaOH \longrightarrow 3C_{17}H_{35}COONa + \begin{array}{l} CH_2—OH \\ | \\ CH—OH \\ | \\ CH_2—OH \end{array}$$

（四）皂化反应：油脂在碱性条件下的水解反应称为皂化反应

二、油脂的氧化

天然油脂暴露在空气中会自发地进行氧化作用，产生酸臭和异味，称为酸败（变）

$$—CH_2—\overset{\overset{H}{|}}{C}=\overset{\overset{H}{|}}{C}—CH_2 + O_2 \longrightarrow —CH_2—\begin{array}{c} H \\ | \\ C \\ | \\ O \end{array}—\begin{array}{c} H \\ | \\ C \\ | \\ O \end{array}—CH_2—$$

三、油脂的氢化

由液态的油转化为半固态脂肪的过程，称为油脂的氢化，也称油脂的硬化

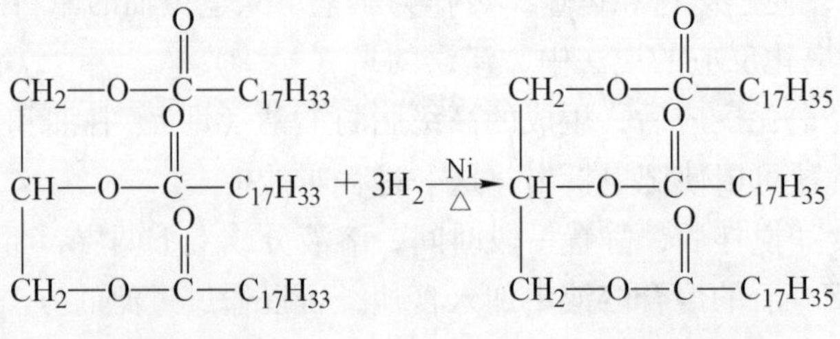

油酸甘油酯　　　　　　硬脂酸甘油酯

六、真题链接

1.（2017 全国Ⅲ—8）下列说法正确的是（　　）。

A. 植物油氢化过程中发生了加成反应

B. 淀粉和纤维素互为同分异构体

C. 环己烷与苯可用酸性 $KMnO_4$ 溶液鉴别

D. 水可以用来分离溴苯和苯的混合物

2.（2017 郑州模拟）某学生设计了四种实验方案，其中方案设计和结论都正确的是（　　）。

A. 淀粉溶液$\xrightarrow[\triangle]{\text{稀 } H_2SO_4}$水解液$\xrightarrow{\text{碘水}}$溶液变蓝。结论：淀粉完全没有水解

B. 淀粉溶液$\xrightarrow[\triangle]{\text{稀 } H_2SO_4}$水解液$\xrightarrow[\triangle]{Cu(OH)_2\text{ 悬浊液}}$无红色沉淀。结论：淀粉完全水解

C. 淀粉溶液$\xrightarrow[\triangle]{\text{稀 } H_2SO_4}$水解液$\xrightarrow{NaOH\text{ 溶液}}$中和液$\xrightarrow[\triangle]{Cu(OH)_2\text{ 悬浊液}}$有红色沉淀。结论：淀粉已水解

D. 淀粉溶液$\xrightarrow[\triangle]{\text{稀 } H_2SO_4}$水解液$\xrightarrow[\triangle]{\text{银氨溶液}}$无现象。结论：淀粉没有水解

第二节　糖　　类

【教材分析】

本节内容选自人教版高中《化学（选修5）》第四章“生命中的基础有机化学物质”第二节“糖类”。依据课程标准“认识糖类的组成和性质特点，能列举典型糖类物质，能说明单糖、二糖和多糖的区别与联系，能探究葡萄糖的化学性质，知道糖类在食品加工和生物质能源开发上的应用”的要求，本节内容安排了“葡萄糖与果糖”、“蔗糖与麦芽糖”、“淀粉与纤维素”等教学内容。

教科书首先介绍了“糖类是自然界中广泛分布的一类重要的有机化合物”。接着教科书又联系生活介绍了日常食用的蔗糖、食物中的淀粉、植物中的纤维素等。在此基础上依次介绍了葡萄糖与果糖、蔗糖与麦芽糖、淀粉与纤维素，并且将各自的应用进行介绍。教科书中还穿插了许多图片帮助学生更好联系生活掌握相关知识。教科书中还设置了“科学探究”栏目，让学生更好地掌握果糖的还原性等内容，除此之外还通过“科学视野”栏目介绍了甲壳质、玉米及玉米核的综合利用，增加学生对该部分知识的学习兴趣。教科书引入的关于葡萄糖的几个实验，在整个烃的衍生物中都举足轻重。

糖作为人体的能源物质，无论从了解化学还是认识自身都表现出重要的地位。从各种糖的介绍中打破学生认为糖就是葡萄糖的错误概念，对糖类物质形成准确的理解。糖类物质是生命活动中重要的营养物质，在日常生活中具有广泛的应用，与人类的生命活动密不可分。在高考中主要以选择题形式考查糖类代表物的组成、性质和用途。

【学情分析】

本节课在上一节课所学的油脂的物理性质及化学性质基础上，进一步介绍人类的另一种重要营养物质——糖类。学生在日常生活中已经对葡萄糖、蔗糖、淀粉、纤维素有感性认识，已经学习了醛类、醇类等知识，具有一定的基本理论知识和技能。学生经过高一及前三章的学习，能够运用探究实验的方法进行研究，具有一定的学习方法基础。

本节内容密切联系生活实际，让学生根据日常生活中的糖类物质，引出糖的定义；然后通过学生实验探究得出葡萄糖的结构特点。学生已经在前面学习了醛类、醇类等知识，可以依次进行类推、迁移，紧紧抓住结构决定性质的思维。通过课堂内的实验探究，使学生认识和体会单糖、二糖、多糖性质的研究过程，理解糖类物质的结构和性质。根据新课标的要求，在教学过程中以探究法代替演示实验，以小组合作代替验证实验，以学生为主体，培养学生的实验探究能力和动手操作能力，引导学生形成参与解决问题的意识。

第 1 课时　葡萄糖与果糖

一、教学目标

核心知识	（1）了解糖类的组成、主要性质及在日常生活中的应用。 （2）掌握糖类的概念及其重要的代表物葡萄糖的组成和性质
核心能力	（1）培养运用实验探究法学习糖类的性质的能力。 （2）通过联系实际了解葡萄糖在人体的代谢过程中所起的作用
核心品质	（1）通过实验，让学生体验科学探究的过程，强化科学探究的意识，促进学习方法的转变和实践能力的培养。 （2）通过对糖类在实际生活中的应用的了解，认识化学物质对人类社会的重要意义

二、教学重点和难点

（1）教学重点：掌握糖类的概念及其重要的代表物葡萄糖的组成和性质。

（2）教学难点：葡萄糖的结构与性质。

三、知识结构

葡萄糖与果糖
- 糖类的组成和分类
  - 糖类的定义：多羟基醛或多羟基酮，以及水解生成它们的物质
  - 糖类的组成：糖类化合物由 C、H、O 三种元素组成
  - 糖的分类：单糖、低聚糖、多糖
- 葡萄糖
  - 葡萄糖的分子组成和结构特点：$HOCH_2—CHOH—CHOH—CHOH—CHOH—CHO$
  - 葡萄糖的物理性质
  - 葡萄糖的化学性质
    - 能发生银镜反应
    - 能与新制氢氧化铜反应
  - 葡萄糖的用途：制镜业、糖果制造业，医疗上用于人体输液
- 果糖
  - 果糖是无色晶体，易溶于水、乙醇和乙醚，果糖结构简式：$HOCH_2—CHOH—CHOH—CHOH—CO—CH_2OH$
  - 果糖是最甜的糖，广泛分布于植物中
  - 果糖能发生酯化反应、加成反应

四、教学过程

环节一：导入新课

【导入】葡萄糖最早是在 1747 年被发现的，德国化学家马格拉夫自葡萄干中分离出少量的葡萄糖。1838 年，由法国化学家尚-巴蒂斯特·杜马正式命名为葡萄糖。由于葡萄糖在生物体中的重要地位，了解其组成和结构成为 19 世纪有机化学的重要课题，1892 年德国化学家费歇尔确定了葡萄糖的链状结构及其立体异构体，并因此获得 1902 年诺贝尔化学奖。

【板书】见板书。

环节二：展开新课

1. 糖类的组成和分类

【讲述】一提到糖，恐怕好些同学已经感觉到了甜味，那么到底什么是糖？糖是不是一定有甜味呢？今天我们就来一起了解自然界中的糖类。

【板书】见板书。

【提问】请同学们思考一下究竟什么是糖。

【讲述】糖类也叫做碳水化合物，可用一个通式来表示：$C_n(H_2O)_m$；这是因为在最初发现的糖类都是由 C、H、O 三种元素组成，并且分子中的 H 原子和 O 原子的个数比恰好是 2∶1。当时就误认为糖是由碳和水组成的化合物，现在还一直在沿用这种叫法。从分子结构上看，糖类一般是多羟基醛或多羟基酮的脱水缩合物。

【板书】见板书。

【讲述】糖类是自然界中广泛分布的一类重要的有机化合物。日常食用的蔗糖、粮食中的淀粉、植物体内的纤维素、人体血液中的葡萄糖等均属于糖类。根据能否水解以及水解后的产物，糖类分为单糖、低聚糖和多糖。

【板书】见板书。

【讲解】凡是不能水解的糖为单糖，如葡萄糖、果糖、核糖及脱氧核糖等；1mol 糖水解后能产生 2~10mol 单糖的称为低聚糖；其中以二糖最为重要，常见的二糖有麦芽糖、乳糖和蔗糖等；1mol 糖水解后能产生很多摩尔单糖的称为多糖，如淀粉、纤维素等。多糖属于天然高分子化合物。

【投影】糖类的分类

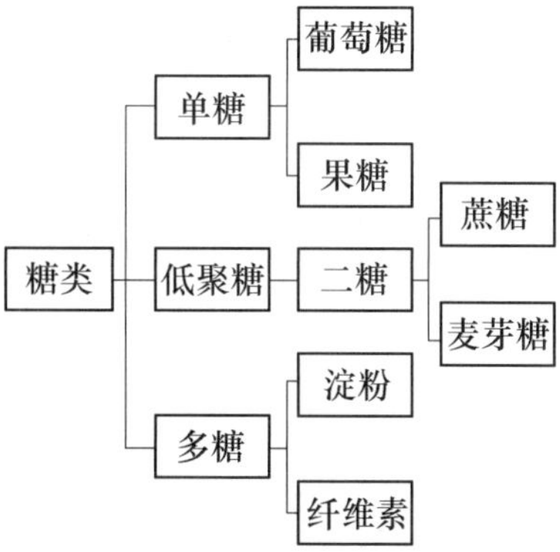

2. 葡萄糖与果糖

【讲述】葡萄糖是自然界中分布最广的单糖，因最初是从葡萄汁中分离得到而得名。葡萄糖存在于葡萄及其他带有甜味的水果、蜂蜜中，其分子式为 $C_6H_{12}O_6$，是无色晶体，有甜味，易溶于水，稍溶于乙醇，不溶于乙醚。

【板书】见板书。

【实验】利用 5min 时间，分组完成实验 A 和实验 B，并完成表格。

	实验步骤	实验现象	结　论
实验 A	在一支洁净的试管中加入 1mL 3% $AgNO_3$ 溶液，边振荡试管边逐滴滴入 3%的氨水至沉淀刚好溶解为止，配制成银氨溶液。再在试管中加入 1mL 10%葡萄糖溶液，振荡，然后在水浴中加热 3~5min	试管内壁有________附着	葡萄糖分子结构中有________基
实验 B	在试管中加入 1mL NaOH 溶液，滴加 5% $CuSO_4$ 溶液 5 滴，再加入 2mL 10%的葡萄糖溶液，加热。（注意：不要将试管口对着自己或他人）	试管中产生________	在葡萄糖分子结构中有________基

【提问】将上述两个实验与第三章中的实验3-5和实验3-6的现象进行比较，同学们能够得出什么样的结论？

【讲解】以上两个实验现象与乙醛的反应现象相似，说明葡萄糖与醛一样具有还原性。由此可以判断出葡萄糖分子中具有醛基的结构，属于醛糖。

【讲解】因为葡萄糖中存在—CHO 官能团，所以葡萄糖具有如下化学性质：

（1）能发生银镜反应；

（2）能与新制氢氧化铜反应。

【投影】葡萄糖结构简式：

$$CH_2OH—CHOH—CHOH—CHOH—CHOH—CHO$$

【板书】见板书。

【投影】葡萄糖可以发生银镜反应

$$CH_2OH—(CHOH)_4—CHO + 2[Ag(NH_3)_2]^+ + 2OH^- \xrightarrow{\text{水溶}} CH_2OH—(CHOH)_4—COO^- + NH_4^+ + 2Ag\downarrow + H_2O + 3NH_3$$

【投影】葡萄糖与新制 $Cu(OH)_2$ 作用

$$CH_2OH—(CHOH)_4—CHO + 2Cu(OH)_2 \xrightarrow{\triangle} CH_2OH—(CHOH)_4—COOH + Cu_2O + 3H_2O$$

【讲述】葡萄糖还是一种重要的营养物质，它在人体组织中在酶的催化下进行氧化反应，放出热量，以维持人体生命活动所需的能量。

【投影】生理氧化

$$C_6H_{12}O_6(s) + 6O_2(g) \longrightarrow 6CO_2(g) + 6H_2O(l) + 2804kJ$$

【讲述】葡萄糖在工业上常用于制镜业、糖果制造业；医疗上用于人体输液。

【板书】见板书。

【讲述】单糖除了上述学习的葡萄糖外，还有果糖。果糖是最甜的糖，分子式为 $C_6H_{12}O_6$

（与葡萄糖同分异构），广泛分布于植物中，在水果和蜂蜜中含量较高。为无色晶体，易溶于水、乙醇和乙醚。

【投影】果糖结构简式：

$$CH_2OH—CHOH—CHOH—CHOH—CO—CH_2OH$$

【讲解】果糖分子中含有酮基，属于多羟基的酮，属于酮糖。

【提问】果糖是否也像葡萄糖一样具有还原性，能发生银镜反应吗？

【讲解】碱性条件下果糖分子结构异构化。果糖分子具有酮羰基，但在碱性条件下易转化为烯二醇中间体，它可异构化为醛式，所以果糖也易被弱氧化剂氧化。

【板书】见板书。

【练习】下面是某化学活动小组在研究性学习中探索葡萄糖分子的组成和结构时设计并完成的一组实验：将下列四种液体分别取 2mL 先后加到 2mL 的新制 $Cu(OH)_2$ 中，充分振荡。实验现象记录见下表。

液 体	葡萄糖溶液	乙醇	甘油（丙三醇）	水
实验现象	氢氧化铜溶解，溶液呈绛蓝色	氢氧化铜不溶，混合物蓝色变浅	氢氧化铜溶解，溶液呈绛蓝色	氢氧化铜不溶，混合物蓝色变浅

根据上述实验及现象能够得出的正确结论是（ ）。

A. 葡萄糖分子中可能含有醛基

B. 葡萄糖分子中可能含有多个羟基

C. 葡萄糖的分子式为 $C_6H_{12}O_6$

D. 葡萄糖分子碳链呈锯齿形

【解析】根据实验现象无法推断出葡萄糖分子中是否含醛基以及分子式和分子中碳链的排列形式；乙醇、水分子中含一个羟基，不能使氢氧化铜溶解，丙三醇分子中含 3 个羟基，可使氢氧化铜溶解且溶液呈绛蓝色，现象与葡萄糖溶液相同，据此可推得葡萄糖分子中含多个羟基，故此题选 B。

环节三：归纳总结

【总结】通过本节课的学习，要求学生了解糖类的定义和简单分类、葡萄糖和果糖的结构特点，并且能够根据葡萄糖的分子结构，掌握葡萄糖典型的化学性质。通过探究实验，使学生进一步体验对化学物质的探究过程，理解科学探究的意义，学会科学探究的基本方法，提高科学探究的能力，体验科学探究的乐趣。请同学们课后完成 85 页的第 1、2 题，并预习下节课的内容。

	分子式	结构简式	官能团
葡萄糖	$C_6H_{12}O_6$	$HOCH_2(CHOH)_4CHO$	—OH、—CHO
果糖	$C_6H_{12}O_6$	$HOCH_2(CHOH)_3COCH_2OH$	—OH、$>C=O$

续表

物理性质			
	颜色	甜味	溶解性
葡萄糖	无色	有	水中易溶，乙醇中微溶，乙醚中不溶
果糖	无色	有	在水、乙醇、乙醚中易溶

五、板书设计

4.2.1　葡萄糖与果糖

一、糖类的组成和分类

（一）糖类的定义：糖类一般是多羟基醛或多羟基酮的脱水缩合物

（二）糖类的组成：糖类化合物由 C、H、O 三种元素组成

（三）糖的分类：单糖、低聚糖、多糖

二、葡萄糖与果糖

（一）葡萄糖

1. 葡萄糖是自然界中分布最广的单糖，无色晶体，有甜味，易溶于水，稍溶于乙醇，不溶于乙醚

$$CH_2OH—CHOH—CHOH—CHOH—CHOH—CHO$$

2. 葡萄糖分子中含有—CHO 和—OH，故葡萄糖既有醛的性质，又有醇的性质。可以发生氧化反应、加成反应、酯化反应等

（1）葡萄糖可以发生银镜反应

$$CH_2OH—(CHOH)_4—CHO + 2[Ag(NH_3)_2]^+ + 2OH^- \xrightarrow{水浴}$$
$$CH_2OH—(CHOH)_4—COO^- + NH_4^+ + 2Ag\downarrow + H_2O + 3NH_3$$

（2）葡萄糖与新制 $Cu(OH)_2$ 作用

$$CH_2OH—(CHOH)_4—CHO + 2Cu(OH)_2 \xrightarrow{\triangle}$$
$$CH_2OH—(CHOH)_4—COOH + Cu_2O + 3H_2O$$

（3）生理氧化

$$C_6H_{12}O_6(s) + 6O_2(g) \longrightarrow 6CO_2(g) + 6H_2O(l) + 2804kJ$$

3. 用途：制镜业、糖果制造业，医疗上用于人体输液

（二）果糖

1. 果糖是无色晶体，易溶于水、乙醇和乙醚，果糖结构简式：

$$CH_2OH—CHOH—CHOH—CHOH—CO—CH_2OH$$

2. 果糖是最甜的糖，广泛分布于植物中

3. 果糖能发生氧化反应、酯化反应、加成反应

六、真题链接

1. （2018 江苏—11）化合物 Y 能用于高性能光学树脂的合成，可由化合物 X 与 2-甲基丙烯酰氯在一定条件下反应制得：

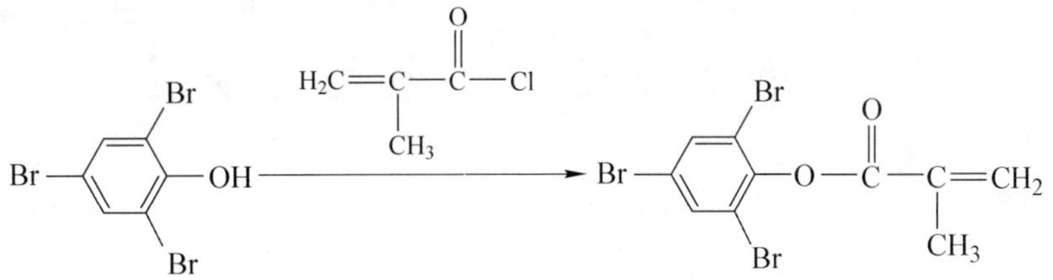

X　　　　　　　　　　　　　　　　　　　　　　Y

下列有关化合物 X、Y 的说法正确的是（　　）。

A. X 分子中所有原子一定在同一平面上

B. Y 与 Br_2 的加成产物分子中含有手性碳原子

C. X、Y 均不能使酸性 $KMnO_4$ 溶液褪色

D. X→Y 的反应为取代反应

2. （2017 全国Ⅱ—7）下列说法错误的是（　　）。

A. 糖类化合物也可称为碳水化合物

B. 维生素 D 可促进人体对钙的吸收

C. 蛋白质是仅由碳、氢、氧元素组成的物质

D. 硒是人体必需的微量元素，但不宜摄入过多

第 2 课时　低聚糖与多糖

一、教学目标

核心知识	（1）了解低聚糖和多糖的主要性质及在日常生活中的应用。 （2）掌握蔗糖、麦芽糖、淀粉和纤维素的组成和重要性质，它们之间的相互转变以及与烃的衍生物的关系
核心能力	（1）培养运用实验探究法学习低聚糖和多糖的性质的能力。 （2）通过联系实际了解蔗糖、麦芽糖、淀粉和纤维素等物质在现实生活中的用途
核心品质	（1）通过实验，让学生体验科学探究的过程，强化科学探究的意识，促进学习方法的转变和实践能力的培养。 （2）通过对糖类在实际生活中的应用的了解，认识化学物质对人类社会的重要意义

二、教学重点和难点

（1）教学重点：掌握蔗糖、麦芽糖、淀粉和纤维素的组成和重要性质，它们之间的相互转变以及与烃的衍生物的关系。

（2）教学难点：淀粉水解和纤维素的酯化。

三、知识结构

二糖和多糖

- 蔗糖与麦芽糖
  - 蔗糖：分子式是 $C_{12}H_{22}O_{11}$，自然界中分布最广的一种二糖，蔗糖分子结构中不含醛基，无还原性
  - 蔗糖水解：$\underset{\text{蔗糖}}{C_{12}H_{22}O_{11}} + H_2O \xrightarrow{\text{催化剂}} \underset{\text{葡萄糖}}{C_6H_{12}O_6} + \underset{\text{果糖}}{C_6H_{12}O_6}$
  - 麦芽糖：蔗糖与麦芽糖的分子式相同，均为 $C_{12}H_{22}O_{11}$，麦芽糖分子结构中有醛基，有还原性
  - 麦芽糖水解：$\underset{\text{麦芽糖}}{C_{12}H_{22}O_{11}} + H_2O \xrightarrow{\text{催化剂}} \underset{\text{葡萄糖}}{2C_6H_{12}O_6}$
- 淀粉与纤维素
  - 淀粉：通式为 $(C_6H_{10}O_5)_n$，由几百到几千个葡萄糖单元构成的天然有机高分子化合物，遇碘变蓝，能发生水解反应
  - 淀粉水解：$(C_6H_{10}O_5)_n + nH_2O \xrightarrow{\text{酸或酶}} nC_6H_{12}O_6$
  - 纤维素：通式为 $(C_6H_{10}O_5)_n$，由几千个葡萄糖单元构成的天然有机高分子化合物，能发生水解反应和酯化反应
  - 纤维素水解：$(C_6H_{10}O_5)_n + nH_2O \xrightarrow{\text{酸或酶}} nC_6H_{12}O_6$

四、教学过程

环节一：导入新课

【导入】 在上一节课我们初步学习了糖类的组成和分类，还学习了葡萄糖和果糖两种单糖，这一节我们继续学习低聚糖和多糖。常见的低聚糖有麦芽糖，多糖有淀粉和纤维素，其中淀粉大家都很熟悉。淀粉是由葡萄糖分子聚合而成的，是大部分绿色植物将光合作用产生的碳水化合物储藏而形成的一种多糖化合物。作为人类的主要食物来源，淀粉对人类生理和文明的演变起重要作用。

【板书】 见板书。

环节二：展开新课

1. 蔗糖与麦芽糖

【讲述】 蔗糖是自然界中分布最广的一种二糖，存在于大多数植物中，甘蔗和甜菜中含量最丰富。我们平时食用的白糖、红糖都是蔗糖。

【投影】 甘蔗和甜菜

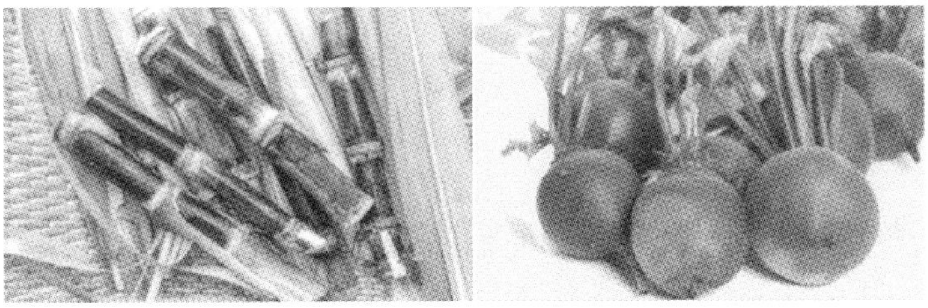

【讲述】 蔗糖是由 1 分子葡萄糖和 1 分子果糖脱水形成的，分子式为 $C_{12}H_{22}O_{11}$。蔗糖为无色晶体，易溶于水，较难溶于乙醇，甜味仅次于果糖。

【板书】 见板书。

【讲述】 蔗糖是一种二糖，其在酸性条件下水解成葡萄糖和果糖。

【投影】 蔗糖水解

$$\underset{\text{蔗糖}}{C_{12}H_{22}O_{11}} + H_2O \xrightarrow{\text{催化剂}} \underset{\text{葡萄糖}}{C_6H_{12}O_6} + \underset{\text{果糖}}{C_6H_{12}O_6}$$

【板书】 见板书。

【讲述】 蔗糖是植物储藏、积累和运输糖分的主要形式，还是重要的食品调味剂，也用于医药糖浆生产。

【讲述】 除了蔗糖以外，还有一种二糖叫做麦芽糖，麦芽糖分子式也为 $C_{12}H_{22}O_{11}$，是由两分子葡萄糖脱水形成的。主要存在于发芽的谷粒和麦芽中，甜度约为蔗糖的 1/3。另外，麦芽糖还是淀粉在体内消化过程中的一个中间产物，可以由淀粉在淀粉酶作用下水解得到。

【投影】 麦芽糖水解

$$\underset{\text{麦芽糖}}{C_{12}H_{22}O_{11}} + H_2O \xrightarrow{\text{催化剂}} \underset{\text{葡萄糖}}{2C_6H_{12}O_6}$$

【板书】见板书。

【提问】麦芽糖与蔗糖的分子式相同，蔗糖分子结构中不含醛基，无还原性，而麦芽糖分子结构中有醛基，有还原性，请同学们思考一下如何鉴别葡萄糖、麦芽糖和蔗糖呢？

【讲解】可用银氨溶液或新制的 $Cu(OH)_2$ 鉴别。葡萄糖、麦芽糖发生反应，有现象；蔗糖不反应，无现象。

【练习】对于蔗糖的说法中，不正确的是（　　）。

A. 蔗糖是最重要的二糖，它的式量是葡萄糖式量的 2 倍

B. 纯净的蔗糖溶液中加入银氨溶液，微热，不发生银镜反应

C. 在蔗糖与稀硫酸共热后的溶液中滴加银氨溶液，再水浴加热，看不到有银镜生成

D. 在蔗糖里加入浓硫酸，可观察到颜色变黑，并有泡沫出现

【解析】蔗糖的分子式为 $C_{12}H_{22}O_{11}$，葡萄糖分子式为 $C_6H_{12}O_6$，故 A 选项不正确。

2. 淀粉与纤维素

【提问】生活中大家一定有这样的体会：在吃馒头时，长时间咀嚼就会感觉到甜味，大家知道这是什么原因吗？

【讲解】这是由于淀粉在唾液酶的作用下，发生了水解反应。

【讲述】淀粉和纤维素是最重要的多糖，它们都是由多个葡萄糖分子脱水形成的，其分子式为（$C_6H_{12}O_6$）$_n$。

【讲述】淀粉是绿色植物光合作物的产物，大量存在于植物的种子、根和块茎中，其中谷类含淀粉较多。需要注意的是，淀粉和其他单糖、低聚糖不同，淀粉属于天然高分子化合物，一个淀粉分子中含有数百到数千个单糖单元，其相对分子质量较大，从几万到几十万。

【讲解】淀粉是无嗅、无味的粉末状物质，不溶于冷水。在热水中淀粉颗粒会膨胀破裂，有一部分淀粉会溶解在水里，形成淀粉糊，这个过程称为糊化作用。

【板书】见板书。

【实验】在试管 1 和试管 2 里各加入 0. 5g 淀粉，在试管 1 里加入 4mL 20%硫酸溶液，在试管 2 里加入 4mL 水，均加热 3~4min。用碱液中和试管 1 里的硫酸溶液，把一部分溶液倒入试管 3。在试管 2 和 3 里都加入碘溶液，观察现象。在试管 1 中加入银氨溶液，稍加热后，观察试管壁上有无银镜出现。

【讲解】淀粉水解后生成还原性单糖，能发生银镜反应。除此之外淀粉遇碘显蓝色，淀粉在酸或酶的作用下水解，可生成一系列的产物，最终生成葡萄糖。

【讲述】不论是直链淀粉还是支链淀粉，在稀酸作用下都能发生水解反应，最终产物是葡萄糖。所用催化剂为酸或酶。

【投影】淀粉水解

$$(C_6H_{10}O_5)_n + nH_2O \xrightarrow{\text{酸或酶}} nC_6H_{12}O_6$$

【板书】见板书。

【实验】在淀粉水解制葡萄糖的过程中，判断淀粉尚未水解、正在水解（部分水解）和水解已完全的方法和原理是淀粉无还原性且遇碘单质显蓝色，葡萄糖能发生银镜反应。具体见下表。

【投影】

加入碘水	银镜反应实验	结　论
变蓝	无银镜	尚未水解
变蓝	有银镜	部分水解
不变蓝	有银镜	水解已完全

【讲述】多糖除了淀粉以外，还有纤维素，自然界中的纤维素主要存在于棉花、木材中。其分子式也为（$C_6H_{12}O_6$）$_n$，为白色、无嗅、无味，具有纤维状的物质，一般不溶于水和有机物。纤维素与淀粉一样，没有还原性，但在强酸中的水解产物具有还原性。

【板书】见板书。

【讲述】纤维素分子由很多个葡萄糖单元构成。每一个葡萄糖单元有 3 个醇羟基，因此纤维素分子也可以用 $[C_6H_7O_2(OH)_3]_n$ 表示。由于醇羟基的存在，纤维素能够表现出醇的一些性质，如生成硝酸酯、乙酸酯。

【投影】纤维素水解

$$(C_6H_{10}O_5)_n + nH_2O \xrightarrow{\text{催化剂}} nC_6H_{12}O_6$$

【板书】见板书。

【提问】通过上面的学习，请同学们思考一下，淀粉和纤维素在我们日常生活中都有哪些用途？

【讲解】淀粉除了在人体内能被酶催化水解成葡萄糖供机体利用外，还是重要的食品工业原料，用于制备葡萄糖、酿制食醋、酿酒，也是药片中的赋形剂。纤维素可用于生产制造纤维素乙酸酯、纤维素硝酸酯、黏胶纤维和造纸等。

【板书】见板书。

【投影】

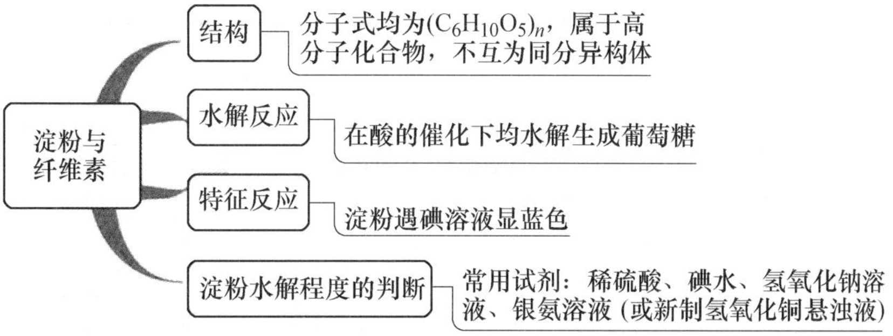

【提问】 通过前面的学习，请同学思考一下，是不是所有糖类都是甜的？有甜味的东西是不是都是糖类？

【解析】 糖类不一定都是甜的。我们食用的蔗糖是甜的，它只是糖类中的一种。淀粉、纤维素均不甜，它们属于糖类。有些有甜味的物质，如糖精，不属于糖类。

【练习】 下列关于有机化合物的结构、性质说法正确的是（ ）。

A. 苯和乙烯都能使溴水褪色，均与溴水发生加成反应

B. 蔗糖、麦芽糖，淀粉和纤维素都能水解，最终水解产物都为葡萄糖

C. 正丁烷和异丁烷的一氯取代物都只有两种，它们的密度也相同

D. 乙酸分子中含有羧基，可与 $NaHCO_3$ 溶液反应生成 CO_2

【解析】 A 选项中乙烯能和溴发生加成反应，苯不能和溴水发生加成反应；B 选项中蔗糖的水解产物是葡萄糖和果糖；C 选项中正丁烷和异丁烷的一氯取代物都只有两种，它们的密度不同；D 选项中乙酸中的羧基酸性大于碳酸氢根离子，根据强酸制取弱酸判断。故答案选 D。

环节三：归纳总结

【总结】 通过上面的学习，我们重点学习了蔗糖和麦芽糖两种低聚糖，还学习了淀粉和纤维素两种多糖，以及低聚糖和多糖在生活中的广泛应用，其间穿插了一些探究实验。本节知识与生活实际联系紧密，也为高分子化合物的学习作了铺垫。

	蔗糖（$C_{12}H_{22}O_{11}$）	麦芽糖（$C_{12}H_{22}O_{11}$）
结构特征	分子中不含—CHO	分子中含有—CHO
物理性质	无色晶体，溶于水，比葡萄糖甜	白色晶体，易溶于水，不如蔗糖甜
化学性质	（1）没有还原性，不能发生银镜反应，也不能与新制的 $Cu(OH)_2$ 悬浊液反应 （2）能水解	（1）有还原性，能发生银镜反应，能与新制的 $Cu(OH)_2$ 悬浊液反应 （2）能水解
存在	甘蔗、甜菜中	发芽的谷粒和麦芽中
相互联系	（1）都属于二糖，分子式都是 $C_{12}H_{22}O_{11}$，互为同分异构体 （2）蔗糖为非还原糖，而麦芽糖为还原糖 （3）水解产物都能发生银镜反应，都能还原新制的 $Cu(OH)_2$ 悬浊液	

	淀 粉	纤维素
通式	$(C_6H_{10}O_5)_n$	$(C_6H_{10}O_5)_n$
结构特点	由几百到几千个葡萄糖单元构成的天然有机高分子化合物	由几千个葡萄糖单元构成的天然有机高分子化合物
存在	植物的种子、根和块茎中	棉花、木材

五、板书设计

4.2.2 二糖与多糖

一、蔗糖与麦芽糖

（一）蔗糖：分子式 $C_{12}H_{22}O_{11}$，自然界中分布最广的二糖，蔗糖分子中不含醛基，无还原性，能发生水解反应

蔗糖水解

$$\underset{\text{蔗糖}}{C_{12}H_{22}O_{11}} + H_2O \xrightarrow{\text{催化剂}} \underset{\text{葡萄糖}}{C_6H_{12}O_6} + \underset{\text{果糖}}{C_6H_{12}O_6}$$

（二）麦芽糖：麦芽糖与蔗糖的分子式相同，均为 $C_{12}H_{22}O_{11}$，麦芽糖分子结构中有醛基，有还原性，能发生水解反应

$$\underset{\text{麦芽糖}}{C_{12}H_{22}O_{11}} + H_2O \xrightarrow{\text{催化剂}} \underset{\text{葡萄糖}}{2C_6H_{12}O_6}$$

二、淀粉与纤维素

（一）淀粉：通式为（$C_6H_{10}O_5$）$_n$，由几百到几千个葡萄糖单元构成的天然有机高分子化合物，淀粉是无嗅、无味的粉末状物质，遇碘变蓝，能发生水解反应

1. 淀粉水解

$$(C_6H_{10}O_5)_n + nH_2O \xrightarrow{\text{酸或酶}} nC_6H_{12}O_6$$

2. 淀粉的用途：淀粉除了在人体内能被酶催化水解成葡萄糖供机体利用外，还是重要的食品工业原料，用于制备葡萄糖、酿制食醋、酿酒，也是药片中的赋形剂

（二）纤维素：通式为（$C_6H_{10}O_5$）$_n$，由几千个葡萄糖单元构成的天然有机高分子化合物，为白色、无嗅、无味，具有纤维状的物质，一般不溶于水和有机物，能发生水解反应和酯化反应

1. 纤维素水解

$$(C_6H_{10}O_5)_n + nH_2O \xrightarrow{\text{酸或酶}} nC_6H_{12}O_6$$

2. 纤维素用途：纤维素可用于生产纤维素乙酸酯、纤维素硝酸酯、黏胶纤维和造纸等

六、真题链接

1. （2015 海南—9）下列反应不属于取代反应的是（　　）。

A. 淀粉水解制葡萄糖　　B. 石油裂解制丙烯

C. 乙醇与乙酸反应制乙酸乙酯　　D. 油脂与浓 NaOH 反应制高级脂肪酸钠

2. （2016 全国Ⅰ—38）秸秆（含多糖物质）的综合应用具有重要的意义。下面是以秸秆为原料合成聚酯类高分子化合物的路线：

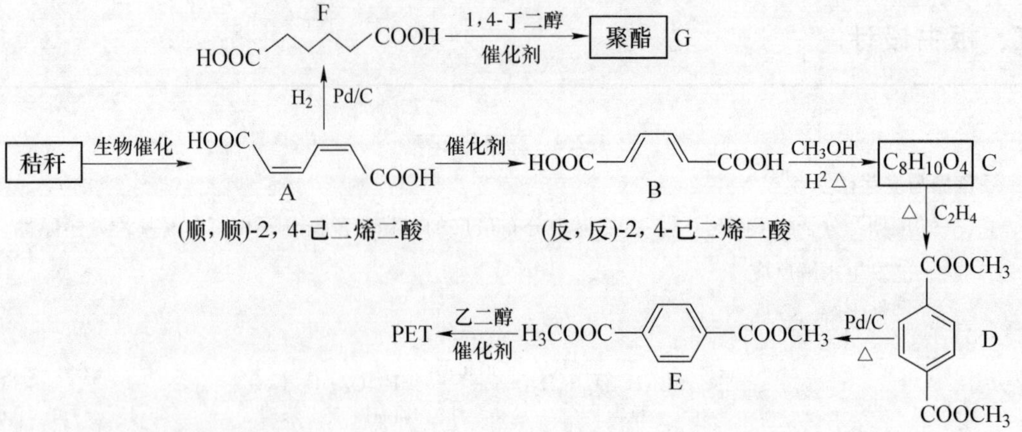

回答下列问题：

下列关于糖类的说法正确的是________。（填标号）

A. 糖类都有甜味，具有 $C_nH_{2m}O_m$ 的通式

B. 麦芽糖水解生成互为同分异构体的葡萄糖和果糖

C. 用银镜反应不能判断淀粉水解是否完全

D. 淀粉和纤维素都属于多糖类天然高分子化合物

第三节　蛋白质和核酸

【教材分析】

本节内容选自人教版高中《化学（选修 5）》第四章“生命中的基础有机化学物质”第三节“蛋白质和核酸”。依据课程标准“能辨识蛋白质结构中的肽键，能说明蛋白质的基本结构特点，能判断氨基酸的缩合产物、多肽的水解产物。能分析说明氨基酸、蛋白质与人体健康的关系”及“能列举蛋白质等有机化合物在生产、生活中的重要应用”的要求，本节内容安排了“氨基酸的结构与性质”、“蛋白质的结构与性质”、“酶”和“核酸”等教学内容。

教科书首先介绍了“蛋白质是生物体内一类极为重要的功能高分子化合物，是生命活动的主要物质基础”。由于氨基酸是组成蛋白质的基本单位，要认识蛋白质，必须先认识氨基酸。教科书通过“资料卡片”介绍了自然界的氨基酸有几百种，但组成生物体内的氨基酸只有 20 余种。教科书先介绍氨基酸的结构与性质，在此基础上结合插图常识性地介绍了蛋白质的四级结构，然后重点讨论了蛋白质的水解、盐析、变性、颜色反应等性质。除此之外，教科书中还插入了三个小实验，并附上了相关反应的实验照片，让学生在实验探究中体会蛋白质的化学性质。通过本节内容的学习，使学生了解蛋白质、酶等重要物质的重要性，并在此基础上，加强唯物主义教育。通过介绍我国科学家首先合成有生命活力的蛋白质——结晶牛胰岛素等事例，唤起学生的民族自豪感，激发学生对生命科学的研究和探索的强烈兴趣。

蛋白质是生命的基础，是一类非常重要的含氮生物高分子化合物，它水解的最终产物是氨基酸。蛋白质的性质是本节的重点，学生通过实验过程，并结合教科书中列举的生活中的一些事例可以加深对蛋白质性质的理解。酶和核酸是现代生物工程研究的一个重要内容，通过本节课的学习，学生了解到核酸的作用和意义越来越为人们所认识，越来越被人们所重视。

【学情分析】

本节课在前面两节课所学的油脂和糖类的基础上进一步介绍人类的另一种重要营养物质——蛋白质。在必修 2 教科书中，有“基本营养物质”一节，已经简单介绍了蛋白质的性质。除此之外，学生已经学习了羧基的有关性质，在生物课中已学过酶和核酸的知识，本节教学是在这些学生已有知识的基础上展开。另外，通过前面的学习，学生已具备一定的实验探究能力及应用所学知识对身边生活问题进行解释的能力。本节课的内容是从学生身边事和已有知识引入，然后引导学生在探询相关问题的答案中学习新知识。通过提出一些探究性问题来引入对氨基酸和蛋白质的学习。蛋白质的性质的学习将通过学生动手实验来进行，以学生为主体，培养学生的实验探究能力和动手操作能力。

一、教学目标

核心知识	（1）掌握氨基酸的组成、结构和主要化学性质。 （2）掌握蛋白质的组成和结构，掌握蛋白质的性质（盐析、变性、颜色反应等）。 （3）了解酶和核酸的作用及用途
核心能力	（1）通过学生动手实验培养操作技能与观察能力，使之正确进行实验分析，从而加深对概念的理解，并抽象形成规律性认识。 （2）培养学生通过观察实验现象，进行分析、推理，得出结论的思维能力
核心品质	（1）让学生初步了解蛋白质是生命最基本的物质基础，培养学生的辩证唯物主义思想。 （2）通过介绍我国科学家首先合成有生命活力的蛋白质——结晶牛胰岛素等事例，唤起学生的民族自豪感，激发学生对生命科学的研究和探索的强烈兴趣

二、教学重点和难点

（1）教学重点：蛋白质和氨基酸的组成、结构特点和主要化学性质。

（2）教学难点：蛋白质的化学组成，分子结构，主要功能。

三、知识结构

氨基酸和蛋白质
- 氨基酸
  - 结构：天然蛋白质水解产物均为α-氨基酸
  - 代表物：常见氨基酸有甘氨酸、谷氨酸、丙氨酸、苯丙氨酸等
  - 性质：两性（既能与强酸反应，又能与强碱反应）、成肽反应
- 蛋白质
  - 组成
    - 主要元素：C、H、O、N、S 等
    - 基本单位：多种氨基酸
  - 性质
    - 两性：既能与强酸反应，又能与强碱反应
    - 水解反应：酸、碱或酶做催化剂，最终产物为氨基酸
    - 盐析：物理变化，可逆过程
    - 变性：化学变化，不可逆过程
    - 颜色反应：含有苯基的蛋白质遇浓 HNO_3 时呈黄色，可用于蛋白质的鉴别
- 酶
  - 特殊的蛋白质
  - 催化作用的三个特点：条件温和、不需要加热，高度的专一性，高效性
- 核酸
  - 定义：核酸是一类含磷的生物高分子化合物
  - 分类
    - 脱氧核糖核酸（DNA）
    - 核糖核酸（RNA）

四、教学过程

环节一：导入新课

【导入】我们都知道世界上第一只克隆羊叫多利，它是克隆技术的应用成果。由中国“两院”院士在1998 年评出的十大科技进展；其中的第三位：我国转基因羊研究获重

大突破；第七位：我国的人类基因组研究获重大进展；第九位：我国研制成功基因重组人胰岛素。在十大科技进展中与蛋白质、生物工程有关的占有三项，由此可见该领域的研究非常活跃。蛋白质是生物体内一类极为重要的功能高分子化合物，是生命活动的主要物质基础。构成细胞的化合物有水、无机盐、糖类、脂类、蛋白质和核酸，其中蛋白质占细胞干重的50%以上，是细胞中各结构的重要成分，今天我们就一起来学习有关蛋白质和核酸的知识。

【板书】见板书。

环节二：展开新课

1. 氨基酸的结构与性质

【讲述】蛋白质是生物体内一类极为重要的功能高分子化合物，是生命活动的主要物质基础。由于氨基酸是组成蛋白质的基本单位，要认识蛋白质，必须先认识氨基酸。

【板书】见板书。

【提问】自然界中存在的氨基酸有几百种，但组成生物体内蛋白质的氨基酸只有20余种，那么究竟什么是氨基酸？

【讲解】羧酸分子烃基上的氢原子被氨基取代的化合物称为氨基酸，氨基酸分子中含有氨基和羧基。组成蛋白质的氨基酸几乎都是α-氨基酸，即氨基在羧基的α位上。

【投影】α-氨基酸的结构简式可以表示为

$$\mathrm{R{-}\underset{\displaystyle |\atop \displaystyle NH_2}{CH}{-}COOH}$$

【板书】见板书。

【投影】几种常见的氨基酸

俗名	结构简式	系统命名
甘氨酸	$H_2N—CH_2—COOH$	氨基乙酸
丙氨酸	$\mathrm{CH_3{-}\underset{\displaystyle |\atop \displaystyle NH_2}{CH}{-}COOH}$	α-氨基丙酸
谷氨酸	$\mathrm{HOOC{-}CH_2{-}CH_2{-}\underset{\displaystyle |\atop \displaystyle NH_2}{CH}{-}COOH}$	2-氨基戊二酸
苯丙氨酸	 $\mathrm{—CH_2{-}\underset{\displaystyle |\atop \displaystyle NH_2}{CH}{-}COOH}$	α-氨基苯丙酸

【板书】见板书。

【讲解】天然氨基酸均为无色晶体，熔点较高。在200～300℃时可熔化分解，能溶于强酸或强碱溶液中，除少数外一般都能溶于水，而难溶于乙醇、乙醚。

【板书】见板书。

【提问】大家观察一下上述几种常见氨基酸的结构简式，推测一下氨基酸具有怎样的化学性质。

【讲述】氨基酸分子中含有酸性官能团—COOH，碱性官能团—NH_2。所以氨基酸既能跟酸反应生成盐，又能跟碱反应生成盐。

【投影】氨基酸与酸、碱反应生成盐

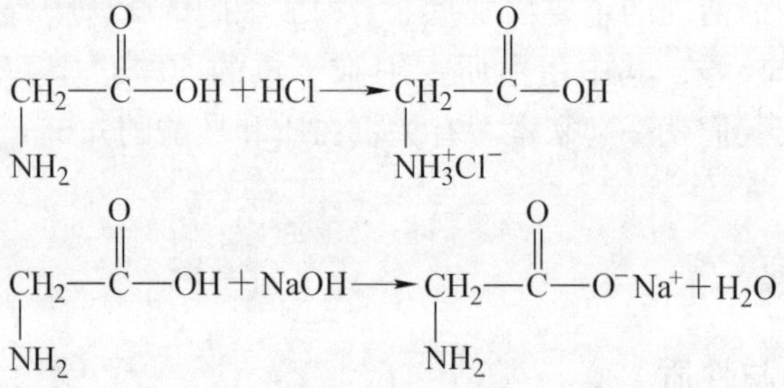

【板书】见板书。

【讲述】氨基酸除了具有两性外，还可以发生如下反应：两个氨基酸分子（可以相同，也可以不同），在酸或碱存在的条件下加热，通过一分子的氨基与另一分子的羧基间脱去一分子水，缩合形成肽键的化合物，称为成肽反应。

【投影】成肽反应

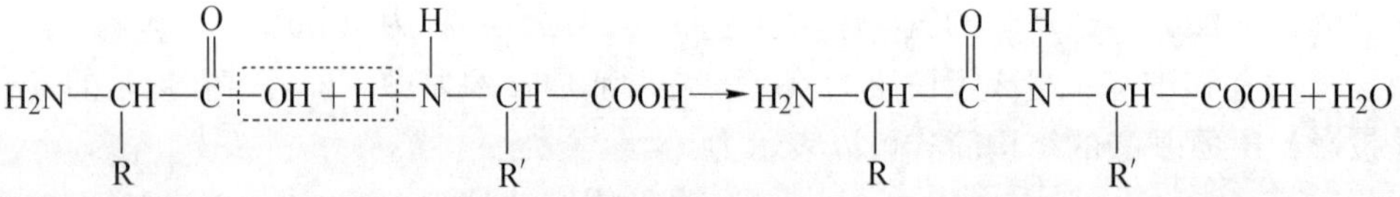

氨基酸　　氨基酸　　二肽

【讲述】由两个氨基酸分子缩合而成的含有肽键的化合物叫做二肽。由三个或三个以上氨基酸分子缩合而成的，含有多个肽键的化合物叫做多肽。

【板书】见板书。

2. 蛋白质的结构与性质

【讲述】多种氨基酸分子按照不同的排列顺序以肽键相互组合，可以形成千百万种具有不同的理化性质和生理活性的多肽链。相对分子质量在10000以上的，并具有一定空间结构的多肽称为蛋白质。

【投影】多肽链

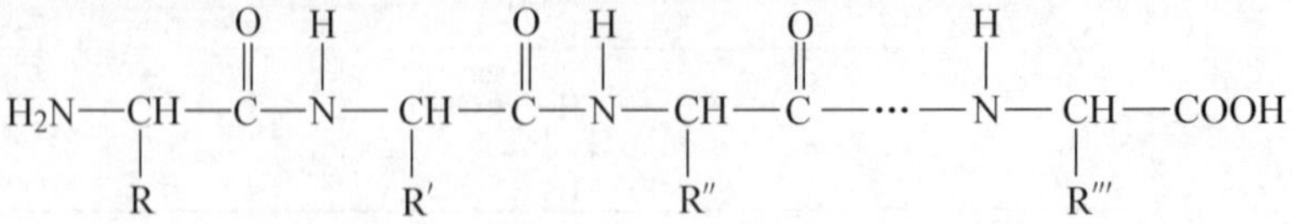

【板书】见板书。

【讲述】蛋白质是生命的基石，是组成细胞的基础物质，广泛存在于动物体内，如酶、瘦肉、毛、角、爪、蚕丝等，或存在于植物种子内，如大豆、小麦、大米等。蛋白质是由C、H、O、N、S等元素组成的结构复杂的化合物，有些还含有P，少量蛋白质还含有微量的Fe、Cu、Zn、Mn等。蛋白质的相对分子质量很大，从几万到几千万不等，是天然有机高分子化合物。

【板书】见板书。

【讲解】任何一种蛋白质分子在天然状态下均具有独特而稳定的结构，这是蛋白质分子结构中最显著的特征。各种蛋白质的特殊功能和活性不仅取决于多肽链的氨基酸种类、数目及排列顺序，还与其特定的空间结构密切相关。

【投影】蛋白质分子中各种氨基酸的连接方式和排列顺序称为蛋白质的一级结构。蛋白质的一级结构决定其空间结构；蛋白质的二级结构是指多肽链骨架盘绕折叠形成的有规律性的结构；蛋白质的三级结构是整个多肽链的三维构象，它是在二级结构的基础上，多肽链进一步折叠卷曲形成的复杂球状分子结构。具有三级结构的多肽链叫亚基。蛋白质分子中亚基的立体排布、亚基间的相互作用与布局称为蛋白质的四级结构。

【投影】蛋白质的结构

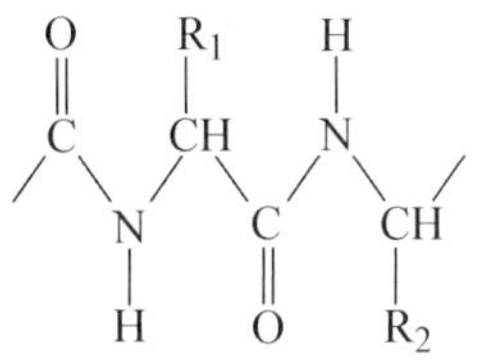

蛋白质的一级结构
(多肽链)

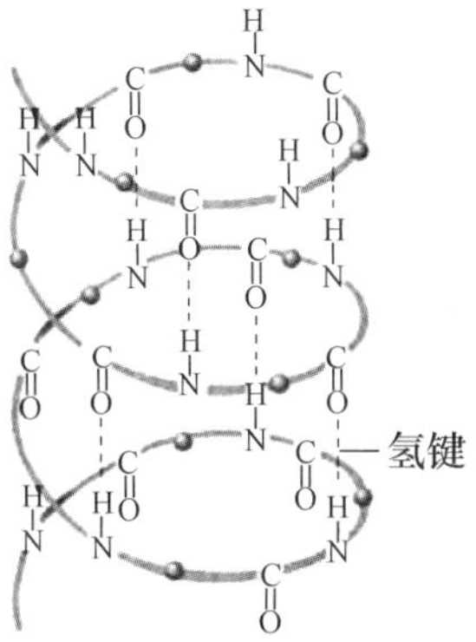

蛋白质的二级结构
(螺旋结构)

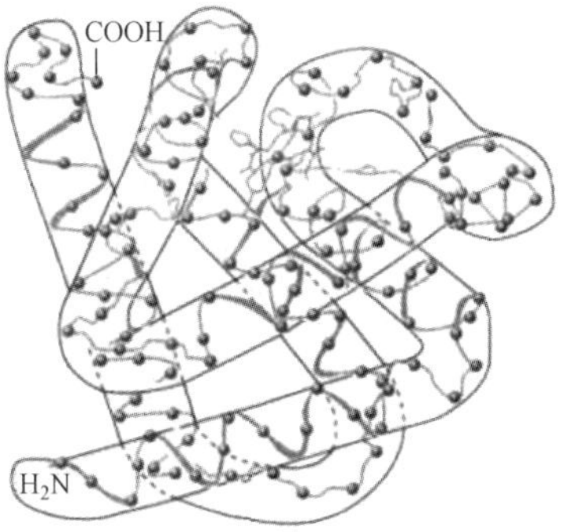

鲸肌蛋白分子的三级结构
(螺旋结构)

【板书】见板书。

【讲述】形成蛋白质的多肽是由多个氨基酸脱水形成的，在多肽链的两端必然存在着自由的氨基与羧基。而且，侧链中也有酸性或碱性基团。因此，蛋白质与氨基酸一样也是两性分子，既能与酸反应，又能与碱反应。

【板书】见板书。

【讲述】蛋白质除了具有两性外，还可以在酸、碱或酶的作用下水解成相对分子质量较小的多肽，多肽可以继续水解为氨基酸。前面我们提到过组成生物体内蛋白质的氨基酸有 20 多种，但是其中有 8 种氨基酸在人体内不能合成，必须通过食物供给，食物中的蛋白质在人体内各种蛋白酶的作用下水解成各种氨基酸，氨基酸被肠壁吸收进入血液，再在体内重新合成人体所需要的蛋白质。

【实验】（1）取 20mL 鸡蛋清溶液放入试管；

（2）向试管中加入饱和 Na_2SO_4，若现象不明显可滴入少量 CH_3COOH。

【讲解】向蛋白质溶液中加（NH_4）$_2SO_4$、Na_2SO_4 等盐溶液时，会使蛋白质从溶液沉淀出来，之后加入蒸馏水，沉淀溶解，此现象叫蛋白质的盐析。盐析是可逆的。

【板书】见板书。

【实验】按下列方案进行实验，并与盐析现象比较。

	操作 1	现象 1	解释	操作 2	现象 2	解释
加入鸡蛋清溶液 3mL	加热			加入蒸馏水		
	加入 2 滴 1% 醋酸铅溶液			加入蒸馏水		

【讲解】通过实验得出，在蛋白质溶液中加入重金属盐、醛或加热均会使蛋白质凝结成沉淀，此过程不可逆。由此可见在某些物理因素或化学因素的影响下，蛋白质的理化性质和生理功能发生改变，这种现象称为蛋白质的变性。

【板书】见板书。

【实验】

	操作 1	现象 1	解释	操作 2	现象 2	解释
加入鸡蛋清溶液 3mL	滴入数滴浓硝酸			微热		

【讲解】观察到，蛋白质溶液中加入浓硝酸会有白色沉淀产生，加热后沉淀变为黄色。含有苯基的蛋白质均能发生这个反应。蛋白质的颜色反应是检验蛋白质的方法之一，反应的实质就是硝酸作用于含有苯环的蛋白质，使它变成黄色的硝基化合物。

3. 酶和核酸

【提问】生物体是一个复杂的“化工厂”，在这个“化工厂”里同时进行着许多相互协调配合的化学反应，例如，食物在动物肠道内消化分解，然后进入各个组织细胞内进行复杂的变化；植物种子发芽、开花、结果，以及所进行的光合作用过程，也离不开化学反应。这些反应需要随环境和身体情况的变化随时自动地进行精密协调。如此苛刻的条件是怎样实现的呢？

【讲解】对这些反应进行精密协调的是一类生物催化剂——酶。酶是一类由细胞产生的、对生物体内的化学反应具有催化作用的有机物，其中绝大多数是蛋白质。在酶的作用下，生物才会有消化、呼吸、运动、生长、发育、繁殖等生命活动，才会产生新陈代谢等化学变化。

【板书】见板书。

【提问】酶对于许多有机化学反应和生物体内进行的复杂的反应具有催化作用，酶的催化作用具有以下特点：

【投影】酶的催化作用特点

（1）条件温和，不需要加热；

（2）具有高度的专一性；

（3）具有高效催化作用。

【板书】见板书。

【讲述】目前，已经知道的酶有数千种。酶已经得到了广泛的应用，如淀粉酶应用于食品、发酵、纺织、制药等。蛋白酶用于医药、制革等工业。

【讲述】核酸是一类含磷的生物高分子化合物，相对分子质量可达几十万至几百万。根据其组成。核酸可以分为脱氧核糖核酸（DNA）和核糖核酸（RNA）。

【讲解】DNA 大量存在于细胞核中，是生物体遗传信息的载体；RNA 主要存在于细胞质中，根据 DNA 提供的信息控制体内蛋白质的合成。

【板书】见板书。

【讲述】1981 年，我国科学工作者用人工方法合成了酵母丙氨酸转移核糖核酸，我国还是唯一参加世界人类基因组研究的发展中国家，这些都标志着我国在核酸领域研究中达到了世界先进水平。

环节三：归纳总结

【总结】本节课我们认识了氨基酸和蛋白质的组成及结构特点，并且从官能团的角度分析氨基酸和蛋白质各自的性质，以及酶和核酸的作用。通过自己动手实验培养操作技能与观察能力，正确进行实验分析，从而加深对概念的理解，并通过观察实验现象，培养分析、推理、得出结论的思维能力。课后请同学们完成课本课后练习题 94 页第 1~5 题，再次巩固今天所学的内容。

五、板书设计

4.3　氨基酸与蛋白质

一、氨基酸的结构与性质

（一）氨基酸的定义：羧酸分子里烃基上的氢原子被氨基取代后的生成物叫氨基酸

（二）氨基酸的结构：氨基酸可看作是羧酸分子中烃基上的 H 被氨基取代后的产物，因此氨基酸分子中含有氨基和羧基两种官能团，组成蛋白质的氨基酸几乎都是 α-氨基酸

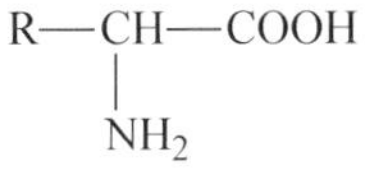

（三）几种常见的氨基酸：甘氨酸、谷氨酸、丙氨酸和苯丙氨酸等

（四）氨基酸的性质

1. 氨基酸的物理性质

天然氨基酸均为无色晶体，熔点较高。在 200~300℃ 时熔化而分解。能溶于强酸或强碱溶液中，除少数外一般都能溶于水，而难溶于乙醇、乙醚

2. 氨基酸的化学性质

（1）两性：氨基酸分子中含有酸性官能团—COOH，碱性官能团—NH_2。氨基酸既能跟酸反应生成盐，又能跟碱反应生成盐

（2）成肽反应：氨基酸在酸或碱的条件下加热，通过一分子的氨基与另一分子的羧基间脱去一分子水，缩合形成含有肽键的化合物，叫做成肽反应

肽键：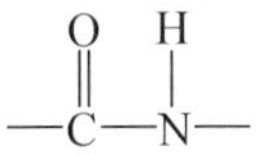

（3）二肽：由两个氨基酸分子缩合而成的含有肽键的化合物

多肽：由三个或三个以上氨基酸分子缩合而成含有多个肽键的化合物

二、蛋白质的结构与性质

（一）蛋白质的存在：蛋白质是生命的基石，是组成细胞的基础物质，广泛存在于动物体内或存在于植物种子内

（二）蛋白质的组成：蛋白质是由 C、H、O、N、S 等元素组成的结构复杂的化合物，有些还含有 P，少量蛋白质还含有微量的 Fe、Cu、Zn、Mn 等

（三）蛋白质的结构：一级结构、二级结构、三级结构、四级结构

（四）蛋白质的性质

1. 两性：蛋白质中含有—NH_2 和—COOH，故既能跟酸反应，又能跟碱反应

2. 水解：蛋白质在酸、碱或酶的作用下水解成多肽，多肽可以继续水解为氨基酸

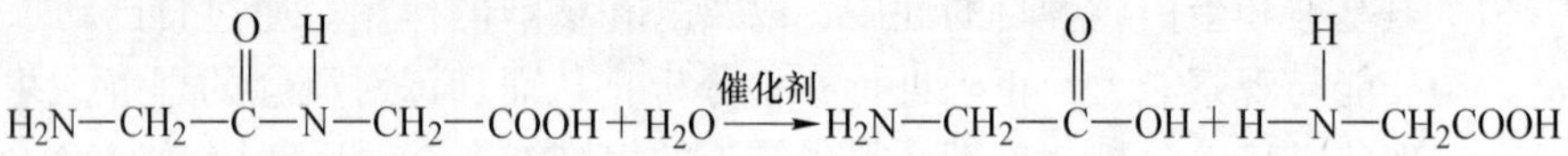

3. 盐析：向蛋白质溶液中加 $(NH_4)_2SO_4$、Na_2SO_4 等盐溶液时，会使蛋白质从溶液沉淀出来，此现象叫蛋白质的盐析，盐析是可逆的

4. 变性：在某些物理因素或化学因素的影响下，蛋白质的理化性质和生理功能发生改变的现象

5. 颜色反应：蛋白质的颜色反应是检验蛋白质的方法之一，反应的实质是硝酸作用于含有苯环的蛋白质使它变成黄色的硝基化合物

三、酶和核酸

（一）酶

1. 定义：酶是一类由细胞产生的、对生物体内的化学反应具有催化作用的有机物

2. 酶的催化作用特点：条件温和、不需要加热；高度的专一性；高效性

（二）核酸

1. 定义：一类含磷的生物高分子化合物

2. 分类：脱氧核糖核酸（DNA），大量存在于细胞核中，是生物体遗传信息的载体；核糖核酸（RNA），主要存在于细胞质中，根据 DNA 提供的信息控制体内蛋白质的合成

六、真题链接

1.（2016 全国Ⅰ卷 .7）化学与生活密切相关，下列有关说法错误的是（　　）。

A. 用灼烧的方法可以区分蚕丝和人造纤维

B. 食用油反复加热会产生稠环芳香烃等有害物质

C. 加热能杀死流感病毒是因为蛋白质受热变性

D. 医用消毒酒精中乙醇的浓度为 95%

2.（2016 天津—2）下列对氨基酸和蛋白质的描述正确的是（　　）。

A. 蛋白质水解的最终产物是氨基酸

B. 氨基酸和蛋白质遇重金属离子均会变性

C. α-氨基丙酸与α-氨基苯丙酸混合物脱水成肽，只生成2种二肽

D. 氨基酸溶于过量氢氧化钠溶液中生成离子，在电场作用下向负极移动

3.（2016海南—2）下列物质不可用作食品添加剂的是（　　）。

A. 谷氨酸钠　　B. 柠檬酸　　C. 山梨酸钾　　D. 三聚氰胺

第五章　进入合成有机高分子化合物的时代

本章知识框架

- 进入合成有机高分子化合物的时代
  - 合成高分子化合物的基本方法
    - 高分子化合物
      - 定义：高分子化合物是指由许多小分子化合物以共价键结合形成的相对分子质量很高的一类化合物，常简称为高分子，也称为聚合物或高聚物
      - 结构特点：有机高分子化合物具有线型结构和体型结构
      - 性质：溶解性一般；线型结构具有热塑性，而体型结构具有热固性；强度一般比较大；通常是很好的电绝缘材料
    - 加成聚合反应
      - 定义：由含有不饱和键的化合物分子以加成反应的形式结合成高分子化合物的反应
      - 特点：（1）单体必须是含有双键、三键等不饱和键的化合物；
        （2）发生加聚反应的过程中，没有副产物产生，聚合物链节的化学组成跟单体的化学组成相同
    - 缩合聚合反应
      - 定义：小分子单体在生成聚合物的同时，还伴有小分子副产物生成的反应
      - 特点：（1）缩聚反应的单体往往是具有双官能团（或多官能团）的小分子；
        （2）缩聚反应生成聚合物的同时，还有小分子副产物生成；
        （3）所得聚合物链节的化学组成与单体的化学组成不同；
        （4）缩聚物结构式要在方括号外侧写出链节余下的端基原子或原子团
  - 应用广泛的高分子材料
    - 高分子材料分类（用途和性能）
      - 合成高分子材料：塑料、合成纤维、合成橡胶、黏合剂、涂料等
      - 功能高分子材料：高分子分离膜、液晶高分子、医用高分子、高吸水性树脂等
    - 塑料
      - 塑料的组成：合成树脂、添加剂
      - 塑料的主要性能：热塑性、热固性
      - 几种常见塑料的性能和用途：聚乙烯塑料、酚醛树脂等
      - 几种具有特殊用途的塑料：工程塑料、增强塑料、改性塑料等
    - 纤维
      - 天然纤维：棉花、羊毛、蚕丝和麻等是天然纤维
      - 化学纤维：人造纤维、合成纤维——“六大纶”
    - 橡胶
      - 天然橡胶
      - 合成橡胶：通用橡胶、特种橡胶
  - 功能高分子材料
    - 功能高分子材料概念：功能高分子材料是指既有传统高分子材料的机械性能，又有某些特殊功能的高分子材料
    - 功能高分子材料分类
      - （1）高吸水性材料——亲水性高聚物（分子链带有许多亲水原子团）
      - （2）高分子分离膜
      - （3）医用高分子材料
    - 复合材料
      - 概念：两种或两种以上材料组合成的一种新型材料。其中一种材料作为基体，其他的材料作为增强剂
      - 主要性能：一般具有强度高、质量轻、耐高温、耐腐蚀等优异性能
      - 应用领域：用于汽车工业、机械工业、体育用品、航空航天、人类健康等

第一节　合成高分子化合物的基本方法

【教材分析】

本节内容选自人教版高中《化学（选修5）》第五章“进入合成有机高分子化合物的时代”第一节“合成高分子化合物的基本方法”。依据课程标准“了解聚合物的组成与结构特点，认识单体和单体单元（链节）及其与聚合物结构的关系，了解加聚反应和缩聚反应的特点”的要求，本节内容安排了“认识有机高分子化合物、加成聚合反应、缩合聚合反应”等教学内容。

本节课的内容为合成高分子化合物的基本方法，是高考选做题的备选题型之一。本节课将低分子有机物与高分子化合物相联系，让学生了解到合成有机高分子的基本结构与低分子有机物的单一结构不同，在此基础上教科书中重点介绍了高分子化合物的两种合成方法，即加成聚合反应和缩合聚合反应，为帮助学生更好理解这两种合成方法，教科书以最常见的聚乙烯的合成为例说明加成聚合反应的过程，并选用二元酸和二元醇发生的酯化反应为例说明缩合聚合反应的过程。

学生在必修2已经接触了有机合成的重要反应类型，但是对高分子化合物及其合成方法并未了解，在必修2“常见的有机化合物”的学习基础上由低分子有机物过渡到高分子化合物，重点学习加成聚合反应和缩合聚合反应两种重要的高分子化合物的合成方法，为后续学习第二节“应用广泛的高分子材料”等做好知识铺垫。

【学情分析】

本节课的内容为合成高分子化合物的基本方法，是高考选择题的备选题型之一。经过选修2“常见的有机化合物”的学习，学生已经了解了常见有机化合物合成方法，能够书写重要的有机反应类型，具备了一定的基础知识，但是对于高分子化合物的合成还需要进一步的学习。同时这节课的知识一定程度上也是对学生归纳总结能力的培养，因此教科书提供了大量的信息，为培养学生归纳总结能力提供了帮助。

一、教学目标

核心知识	（1）理解合成高分子的组成与结构特点，能依据高分子的结构分析其链节和单体。 （2）了解加聚反应和缩聚反应的特点，掌握单体、链节和聚合度的概念
核心能力	（1）通过本节课对高分子化合物合成基本方法的学习了解有机合成的常用方法。 （2）依据加聚反应和缩聚反应过程的分析，培养讨论分析推理的能力
核心品质	（1）了解人类可通过有机合成制取自然界不存在的物质，为人类提供物质基础。 （2）通过生活中缩聚反应的用途激发学生学习化学的兴趣和情感，培养学生勇于探索的科学态度

二、教学重点和难点

（1）教学重点：通过具体实例说明加成聚合反应和缩合聚合反应的特点，能用常见的单体写出简单的聚合反应方程式和聚合物的结构式。

（2）教学难点：理解加聚反应过程中化学键的断裂与结合，用单体写出聚合反应方程式和聚合物结构式；从聚合物结构式分析出单体。

三、知识结构

合成高分子化合物的基本方法

- 高分子化合物
  - 定义：高分子化合物是指由许多小分子化合物以共价键结合成的相对分子质量很高的一类化合物，常简称为高分子，也称聚合物或高聚物
  - 结构特点：有机高分子化合物具有线型结构或体型结构
  - 性质：溶解性一般；线型结构具有热塑性，而体型结构具有热固性；强度一般比较大；通常是很好的电绝缘材料
  - 单体：形成高分子化合物的低分子化合物
  - 链节：高分子化合物中组成相同、可重复的最小单位
  - 聚合度：高分子链中含有链节的数目
- 加成聚合反应
  - 定义：由含有不饱和键的化合物分子以加成反应的形式结合成高分子化合物的反应
  - 特点：（1）单体必须是含有双键、三键等不饱和键的化合物；
    （2）发生加聚反应的过程中，没有副产物产生，聚合物链节的化学组成跟单体的化学组成相同。聚合物相对分子质量为单体相对分子质量的整数倍
- 缩合聚合反应
  - 定义：小分子单体在生成聚合物的同时，还伴有小分子副产物（如：H_2O、卤化氢等）生成的反应
  - 特点：（1）缩聚反应的单体往往是具有双官能团（或多官能团）的小分子；
    （2）缩聚反应生成聚合物的同时，还有小分子副产物生成；
    （3）所得聚合物链节的化学组成与单体的化学组成不同；
    （4）缩聚物结构式要在方括号外侧写出链节余下的端基原子或原子团

四、教学过程

环节一：导入新课

【导入】第一种合成塑料是在 1901 年由美籍比利时化学家贝克兰德制成的，1902 年，奥地利科学家马克斯·舒施尼发明了塑料袋。如今塑料袋在日常生活中随处可见。除了塑料袋，各种各样的塑料制品也在我们生活中扮演着重要的角色，今天就让我们学习 100 多年前科学家是通过什么样的方式合成塑料的，下面进入今天的学习内容——合成高分子化合物的基本方法。

【板书】见板书。

环节二：展开新课

1. 高分子化合物

【讲述】我们在必修 2 中已学习过有机化合物的相关知识，认识了一些简单的有机化合物，这些有机物有一个共同的特点就是相对分子质量都比较小，我们今天要学习的是一些相对分子质量很大，但结构并不复杂的有机化合物，我们称这类有机化合物为有机高分子化合物。

【板书】见板书。

【讲述】我们在必修 2 第三章第四节“基本营养物质”部分学习的淀粉和蛋白质就是高分子化合物。

【提问】请同学们回想一下淀粉的水解产物是什么？

【讲述】淀粉在稀硫酸并加热条件下发生水解反应，生成葡萄糖，淀粉分子中含有几百到几千个葡萄糖单元，所以淀粉的组成可以用 $(C_6H_{10}O_5)_n$ 表示。

【提问】通过以上学习，下面我们一起给高分子化合物下个定义：高分子化合物是指由许多小分子化合物以共价键结合成的相对分子质量很高的一类化合物，常简称为高分子，也称为聚合物或高聚物。

【板书】见板书。

【投影】高分子化合物的结构特点和性质

结构特点：有机高分子化合物具有线型结构或体型结构
性质：溶解性一般；线型结构具有热塑性，而体型结构具有热固性；强度一般比较大；通常是很好的电绝缘材料

2. 加成聚合反应

【讲述】现在我们知道了什么是高分子化合物，那么高分子化合物到底是通过怎么样的方式合成的呢？

【投影】聚乙烯分子模型

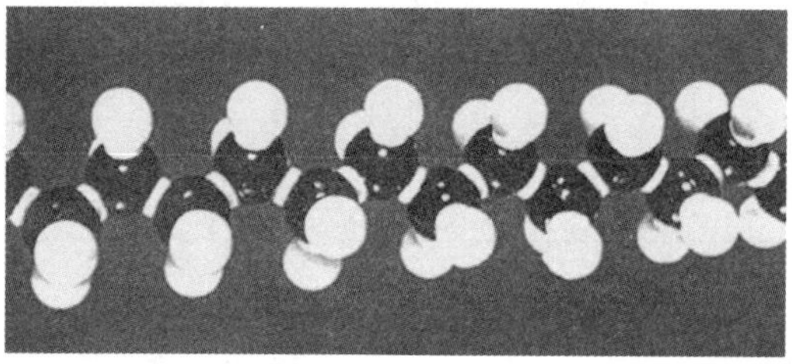

【讲述】聚乙烯是一种常见的塑料，是由乙烯在一定条件下，通过某种反应得到的高分子化合物，呈线性结构，聚乙烯的合成反应方程式：

$$nCH_2{=}CH_2 \longrightarrow \left[\!-CH_2-CH_2-\!\right]_n$$

【提问】该反应有什么特点？属于什么反应类型？

【讲解】由许多小分子通过加成反应变成一个有机高分子化合物，既属于加成反应又属于聚合反应，叫做加成聚合反应，简称加聚反应。

【板书】见板书。

【讲述】像乙烯这样能够进行聚合反应形成高分子化合物的低分子化合物被称为单体；而高分子化合物中化学组成相同、可重复的最小单位称为链节，也称重复单元，聚乙烯的链节是—CH_2—CH_2—，此外，我们把高分子链中含有的链节数目称作聚合度，通常用 n 表示。

【板书】见板书。

【讲述】在书写高分子化合物结构式时，将链节写在方括号里面，聚合度用 n 表示，写在方括号外的右下角，例如聚乙烯的结构简式为：

$$\left[CH_2-CH_2 \right]_n$$

链节　　聚合度

【投影】下表列出了一些单体及聚合产物的结构简式

单体名称	单体的结构简式	聚合物的结构简式
乙烯	$CH_2{=}CH_2$	$\left[CH_2-CH_2 \right]_n$
丙烯	$CH_2{=}CHCH_3$	$\left[CH_2-\underset{\displaystyle CH_3}{\underset{\vert}{CH}} \right]_n$
氯乙烯	$CH_2{=}CHCl$	$\left[CH_2-\underset{\displaystyle Cl}{\underset{\vert}{CH}} \right]_n$
丙烯腈	$CH_2{=}CHCN$	$\left[CH_2-\underset{\displaystyle CN}{\underset{\vert}{CH}} \right]_n$
丙烯酸	$CH_2{=}CHCOOH$	$\left[CH_2-\underset{\displaystyle COOH}{\underset{\vert}{CH}} \right]_n$
丁二烯	$CH_2{=}CH-CH{=}CH_2$	$\left[CH_2-CH{=}CH-CH_2 \right]_n$
乙炔	$CH{\equiv}CH$	$\left[CH{=}CH \right]_n$

【提问】请同学们仔细观察上述能进行加聚反应的单体，它们在结构上有什么共同特征？

加聚反应的特点是什么？

【讲解】加聚反应的特点：

（1）单体必须是含有双键、三键等不饱和键的化合物。例如：烯、二烯、炔、醛等含不饱和键的化合物。

（2）发生加聚反应的过程中，没有副产物产生，聚合物链节的化学组成跟单体的化学组成相同。聚合物相对分子质量为单体相对分子质量的整数倍。

【板书】见板书。

【投影】需要注意：

① $M_{聚合物}$ = 链节的相对质量 × n；

② n 越大，相对分子质量越大；

③ 高分子材料是由若干 n 值不同的高分子化合物组成的混合物。

【练习】你能判断出下列聚合物是由什么单体加聚而成的吗？

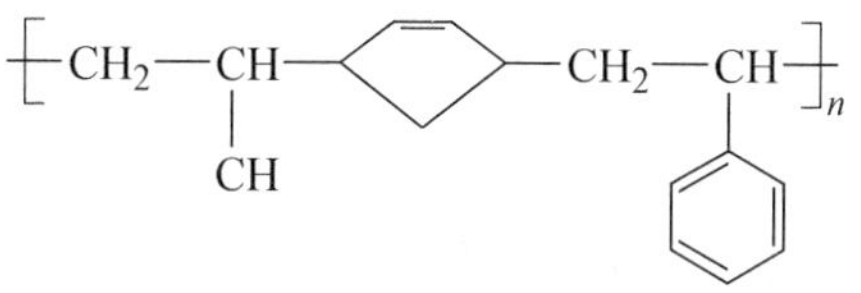

【讲解】（1）凡链节的主链中只有两个碳原子（无其他原子）的聚合物，其合成单体必为一种，将两个半键闭合即可。

（2）凡链节的主链中有四个碳原子（无其他原子），且链节无双键的聚合物，其单体必为两种，在正中央划线断开，然后两个半键闭合即可。

（3）凡链节的主链中只有碳原子，并存在 $>C=C<$ 结构的聚合物，其规律是“有双键，四个碳；无双键，两个碳”划线断开，然后将半键闭合，即单双键互换。

3. 缩合聚合反应

【过渡】认识了加成聚合反应及其特点后，我们继续学习合成高分子化合物的另一种方法：缩合聚合反应。

【提问】同学们是否记得我们学习过乙酸和乙醇在酸催化下发生的酯化反应？

【投影】

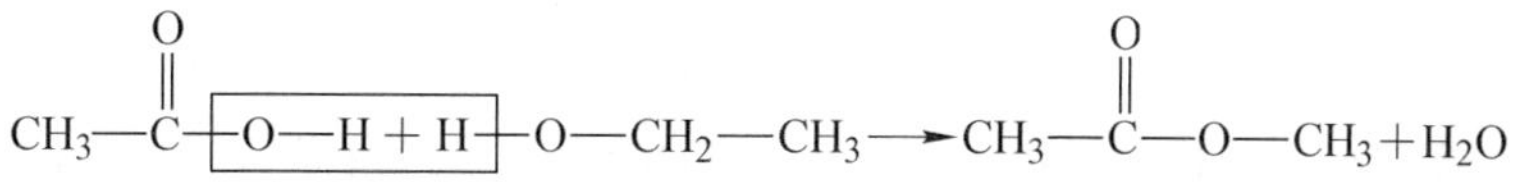

【讲述】乙酸和乙醇分别是一元酸和一元醇，如果用二元酸和二元醇发生酯化反应，就会得到连接成链的聚合物（简称聚酯）：

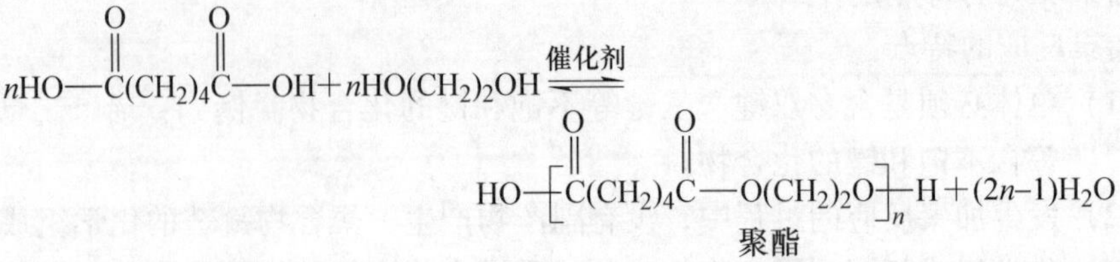

聚酯

【讲述】该反应与加聚反应不同，在生成聚合物的同时，还伴有小分子副产物（如 H_2O 等）的生成，这类反应我们称之为“缩聚反应”。

【板书】见板书。

【讲解】同学们，我们一起来总结一下缩聚反应的定义：由单体通过分子间的相互缩合生成高分子化合物的反应叫缩合聚合反应，简称为缩聚反应。

【板书】见板书。

【提问】请同学们仔细观察上面的缩聚反应，你发现缩聚反应的特点是什么？

【讲解】缩聚反应的特点有：第一，缩聚反应的单体往往是具有双官能团（如—OH、—COOH、—NH_2、—X 及活泼氢原子等）或多官能团的小分子；第二，缩聚反应生成聚合物的同时，还有小分子副产物（如 H_2O、NH_3等）生成；第三，所得聚合物链节的化学组成与单体的化学组成不同；第四，缩聚物结构式要在方括号外侧写出链节余下的端基原子或原子团（这与加聚物不同，加聚物的端基不确定，通常用横线“—”表示。）如：

【投影】端基原子团及端基原子

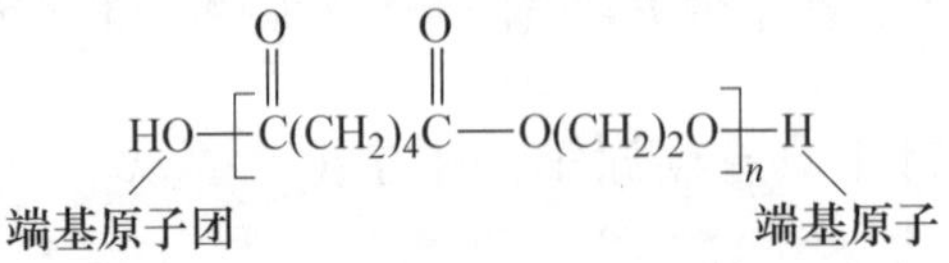

【板书】见板书。

【讲解】缩聚反应与加聚反应不同，在生成聚合物的同时，一般伴随着小分子产物生成，作为缩聚反应的单体的化合物至少应含有两个官能团，含两个官能团的单体缩聚后的产物呈线形结构。

【提问】由一种单体或两种单体进行缩聚反应，生成小分子的物质的量应是多少呢？

由一种单体 $HOOC—(CH_2)_5—OH$ 制（聚-6-羟基已 $HO\!+\!OC(CH_2)_5O\!+_n\!H$）

【投影】

$$nHOOC(CH_2)_5OH \rightleftharpoons HO\!+\!OC(CH_2)_5O\!+_n\!H+(n-1)H_2O$$

6-羟基已酸　　　　　聚-6-羟基已酸酯

【讲述】n mol $HOOC—(CH_2)_5—OH$ 中所含—COOH 官能团（或—OH）的物质的量是 n mol，而在反应中，有一个端基（—COOH）没有参与反应，故生成水的物质的量是（$n-1$）mol。

【投影】对苯二甲酸和 1,4-丁二醇反应生成缩聚物的化学方程式

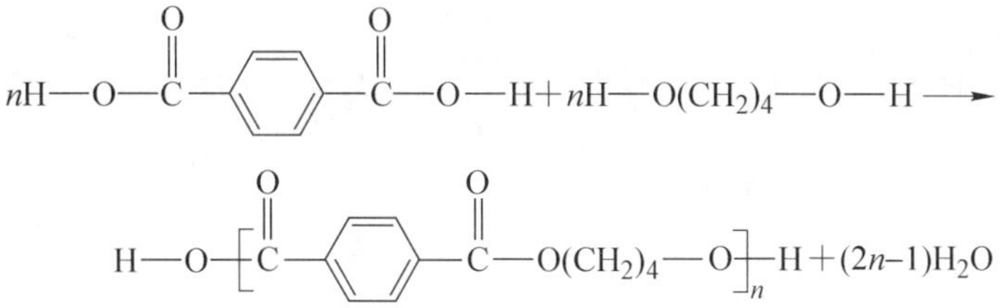

【讲述】n mol 对苯二甲酸中含—COOH 的物质的量是 $2n$ mol，而在反应中，有一个端基（—COOH）是没有参与反应的，故生成水的物质的量是（$2n-1$）mol。

【提问】你能看出下列聚合物是由什么单体缩聚而成呢？仔细想想，判断缩聚物单体的方法是什么？

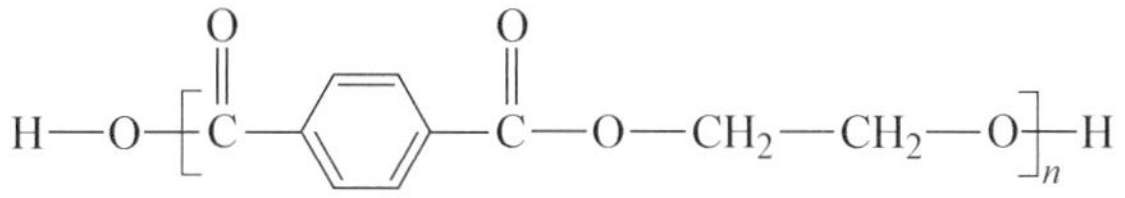

【讲述】判断缩聚物单体的方法是：在寻找单体时，先看它的链节结构，分析它是通过哪一类有机化学反应缩合的；然后根据缩合反应中断键和成键的特点，逆向分析寻找单体，缩聚物单体的推断方法常用“切割法”，如下图所示。

【投影】

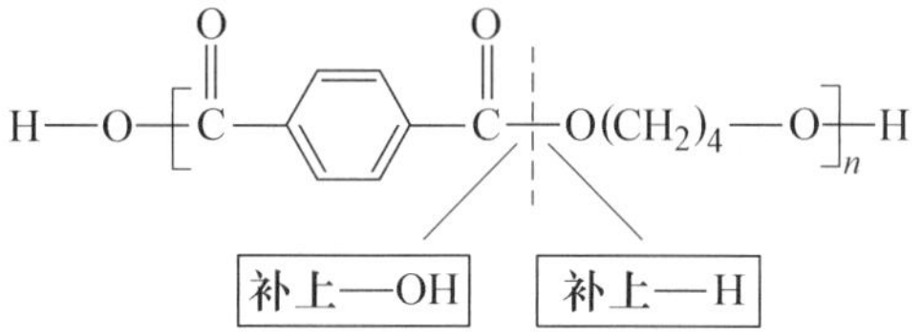

环节三：归纳总结

【总结】本节课我们学习了合成高分子化合物的两种基本方法，即加成聚合反应和缩合聚合反应，并且学习了单体、链节、饱和度等相关概念。通过对具体反应式的分析，总结了合成高分子化合物的两种方法的特点，并学会了推断高分子化合物单体的技巧。请同学们完成课后 103 页的第 1、2 题，并预习下一节课的内容。

五、板书设计

5.1　合成高分子化合物的基本方法

一、高分子化合物

（一）定义：高分子化合物是指由许多小分子化合物以共价键结合成的相对分子质量很高的一类化合物，常简称为高分子，也称为聚合物或高聚物

（二）高分子化合物的结构特点和性质

二、加成聚合反应

（一）定义：由许多小分子通过加成反应变成一个有机高分子化合物，既属于加成反应又属于聚合反应，叫做加成聚合反应，简称加聚反应

（二）单体：形成高分子化合物的低分子化合物

链节：高分子化合物中组成相同、可重复的最小单位

聚合度：高分子链中含有链节的数目

（三）加聚反应的特点：

1. 单体必须是含有双键、三键等不饱和键的化合物。例如烯、二烯、炔、醛等含不饱和键的化合物

2. 发生加聚反应的过程中，没有副产物产生，聚合物链节的化学组成跟单体的化学组成相同。聚合物相对分子质量为单体相对分子质量的整数倍

三、缩合聚合反应

（一）定义：由单体通过分子间的相互缩合而生成高分子化合物，同时还伴随着小分子副产物的反应叫缩合聚合反应，简称为缩聚反应

（二）缩合聚合反应的特点：

1. 缩聚反应的单体往往是具有双官能团（或多官能团）的小分子

2. 缩聚反应生成聚合物的同时，还有小分子副产物生成

3. 所得聚合物链节的化学组成与单体的化学组成不同

4. 缩聚物结构式要在方括号外侧写出链节余下的端基原子或原子团

六、真题链接

1. （2017 全国Ⅰ—7）下列生活用品中主要由合成纤维制造的是（　　）。

A. 尼龙绳　　B. 宣纸　　C. 羊绒衫　　D. 棉衬衣

2. （2017 北京—11）聚维酮碘的水溶液是一种常用的碘伏类缓释消毒剂，聚维酮通过氢键与 HI_3 形成聚维酮碘，其结构表示如下：

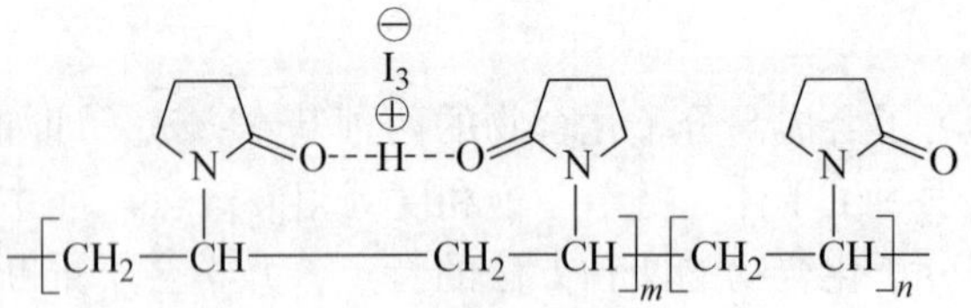

(图中虚线表示氢键)

下列说法不正确的是（　　）。

A. 聚维酮的单体是 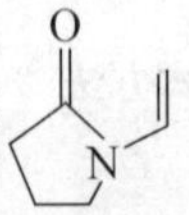

B. 聚维酮分子由（$m+n$）个单体聚合而成

C. 聚维酮碘是一种水溶性物质

D. 聚维酮在一定条件下能发生水解反应

第二节　应用广泛的高分子材料

【教材分析】

本节内容选自人教版高中《化学（选修5）》第五章“进入合成有机高分子化合物的时代”第二节“应用广泛的高分子材料”。依据课程标准“认识塑料、合成橡胶、合成纤维的组成和结构特点，了解新型高分子材料的优异性能及其在高新技术领域中的应用”及“了解生活中常用合成高分子材料的化学成分及其性能，了解各类材料的利弊，探索其可能的应用领域和发展方向”的要求，本节内容安排了“高分子合成材料的分类”及“塑料、合成纤维、合成橡胶”等教学内容。

本节课的内容为高分子材料的应用，教科书中通过“三大合成材料”的实例，分别说明塑料、合成纤维、合成橡胶的结构、性能和用途。为了能够更加清晰完整地将教学内容展现给学生，教科书中提供了各种图片来展现生活中的高分子材料及其结构特点，并通过“资料卡片”让学生了解天然高分子化合物和合成高分子化合物的命名及一些高分子材料的性质。

学生在必修2已经学习了糖类、油脂、蛋白质的结构、性质及应用，但是并未了解到有机高分子化合物在日常生活中的广泛应用，本节课就是在必修2“常见的有机化合物”及上一节“合成高分子化合物的基本方法”的基础上，继续学习高分子化合物的广泛应用。

【学情分析】

从知识储备方面来说，通过前面的学习，学生已经对合成有机高分子化合物的基本方法、合成高分子化合物的结构及其特点的相关知识有了一定的认识。从能力方面来说，学生对有机化学基础知识有了系统的掌握，通过对有机合成的学习，已经形成了推理思维，但是缺乏联系实际的具体应用。

一、教学目标

核心知识	（1）掌握“三大合成材料”典型代表物的有关聚合反应，聚合物的结构、性能特点。 （2）理解合成高分子化合物的结构特点：线型结构、支链型结构、网状结构（体型结构）
核心能力	（1）通过联系生活实际，从身边常见物质入手，培养分析高分子化合物材料成分及其性质的能力。 （2）根据“三大合成材料”的结构及性能特点，归纳新型高分子材料的优异性能及其在高新技术领域中的应用
核心品质	（1）通过研究性学习，学习治理“白色污染”的途径和方法，关注和爱护自然。 （2）树立社会责任感，培养环境保护意识

二、教学重点和难点

（1）教学重点：掌握“三大合成材料”典型代表物的有关聚合反应，聚合物的结构、性能特点。

（2）教学难点：理解合成高分子化合物的结构特点：线型结构、支链型结构、网状结构（体型结构）。

三、知识结构

- 应用广泛的高分子材料
  - 高分子材料分类（用途和性能）
    - 合成高分子材料：塑料、合成纤维、合成橡胶、黏合剂、涂料等
    - 功能高分子材料：高分子分离膜、液晶高分子、导电高分子、医用高分子、高吸水性树脂等
    - 复合材料
  - 塑料
    - 塑料的组成：合成树脂、添加剂
    - 塑料的主要性能：
      - 热塑性
      - 热固性
    - 几种常见塑料的性能和用途：聚乙烯塑料、酚醛树脂等
    - 几种具有特殊用途的塑料：工程塑料、增强塑料、改性塑料等
  - 纤维
    - 天然纤维：棉花、羊毛、蚕丝和麻等是天然纤维
    - 化学纤维
      - 人造纤维
      - 合成纤维——“六大纶”
  - 橡胶
    - 天然橡胶
    - 合成橡胶
      - 通用橡胶
      - 特种橡胶

四、教学过程

环节一：导入新课

【导入】 塑料、合成纤维、合成橡胶是20世纪人类的伟大成就，也是高分子化合物发展的重要成果。在科学技术迅速发展的今天，以塑料、合成纤维、合成橡胶为代表的合成高分子材料不仅给社会和人们生活带来了巨大的变化，而且合成高分子材料的研制和生产水平，也成为衡量一个国家现代化程度的标志之一。你了解“三大合成材料”的结构和性质吗？下面我们就一起学习高分子材料在当今社会生活中的广泛应用。

【板书】 见板书。

环节二：展开新课

1. 高分子材料的分类

【讲述】 我们通过上一节课的学习，已经掌握了有机高分子化合物合成的基本方法，也了

解了高分子化合物的结构特点。大家都知道结构决定性质，性质决定用途，由于高分子化合物的特殊结构和性质，决定了它在我们日常生活中有着广泛的应用，下面的这些日常用品就是由高分子材料制成的。

【投影】高分子材料制成的产品

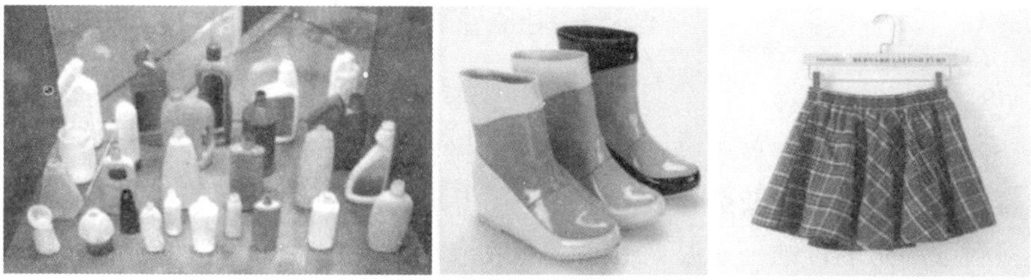

【讲述】随着社会的发展，合成高分子材料工业也得到了蓬勃发展，那么面对各种各样的合成材料，我们应该如何对其分类呢？

【板书】见板书。

【提问】请同学们阅读教科书 104 页第一段内容，然后回答如何对合成高分子材料进行分类。

【讲述】合成材料品种有很多，通常按用途和性能对其进行分类，可分为合成高分子材料（如塑料、合成纤维、合成橡胶、黏合剂、涂料等）、功能高分子材料（如高分子分离膜、液晶高分子、导电高分子、医用高分子、高吸水性树脂等）以及复合材料。

【板书】见板书。

2. 塑料

【讲述】高分子材料在日常生活中应用广泛，接下来我们就学习“三大合成材料”之一的塑料。

【板书】见板书。

【讲述】聚乙烯是一种常见的塑料，是由乙烯在一定条件下通过反应得到的高分子化合物。我们日常生活中常见的塑料的主要成分是合成高分子化合物，即合成树脂，例如聚乙烯、聚氯乙烯、聚丙烯、聚苯乙烯、酚醛树脂等。在塑料的组成中除了合成树脂外，还有根据需要加入的具有某些特定用途的加工助剂以改进其性能。如提高柔韧性的增塑剂、改进耐热的热稳定剂、防止塑料老化的防老化剂、赋予塑料不同颜色的着色剂等。

【板书】见板书。

【讲述】物质结构决定其性质的原则，同样适用于高分子化合物。下面我们分别以聚乙烯和酚醛树脂为例来说明高分子结构对性能的影响。首先我们来看一些生活中的聚乙烯制品。

【投影】聚乙烯制品

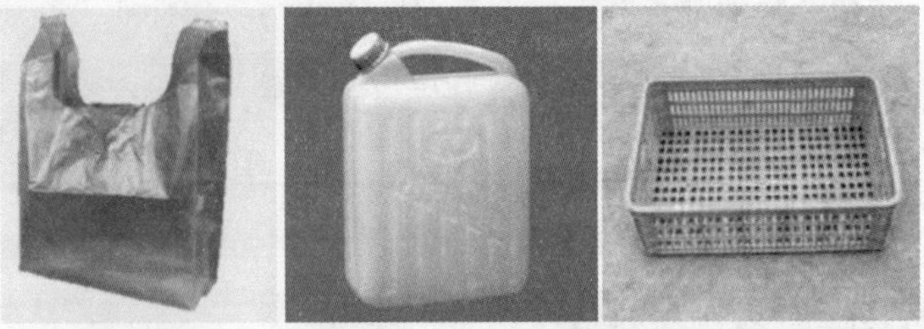

【板书】见板书。

【讲述】聚乙烯等制成的塑料可以反复加热熔融，属于热塑性塑料。聚乙烯塑料无臭、无毒、具有优良的耐低温性能，最低使用温度可达-100℃，化学稳定性好，能耐大多数酸、碱的侵蚀；常温下不溶于一般溶剂，吸水性小，电绝缘性能优良。聚乙烯具有极其广泛的用途，有高压聚乙烯和低压聚乙烯之分。

【板书】见板书。

【投影】高压聚乙烯和低压聚乙烯

	高压聚乙烯	低压聚乙烯
合成条件	高温高压引发剂	较低压力催化剂
分子结构类型	支链型	线型
熔点	105~115℃	131~137℃
密度	0.91~0.93g/cm^3	0.94~0.96g/cm^3
相对分子质量	较低	较高

【提问】观察表格，为什么高压聚乙烯比低压聚乙烯的熔点低、密度也低呢？

【讲解】第一：高分子相对分子质量越高，高分子之间的作用力越大；第二：高压聚乙烯带有长短不一的支链（低压聚乙烯少有或没有支链，作用力大），支链结构有碳碳单键的旋转和链之间的接近，链之间的作用力就比低压聚乙烯低，熔点和密度也就低。

【讲述】由于高压聚乙烯和低压聚乙烯的上述结构特点及其性质，所以高压聚乙烯一般做薄膜用，不用加入增塑剂就显得十分柔软，可做食品包装袋等薄膜制品；低压聚乙烯较硬一些，可以做瓶、桶、板、管与棒材等。

【板书】见板书。

【讲述】除了上面讲到的聚乙烯外，酚醛树脂也是常见的合成树脂，其也是塑料的主要成分。酚醛树脂也叫电木，又称电木粉。原为无色或黄褐色透明物，市场销售往往加着色剂而呈红、黄、黑、绿、棕、蓝等颜色，有颗粒、粉末状。耐弱酸和弱碱，遇强酸发生分解，遇强碱发生腐蚀。不溶于水，溶于丙酮、酒精等有机溶剂中。酚醛树脂是用酚类（如苯酚）与醛类（如甲醛）在酸或碱的催化下相互缩合而成的高分子化合物。

【板书】见板书。

【投影】酚醛树脂制备原理及酚醛树脂的网状结构

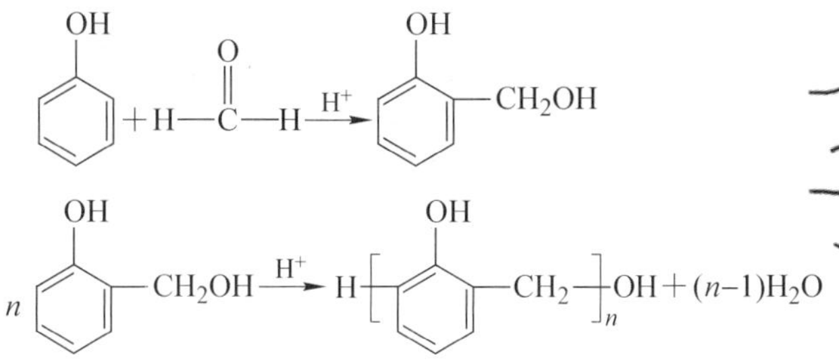

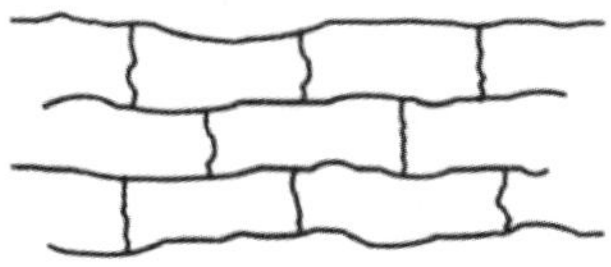

网状结构

【实验】酚醛树脂的制备及其性质

（1）在试管中加入 2g 苯酚，3mL 质量分数为 40%的甲醛溶液和 3 滴浓盐酸，在沸水浴中加热；

（2）当试管中反应物接近沸腾时，从沸水浴中取出试管并用玻璃棒搅拌反应物，注意观察并记录实验现象；

（3）待试管冷却至室温，向试管中加入适量乙醇，观察树脂是否溶解；

（4）再把试管放在热水浴中加热，观察树脂是否溶解。

【讲解】具有网状结构的高分子受热后不能软化或熔融，也不溶于任何溶剂。基于以上性质，酚醛树脂主要用作绝缘、隔热、阻燃、隔音器材和复合材料。通过以上的学习我们可以知道，合成高分子化合物的结构大致可分为三类：线型结构、支链型结构和网状结构（也称为体型结构）。

【板书】见板书。

【练习】在下列塑料制品中，可选择作为食品包装的是（　　）。

A. 聚氯乙烯　　B. 聚乙烯、聚丙烯　　C. 聚苯乙烯　　D. 聚四氟乙烯

【讲解】高压聚乙烯一般做薄膜用，不用加入增塑剂就显得十分柔软，可做食品包装袋等薄膜制品，故此题选 B。

3. 合成纤维

【讲述】上面我们已经初步学习了“三大合成材料”中的塑料，接下来我们继续学习“三大合成材料”之二：合成纤维。首先来了解一下纤维的分类。

【投影】天然纤维

棉花

蚕丝

羊毛

【板书】见板书。

【讲述】投影展示的是日常生活的几种天然纤维，想必大家都很熟悉，与之对应的是生活

中也存在着各种各样的人造纤维和合成纤维，它们统称为化学纤维。例如我们最为熟悉的“六大纶”，即涤纶、棉纶、腈纶、丙纶、维纶和氯纶，它们具有强度高、弹性好、耐腐蚀、不缩水、质轻保暖等优点，被广泛用于制衣、工农业生产和高科技的各个领域。

【板书】 见板书。

【投影】 化学纤维的应用

衣服　　宇航服　　渔网　　降落伞

【讲述】 合成纤维中目前产量占第一位的是聚酯纤维—涤纶，涤纶是聚对苯二甲酸乙二醇酯纤维的商品名，是用对苯二甲酸与乙二醇在催化剂作用下生产的。

【投影】

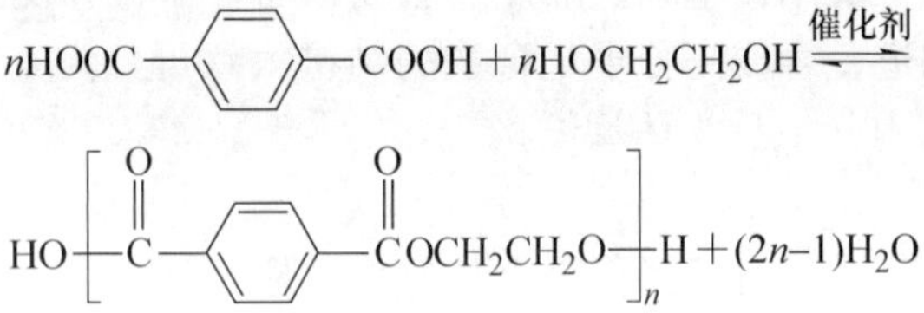

4. 合成橡胶

【讲述】 学习了塑料和纤维，接下来我们学习“三大合成材料”的最后一种——合成橡胶。与纤维的分类相似，橡胶也存在天然橡胶，天然橡胶有两种，一种是巴西三叶橡胶树产出的橡胶，另一种是杜仲树产出的橡胶。

【投影】 天然橡胶树采胶

【板书】 见板书。

【提问】 同学们仔细想一想，在我们日常生活中存在哪些橡胶制品？它们都有怎么样的性质呢？

【讲解】 橡胶是一类具有弹性的物质，当施加外力时形状将发生改变，去除外力后又会恢复原来的形状。橡胶广泛用于工业、农业、国防、交通及人民生活的方方面面。全世界每年制造汽车、飞机用的轮胎就要消耗掉大量的橡胶，而天然橡胶无论是产量还是性能上都不能满足需要，那人们是如何解决这一问题呢？

【讲述】 合成橡胶于20世纪初开始出现，40年代起得到了迅速发展。相比而言，合成橡胶一般在性能上不如天然橡胶全面，但它具有高弹性、绝缘性、气密性、耐油、耐高温或低温等性能，因而广泛应用于工农业、国防、交通及日常生活中。

【投影】 合成橡胶制品

【板书】 见板书。

【讲述】 目前的合成橡胶主要有丁苯橡胶、顺丁橡胶、合成天然橡胶、丁腈橡胶、氯丁橡胶、乙丙橡胶、硅橡胶等品种。它们各自在耐磨性、耐油性、耐寒性、耐热性、耐燃性、耐腐蚀性、耐老化性等方面有着独特的优势。橡胶的相对分子质量比塑料、合成纤维都要高，一般在10^5~10^6范围内。

【提问】 我们在前面学习了塑料和化学纤维的合成方法，那么橡胶是如何合成的呢？

【讲解】 我们以顺丁橡胶为例来了解合成橡胶的概貌。

【投影】

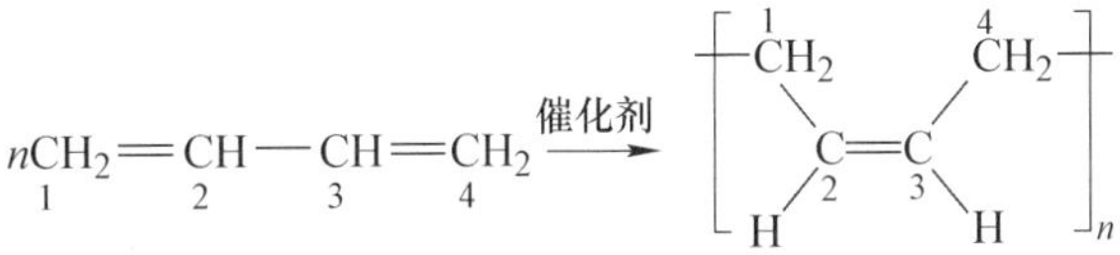

顺式聚1,3-丁二烯

【讲述】 顺丁橡胶是以1,3-丁二烯为原料，在催化剂存在下1,3-丁二烯的两个双键打开，在2号与3号碳原子间形成新的双键，1号和4号碳原子分别与另一个1,3-丁二烯分子相互连接成链，得到以顺式结构为主的聚1,3-丁二烯。

【板书】 见板书。

【练习】 维通橡胶是一种耐腐蚀、耐油、耐高温、耐寒性能都特别好的氟橡胶。它的结构简式为

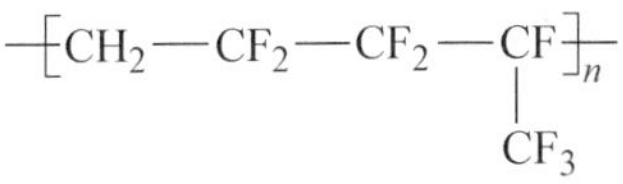

合成它的单体为（　　）。

A. 氟乙烯和全氟异丙烯

B. 1,1-二氟乙烯和全氟丙烯

C. 1-三氟甲基—1,3-丁二烯

D. 全氟异戊二烯

【讲解】将聚合物按如下所示方法找出单体为 $CH_2═CF_2$ 和 $CF_2═CF—CF_3$，它们的名称分别为 1,1-二氟乙烯和全氟丙烯。故答案选 B。

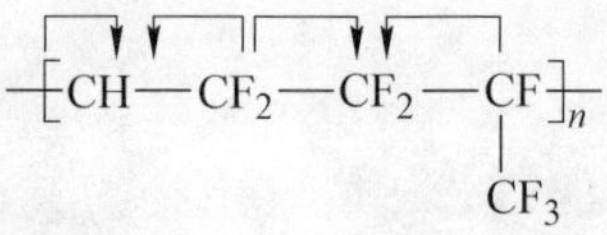

环节三：归纳总结

【总结】本节课我们学习了应用广泛的高分子材料，掌握了高分子材料的分类，并以“三大合成材料”为例，重点学习了“三大合成材料”各自的分类、合成方法、结构、性质和用途。我们都知道事物大都具有两面性，在合成材料的快速发展与大量应用的同时，其废弃物的急剧增加也带来了环境污染，一些塑料制品所带来的“白色污染”尤为严重。目前，治理“白色污染”主要应从减少使用和加强回收开始。从长远来看，可逐步以可降解塑料取代现在普遍使用的塑料，从根本上解决“白色污染”的问题。请同学们课后完成第 112 页的第 1~4 题，并预习下节课的内容。

五、板书设计

5.2　应用广泛的高分子材料

一、高分子材料的分类

（一）按用途和性能对其进行分类，可分为合成高分子材料（如塑料、合成纤维、合成橡胶、黏合剂、涂料等）、功能高分子材料（如高分子分离膜、液晶高分子、导电高分子、医用高分子、高吸水性树脂等）以及复合材料

二、塑料

（一）塑料的组成：

1. 合成树脂：聚乙烯、聚氯乙烯、聚丙烯、聚苯乙烯、酚醛树脂等
2. 添加剂：增塑剂、热稳定剂、着色剂等

（二）聚乙烯（热塑性塑料）

1. 高压聚乙烯：支链型，一般做薄膜用，可做食品包装袋等薄膜制品
2. 低压聚乙烯：线型，较硬一些，可以做瓶、桶、板、管与棒材等

（三）酚醛树脂

1. 制备原理：酚类（如苯酚）与醛类（如甲醛）在酸或碱的催化下相互缩合而成的高分子化合物
2. 结构：网状结构
3. 性质：受热后不能软化或熔融，也不溶于任何溶剂

三、合成纤维 （一）纤维分类：天然纤维和化学纤维 （二）天然纤维：棉花、羊毛、蚕丝和麻等是天然纤维 （三）化学纤维： 1. 人造纤维 2. 合成纤维 四、合成橡胶 （一）橡胶分类：天然橡胶和合成橡胶 （二）天然橡胶：来源于橡胶树 （三）合成橡胶的合成过程

六、真题链接

1. （2018 北京—10）一种芳纶纤维的拉伸强度比钢丝还高，广泛用作防护材料。其结构片段如下图所示：

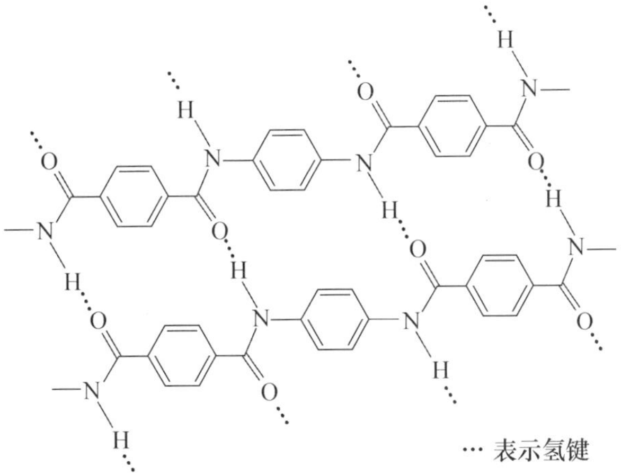

… 表示氢键

下列关于该高分子的说法正确的是（　　）。

A. 完全水解产物的单个分子中，苯环上的氢原子具有不同的化学环境

B. 完全水解产物的单个分子中，含有官能团— COOH 或— NH_2

C. 氢键对该高分子的性能没有影响

D. 结构简式为：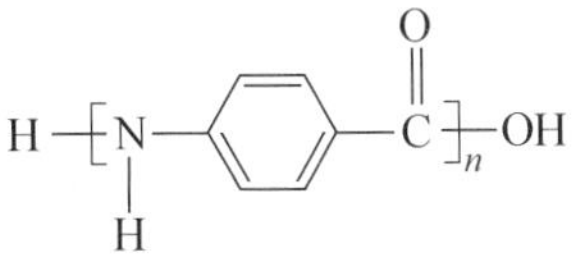

2. （2015 浙江—10）下列说法不正确的是（　　）。

A. 己烷有 4 种同分异构体，它们的熔点、沸点各不相同

B. 在一定条件下，苯与液溴、硝酸、硫酸作用生成溴苯、硝基苯、苯磺酸的反应都属于取代反应

C. 油脂皂化反应得到高级脂肪酸盐与甘油

D. 聚合物（$\left[CH_2-CH_2-\underset{CH_3}{\underset{|}{CH}}-CH_2\right]_n$）可由单体 $CH_3CH=CH_2$ 和 $CH_2=CH_2$ 加聚制得

第三节　功能高分子材料

【教材分析】

本节内容选自人教版高中《化学（选修5）》第五章“进入合成有机高分子化合物的时代”第三节“功能高分子材料”。依据课程标准“了解功能高分子材料的研制，及其在医疗、航空航天等领域的应用；保水材料在沙漠治理中的应用”等的要求，本节内容安排了“功能高分子材料的分类、功能及应用”等教学内容。

本节课的内容为功能高分子材料，教科书首先通过介绍在当今社会，人们已经将能源、材料和信息工程视为影响社会经济发展和进步的三大支柱产业，然后又进一步强调了在当下功能高分子材料在诸多领域发挥的重要作用。通过解决“如何合成高吸水性材料”的问题，列举高吸水性材料的应用，说明了功能高分子材料的合成思路、办法及其在现实生活中的应用。由此引导出了更多种类、应用也更为广泛的其他功能高分子材料。教科书中提供了各种图片来展现生活中的功能高分子材料，并通过“科学探究”让学生亲自体会高吸水性树脂，即生活中的婴儿“尿不湿”的高吸水性。

学生通过第五章第一节“合成有机高分子的基本方法”和第二节“应用广泛的高分子材料”两节内容已经学习了高分子材料的结构、性质及应用，也了解到有机高分子化合物在日常生活中的广泛应用，本节课就是在前两节内容基础上，继续学习具有特殊功能的新型高分子材料，这是第五章“进入合成有机高分子化合物的时代”的最后一部分内容，通过这节课的学习，也为选修5《有机化学基础》内容的学习画上圆满的句号。

【学情分析】

学生在上一节课的学习中，通过了解“三大合成材料”基本上建立了有关有机高分子的应用的知识体系，将本节课放在“应用广泛的高分子材料”之后，学生能够根据高分子材料的结构、合成方法和性质类比学习功能高分子材料的性质和应用。

学生在不断地学习有机高分子材料相关知识过程中，已经具备了一定的类比推理能力，通过教师的引导，能够帮助学生提高分析归纳高分子有机物结构、性质及其应用相关知识的能力。

一、教学目标

核心知识	（1）举出日常生活中接触到的新型高分子材料。 （2）认识到功能材料对人类社会生产的重要性
核心能力	（1）对科学发展的进程的认识，培养用科学的方法发现问题、认识问题的意识。 （2）通过阅读功能高分子材料的应用案例，培养自学、讨论和归纳总结的能力
核心品质	（1）通过学习功能高分子材料，体会化学与生活之间的联系。 （2）利用网络资源，从历史的角度体会化学材料的发展是化学科学发展的一个缩影

二、教学重点和难点

（1）教学重点：了解功能高分子材料结构与性能之间的关系。
（2）教学难点：功能高分子材料和复合材料的结构对性能的影响。

三、知识结构

- 功能高分子材料
  - 功能高分子材料概念：功能高分子材料是指既有传统高分子材料的机械性能，又有某些特殊功能的高分子材料
  - 功能高分子材料分类
    - （1）高吸水性材料——亲水性高聚物（分子链带有许多亲水原子团）
    - （2）高分子分离膜
    - （3）医用高分子材料
  - 复合材料
    - 概念：两种或两种以上材料组合成的一种新型材料。其中一种材料作为基体，其他的材料作为增强剂
    - 主要性能：一般具有强度高、质量轻、耐高温、耐腐蚀等优异性能
    - 应用领域：用于汽车工业、机械工业、体育用品、航空航天、人类健康等

四、教学过程

环节一：导入新课

【导入】材料是人类赖以生存和发展的物质基础，是人类文明的重要里程碑。当今有人将能源、信息和材料并列为新科技革命的三大支柱，而材料又是能源和信息发展的物质基础。例如具有光、电、磁等特殊功能的高分子材料，生物高分子材料，医用高分子材料，隐身材料和液晶高分子材料等许多新型有机高分子材料。这些新型有机高分子材料在我们的日常生活、工农业生产和尖端科学技术领域中起着越来越重要的作用。

【板书】见板书。

环节二：展开新课

1. 功能高分子材料

【讲述】通过上一节课的学习，已经了解高分子化合物在我们的生活中应用广泛，但是为了满足高科技产业蓬勃发展的需要，化学工作者在不断地研制着各种具有特殊功能的新型功能高分子材料。比如为了解决淡水资源短缺问题，人们通过一种特殊材料滤去海水中过多的离子、微生物杂质等，海水就淡化了，这种特殊材料就是我们今天要学习的“功能高分子材料”。

【板书】见板书。

【投影】膜分离技术淡化海水

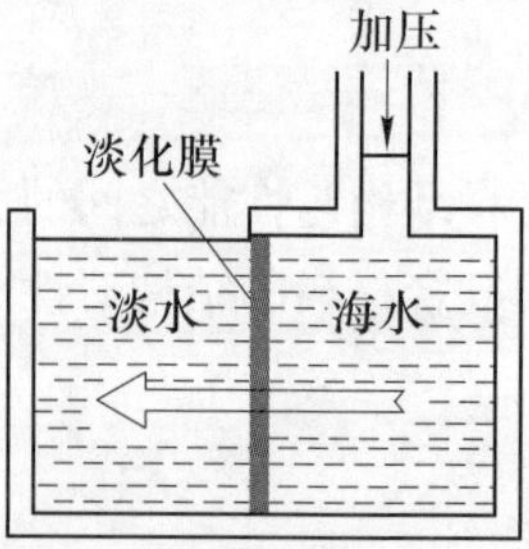

【提问】通过了解膜分离技术淡化海水的原理，同学们能用自己的话概述一下什么是功能高分子材料吗？

【讲解】功能高分子材料是指既有传统高分子材料的机械性能，又有某些特殊功能的高分子材料。

【板书】见板书。

【讲述】在干旱地带以及人们日常生活中都需要高吸水性材料，比如在缺水地区植树造林，人们会在苗木根部放上一些吸足了水的高吸水性材料，使其在发育过程中始终有充足的水分。再如，婴儿用的“尿不湿”可吸收其自身重量约几百倍的尿液而不滴不漏。那么如何才能合成高吸水性材料呢？

【投影】资料卡片

> 人们从棉花、纸张等纤维素产品具有吸水性中得到启发，纤维素分子链带有许多亲水原子团——羟基（—OH）。但是，它们的吸水能力只有其本身质量的 20~40 倍，而且挤压后水的保有量很少。所以人们希望合成的高吸水性材料比棉花、纸张等吸水能力要高很多，而且保水能力要强，还能耐一定的挤压作用。

【提问】通过上面的了解，请同学们阅读教科书 113 页第四段内容，并回答究竟如何获得具有高吸水性的树脂？

【讲解】通过阅读教科书内容，我们知道了有两种办法可获得具有高吸水性的材料：一种是对淀粉、纤维素等天然吸水材料进行改性，在它们的高分子链上再接上含强亲水性原子团的支链，以提高它们的吸水能力。二是以带有强亲水性原子团的化合物，如丙烯酸等为单体，均聚或两种单体共聚，得到亲水性高聚物。

【讲述】除了高吸水性材料和前面海水淡化用到的高分子分离膜外，还有医用高分子材料，其优异的生物相溶性和很高的机械性能被广泛用于制作人体的皮肤、骨骼、眼、喉、心、肺、肝、肾等各种人工器官。

【板书】见板书。

【练习】下列材料中属于功能高分子材料的是（　　）。

①有机玻璃、②合成橡胶、③高分子分离膜、④生物高分子材料、⑤隐身材料、⑥液晶高分子材料、⑦光敏高分子材料、⑧智能高分子材料

A. 只有①③④⑥⑧　　B. 只有②④⑥⑦⑧

C. 只有③④⑤⑥⑦⑧　　D. ①②③④⑤⑥⑦⑧

【解析】有机玻璃属于传统合成材料。塑料、合成橡胶、合成纤维属于三大传统合成材料，它们不属于新型功能高分子材料，故此题选 C。

2. 复合材料

【讲述】上面我们已经初步学习了功能高分子材料的概念以及几种常见的功能高分子材料，接下来我们继续学习另一类在我们生产和生活中也发挥着重要作用的材料——复合材料。

【板书】见板书。

【提问】同学们根据字面意思试着猜想一下什么样的材料是复合材料呢？

【讲解】复合材料是指两种或两种以上材料组合成的一种新型材料。其中一种材料作为基体，其他的材料作为增强剂。例如，以玻璃纤维、碳纤维等无机材料作为增强剂，酚醛树脂、环氧树脂等为基体做成的增强塑料就是典型的复合材料。它具有强度高、质量轻、耐高温、耐腐蚀等特点，可以用于做建筑材料和汽车、轮船、人造卫星、宇宙飞船的外壳和构件。

【板书】见板书。

【投影】生活中的复合材料

【讲述】投影展示的是日常生活中复合材料的应用，复合材料具有优异的性能：强度高、质量轻、耐高温、耐腐蚀，综合性能上超过了单一材料。凭借这些优势，功能高分子材料在汽车工业、机械工业、体育用品、航空航天、人类健康等领域发挥着重要作用。

【板书】见板书。

【练习】宇航员在升空、返回或遇到紧急情况时，必须穿上 10kg 重的舱内航天服，“神七”宇航员所穿舱内航天服是由我国科学家近年来研制的新型“连续纤维增韧”航空材料做成的，其主要成分是由碳化硅、陶瓷和碳纤维复合而成，下列相关叙述错误的是（　　）。

A. 它耐高温、抗氧化　　　　B. 它比钢铁轻、硬，但质地较脆

C. 它没有固定熔点　　　　　D. 它是一种新型无机非金属材料

【讲解】由航空材料的主要成分可知，它的熔点高、耐高温、抗氧化；它是由碳化硅陶瓷和碳纤维组成的混合物，无固定的熔沸点；它的质地不可能较脆，否则不可能做成航天服，故答案选 B。

环节三：归纳总结

【总结】从以上所举的例子，可以认识到功能材料对我们日常生活和人类社会生产的重要性。随着经济的发展，各行各业对材料的需要在逐渐增多，与人类自身密切相关、

具有特殊功能的材料的研究也在不断加强，并且取得了一定的进展。研究者对重要的功能高分子材料继续改进和推广，使它们的性能不断提高，应用范围不断扩大，相信功能高分子材料在人民的生产和生活中将发挥越来越重要的作用。请同学们课后完成第 116 页的第 1、2、3 题，并预习下节课的内容。

【投影】功能高分子材料与复合材料的概念、性能及应用的总结和对比

材料名称	功能高分子材料	复合材料
概念	既具有传统高分子材料的机械性能，又具有某些特殊功能的高分子材料	两种或两种以上材料组成的新型材料，分基体和增强剂
性能	不同的功能高分子材料，具有不同的特征性质	一般具有强度高、质量轻、耐高温、耐腐蚀等优异性能
应用	用于制作高分子分离膜、人体器官等	用于汽车工业、机械工业、体育用品、航空航天、人类健康等

五、板书设计

5.3　功能高分子材料

一、功能高分子材料

（一）概念：功能高分子材料是指既有传统高分子材料的机械性能，又有某些特殊功能的高分子材料

（二）分类及应用：

1. 高吸水性材料—亲水性高聚物（分子链带有许多亲水原子团）：尿不湿
2. 高分子分离膜：物质分离
3. 医用高分子材料：制作皮肤、骨骼、眼、喉、心、肺、肝等各种人工器官

二、复合材料

（一）概念：两种或两种以上材料组合成的一种新型材料。其中一种材料作为基体，其他的材料作为增强剂

（二）主要性能：一般具有强度高、质量轻、耐高温、耐腐蚀等优异性能

（三）应用领域：用于汽车工业、机械工业、体育用品、航空航天、人类健康等

六、真题链接

1. 合成导电高分子化合物 PPV 的反应为：

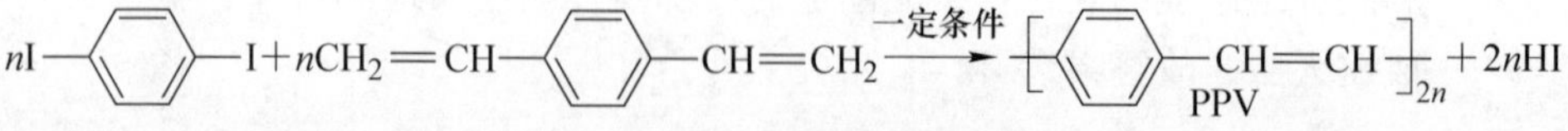

下列说法正确的是（　　）。

A. PPV 是聚苯乙炔

B. 该反应为缩聚反应

C. PPV 与聚苯乙烯的最小结构单元组成相同

D. 1mol PPV 最多可与 2mol H_2发生反应

2. （2015 北京—10）合成导电高分子材料 PPV 的反应：

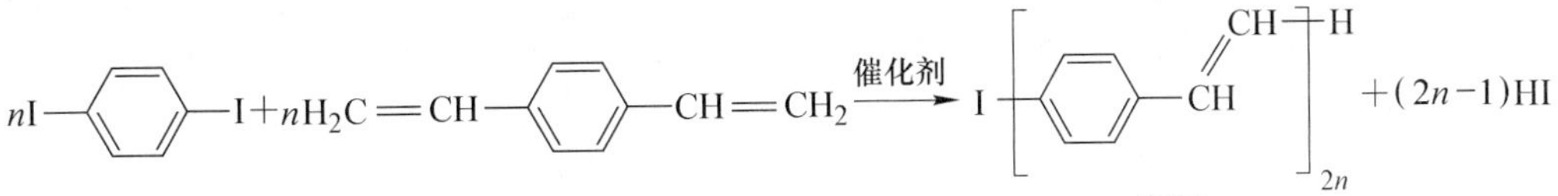

PPV

下列说法正确的是（　　）。

A. 合成 PPV 的反应为加聚反应

B. PPV 与聚苯乙烯具有相同的重复结构单元

C. 

和苯乙烯互为同系物

参 考 文 献

[1] 刘东阳．浅析几种高分子材料的物理性质［J］．中学物理教学参考，2018（20）：36~37.

[2] 贺禹铭．关于有机化学在高分子材料合成中的应用现状分析［J］．当代化工研究，2018（10）：2~3.

[3] 周冬冬，王磊，陈颖．基于核心素养的有机化合物主题学业质量水平模型构建及评价研究［J］．化学教育（中英文），2018，39（19）：1~7.

[4] 吴英，王丽丽，王守玲，钱立武．新工科背景下浅谈《功能高分子材料学》的教学改革［J］．山东化工，2018，47（18）：125~126.

[5] 黄素雯．例谈有机合成认识模型在单元复习中的应用［J］．化学教学，2018（8）：77~81.

[6] 白建娥．体现科学本质的化学教学——以复习课“有机合成路线设计”为例［J］．中学化学教学参考，2018（15）：14~17.

[7] 孟丽慧，郑永信．基于发展学生核心素养来设计高中化学课堂教学——以《苯酚》为例［J］．教育实践与研究（B），2018（Z1）：118~120.

[8] 徐新峰．基于学生经验的教学设计与点评——以“课题 3 有机合成材料”教学片段为例［J］．教育与装备研究，2018，34（7）：43~47.

[9] 桂倩．基于核心素养视角的教学设计——以“苯酚的性质探究”为例［J］．中学化学教学参考，2018（12）：27~29.

[10] 孙彤．基于化学核心素养的“油脂”教学设计及反思［J］．化学教与学，2018（5）：69~72、31.

[11] 王正兵．优化“五导”提高高中生化学课堂参与度——以苏教版《化学 2》“乙醇”的教学为例［J］．化学教学，2018（5）：41~46.

[12] 马泽燕，林晓纯，衷明华．《油脂》教材分析［J］．江西化工，2018（02）：235~236.

[13] 高超颖，杨杨，陈静．项目式实验课程在有机合成教学中的应用［J］．中国教育技术装备，2018（6）：115~117.

[14] 韦剑欣．基于思维导图进行“检测生物组织中的糖类、脂肪和蛋白质”的教学设计［J］．中学生物教学，2018（5）：39~40.

[15] 邹云飞．任务驱动模式下的“有机合成”教学设计［J］．中国现代教育装备，2018（4）：55~56.

[16] 周腾．基于化学学科核心素养的“糖类”教学设计［J］．化学教与学，2018（1）：74~77.

[17] 郑隽洵．功能高分子材料的发展前景分析［J］．南方农机，2017，48（24）：56.

[18] 余忠亮．“检测生物组织中的糖类和蛋白质”活动改进和教学实践［J］．中学生物教学，2017（21）：43~45.

[19] 李晓明．“卤代烃化学性质”教学思考［J］．中学化学教学参考，2017（21）：33~36.

[20] 杨晓洁，程萍．数字化实验与化学教学的融合——以探究乙醇与钠反应的定量实验为例［J］．化学教与学，2017（10）：80~84.

[21] 吴小辉．从三维视角观课议课，共振教学思维——“乙醇”教学观课议课报告为例［J］．化学教与学，2017（9）：24~27.

[22] 王桂桃．类比思想促进学生知识迁移的教学设计——以“乙醇分子结构的确定”为例［J］．中学化学教学参考，2017（16）：31~32.

[23] 梁吉成．高中有机化学陈述性知识的教学策略——以“卤代烃”为例［J］．中学化学教学参考，2017（16）：42~43.

[24] 蔡玲玲，吴君磊．基于实验探究和思维训练的课堂教学实践——以苏教版化学 2“乙醛”为例[J]．化学教与学，2017（7）：84~86，35.

[25] 李聪，谌文强，吴昇宇，盛家荣．5E 教学模式在高中有机化学教学中的实践与探索——以羧酸为

例［J］. 广西师范学院学报（自然科学版），2017，34（2）：146~150.

［26］姚梦娟，吴晗清. 基于学生弱项分析的有机化学教学建议［J］. 首都师范大学学报（自然科学版），2017，38（3）：49~54.

［27］孟宪宇，陆国志. 教学支架在高中化学教学中的有效利用——以选修五《醛》课为例［J］. 广东化工，2017，44（10）：232~233.

［28］张丙尧. 探究学习“有机化合物的结构特点”教学实录［J］. 中学化学教学参考，2017（8）：38~40.

［29］仲淑娴. 优化教学设计，构建高效课堂——对比“卤代烃”一课不同设计的不同效果［J］. 化学教与学，2017（4）：77~79.

［30］李银秀. 加强核心概念教学的“卤代烃”教学实录［J］. 中学化学教学参考，2017（7）：35~39.

［31］张泽，高建纲，陶庭先. 地方工科院校《功能高分子材料》课程教学内容的精选与实践［J］. 高分子通报，2017（3）：69~72.

［32］陈忠芳. 基于化学分类观的概念教学——以《合成有机高分子化合物的基本方法》一课为例［J］. 中国现代教育装备，2017（4）：57~59.

［33］曹毅. 高分子材料的老化及防老化研究［J］. 化工管理，2017（5）：128.

［34］宗汉. 基于互动教学理念的课堂教学——以“芳香烃”（第一课时）为例［J］. 中学化学教学参考，2017（Z1）：22~25.

［35］叶兰峰，孔琴飞，张礼聪，郭君瑞. 基于理解的“脂肪烃的性质”教学［J］. 化学教与学，2016（11）：62~64.

［36］张弛. 兼顾必修与选修的“糖类”教学实录［J］. 中学化学教学参考，2016（15）：32~34.

［37］许志勤，王莹. 基于学科观念的高中化学教学——《有机化学基础》模块“芳香烃”教学反思［J］. 化学教与学，2016（7）：69~72.

［38］王福成. 发展高中生有机物化学性质核心概念理解的研究——“卤代烃”教学案例［J］. 化学教育，2016，37（11）：12~16.

［39］郭震. 教科书中的有机化合物命名［J］. 化学教学，2015（6）：18~22.

［40］刘岩. 微课在高中化学教学中应用的初步探索——以“乙醛”教学的微课应用模型为例［J］. 化学教育，2015，36（11）：22~25.

［41］王玲，陈同斌. 基于网络教学平台的混合式学习在有机化学的应用——以《乙醛的性质探究》信息化教学设计为例［J］. 化学工程与装备，2015（1）：226~228，23.

［42］金剑锋. 实施观念建构　打造灵动课堂——苏教版“芳香烃的来源与应用”教学设计案例［J］. 化学教育，2014，35（19）：24~27.

［43］孙学慧. 基于科学取向教学论指导下的元素化合物课型教学设计——以选修5第三章第三节“羧酸酯”（第一课时）为例［J］. 中学化学教学参考，2014（16）：31~32.

［44］王丽. 基于学生认知发展需要设计教学——以高中化学选修5“羧酸酯”教学为例［J］. 教学仪器与实验，2014，30（8）：3~6.

［45］陈岳廷. 油脂的自主探究教学设计［J］. 中学化学教学参考，2014（9）：31~34.

［46］曾国琼. 将化学观念的培养融入到《有机化学基础》教学中［J］. 中学化学教学参考，2013（10）：10~14.

［47］王哲，何彩霞. 基于有机物研究方法应用的教学活动设计——以高中化学选修5“葡萄糖”为例［J］. 教学仪器与实验，2013，29（8）：5~8.

［48］徐守兵. 追寻三维目标　提高认知内驱力——“合成高分子化合物的基本方法”的教学实践［J］. 化学教学，2013（5）：24~26.

［49］周新起. “脂肪烃”的教学设计及反思［J］. 化学教与学，2013（2）：76~78，97.

[50] 纪露希．优化化学课堂教学设计　培养学生自主学习能力——以“卤代烃、醇、酚”教学为例［J］．化学教与学，2013（1）：45~47.
[51] 贾晓春．基于实验促进对有机物结构与性质的认识——以选修5《油脂的皂化》教学为例［J］．教学仪器与实验，2012，28（7）：9~11.
[52] 岳波．以实验促进学生对有机化合物和有机反应的理解——以《羧酸酯》教学为例［J］．教学仪器与实验，2012，28（6）：7~9.
[53] 何彩霞．发展学生对有机物“结构决定性质”认识的教学研究——以《苯酚》教学为例［J］．教学仪器与实验，2012，28（5）：11~14.
[54] 朱堂标．“什么是有机化合物”学案设计［J］．化学教学，2011（11）：35~36.
[55] 周然．“蛋白质和核酸”的教学组织［J］．生物学通报，2009，44（6）：24~27.
[56] 戴珊玲．“引导——探究”模式在苯酚教学中的应用［J］．化学教学，2000（7）：34~35.
[57] 孙迎彬．实验探讨法在苯酚教学中的尝试［J］．化学教学，1998（10）：25~26.
[58] 中华人民共和国教育部．普通高中化学课程标准（2017年版）［S］北京：人民教育出版社，2018：21~23.
[59] 宋心奇．普通高中课程标准实验教科书化学选修5有机化学基础［M］．北京：人民教育出版社，2004：4~116.